Red Bull

RENNREPORT 95

FOTOS
ERGEBNISSE
HINTERGRÜNDE

Herausgegeben von Willy Knupp

ZEITGEIST VERLAG
Düsseldorfer Str. 49
40545 Düsseldorf
Tel. 0211-556255, Fax 0211-575167

Im Vertrieb des
Motor buch Verlag
Motorbuch Verlag
Postfach 103743
70032 Stuttgart

Herausgegeben von Willy Knupp
im Auftrag von RTL Television

Redaktionsschluß 15. November 1995

Autoren:
Christoph Schulte (Formel 1)
Heinz-Peter Dahlmanns (Formel 3)
Wolfgang Monsehr (Formel 3000)
Heike Hientzsch (DTM)
Friedbert Weber (Technik DTM)
Peter Wyss (STW)
Manfred Jantke (IndyCar)
Guido Stalmann (Le Mans)
Markus Schocker (alle anderen Serien)

Redaktion: Hubert Bücken

Produktion: Jörg Beckmann, Jörg Martin

Titel: Jörg Beckmann, Jörg Martin

Lithos: Publishing Partner, Bochum

Druck: Mohndruck, Gütersloh

Printed in Germany
ISBN 3-613-01715-6

Bildnachweis:

Lukas T. Gorys: Titel (1), 2, 6/7, 14, 16 (4 Portraits, Auto l.), 17 (8 Portraits, 3 Autos or, ur, ul), 18 (8 Portraits, 4 Autos), 19 (6 Portraits, 2 Autos, or, ol), 20 (7 Portraits ol, om, ml, mm, ul, um ur), 24/25, 25u, 25o, 26o, 27o, 29, 30u, 30ol, 32o, 32u, 32/33, 33u, 34m, 36u, 37or, 38ul, 38m, 38o, 39, 40o, 42/43, 44/45, 46/47, 47u, 48o, 48m, 50, 52l, 54or, 54ol, 54u, 56/57, 56o, 57ur, 58/59, 59u, 62u, 62/63, 66, 64u, 65u, 70o, 70/71, 72ur, 72ul, 72o, 72ml, 74/75u, 80, 80/81, 81ur, 81ul, 82/83u, 82u, 88u, 88ol, 91u, 92, 94o, 96u, 96o, 100/101o, 100/101u, 102ul, 102/103, 104/105, 106/107o, 107or, 108m, 109, 110/111, 114/115, 114ol, 114or, 115, 116/117, 117u, 117m, 118u, 118o, 118m, 122ul, 122/123o, 122/123u, 123or, 125, 126u, 161o
Ferdi und Bodo Kräling: Titel (1), Rücktitel (3), 3r, 4/5, 10, 11, 12/13, 16 (Auto r.), 17 (Auto ol), 19 (Auto ul), 20 (2 Portraits or, mr), 22/23, 26u, 27u, 28/29, 30or, 30om, 31u, 34, 36/37, 40u, 45u, 48/49u, 48/49o, 52/53, 55, 58o, 73u, 74/75o, 75o, 75u, 82m, 84, 87o, 87m, 88or, 90, 91o, 93, 95ur, 103o, 104u, 105u, 106/107u, 108u, 117o, 119, 120/121, 124u, 126o, 129, 146/147o, 146/147u, 148/149, 150o, 153, 162/163, 164/165, 166, 167u, 169, 171u, 171or, 171ol, 172/173, 174ol, 174/175o, 176o, 176u, 176m, 178, 179u, 179ol, 179or, 180, 182/183, 183, 184om, 184, 185or, 187o, 187u, 188r, 188l, 189ur, 189o, 190ul, 190/191o, 190/191u, 191, 192/193, 194o, 194 (2.vo), 194u, 195u, 195o, 199u, 207u, Vorsatz, Nachsatz
Burkhard Kasan: Titel (1), 142o, 142u, 143o, 150/151, 152/153, 152u, 154ur, 154/155, 155u, 156m, 156o, 157u, 157o, 158u, 158o, 159o, 159u, 172, 173, 175or, 184ol, 184/185u, 187m, 189ul, 193, 196u, 196o, 197o, 197u, 197m, 198ur, 200o, 200u, 201u
AP: 124o, **ASA:** Titel (1), 47u, 48u, 73o, 78, 85l, 165u, 167o, 202, 203u, 203o, 204/205, 206u, 207o, **Chris Bennett:** 76o, **BMW:** 194 (2.vu), **Bongarts:** Rücktitel (1), 108o, 114m, **Gute Fahrt:** 205o, **Hofmann:** Rücktitel (1), 3l, 140, 141o, 141u, **ICN:** Titel (1), 82/83o, 112, 113, **IMC:** 205u, **IWM:** 174/175u, **Kartsport Presse Agentur:** 160o, 160u, **T. Melzer/MADS:** Rücktitel (1), 86/87, 92/93, 94/95, 106ol, **Mercedes-Benz:** 132, 170, 204u, **Manfred Möll:** 143u, **G.&H. Müller:** Titel (1), 198/199, 201o, **Opel:** 154ul, **Porsche:** 198ul, **Renault:** 156u, **RTL:** 35, **Sutton:** Titel (1), Rücktitel (1), 28, 38ur, 67, 64/65, 68/69, 85r, 89, 97o, 98, 102o, 103u, 130/131, 132/133, 134l, 134r, 134/135, 135r, 136, 137o, 137u, 138, 138/139u, 138/139o, 144/145, 145o, 206o, 208, **Schirnhofer:** 78/79

Inhalt

Formel 1

Großer Preis von ...

Die Leiden des Konstrukteursweltmeisters: Mika Häkkinen, Michael Schumacher und Johnny Herbert verpassen Teamc

avio Briatore die Meisterdusche. Benetton gewinnt 1995 zum ersten Mal die Trophäe für den besten Konstrukteur

Verbremst: Der Shooting-Star David Coulthard läßt bei seinem Manöver viel Gummi auf der Strecke. Anfang der Sais

t er einige Rückschläge, dann kommt der Schotte immer besser in Fahrt – und gewinnt in Portugal sein erstes Rennen

Eine Information des Bundesministeriums für Verkehr

Anzeige

Mehr Sicherh

Vorsicht an Bushaltestellen

Für die Sicherheit an Haltestellen von Schul- und Linienbussen gelten neue Regeln. Vor allem Schulkindern, die an Bushaltestellen besonders gefährdet sind, und älteren Mitbürgern soll damit geholfen werden. Damit Busfahrgäste nicht behindert oder gefährdet werden, ist ab sofort vorgeschrieben:

- Busse, die sich mit eingeschaltetem Warnblinklicht einer Haltestelle nähern, dürfen nicht mehr überholt werden.
- An einer Haltestelle wartende Busse mit eingeschaltetem Warnblinklicht dürfen vom folgenden Verkehr nur noch im Schrittempo passiert werden.
- Entgegenkommende Fahrzeuge dürfen dann ebenfalls nur im Schrittempo fahren, es sei denn, eine Leitplanke trennt die Fahrbahnen. Wenn nötig muß gewartet werden.

eit für Kinder

Michael Schumacher appelliert an alle Eltern: Kinder im Auto immer anschnallen

Formel-1-Weltmeister Michael Schumacher appelliert an die Eltern, sich mehr um die Sicherheit ihrer Kinder im Auto zu kümmern.

In Deutschland sterben im Straßenverkehr die meisten Kinder als Mitfahrer im Auto. 1994 waren es 164. Das sind rund acht Schulklassen. Insgesamt verunglückten als Pkw-Insassen fast 17.000 Kinder. Die Ursachen: Unkenntnis und Leichtsinn der Eltern, denn viele Kinder werden im Pkw nicht oder nicht richtig gesichert.

Michael Schumacher, der sich in Zusammenarbeit mit dem Bundesministerium für Verkehr bereits früher für die Sicherheit von Kindern im Straßenverkehr eingesetzt hatte, erinnert daran: Kleinkinder gehören in die Babywanne, größere in den Kindersitz und ab 1,50 Meter Körpergröße müssen sie mit dem Erwachsenengurt gesichert werden.

Der Formel-1-Weltmeister: „100 DM für ein Kinderleben - mehr kostet ein Kindersitz nicht."

Heinz-Harald Frentzen schreibt

Ich hatte Angst um meine Karriere

Der Mönchengladbacher zieht eine kritische Bilanz seines zweiten Formel-1-Jahres. Es begann schwierig. Und es endet so hoffnungsvoll.

Ich trau' es mich ja kaum zu schreiben, aber nach 17 Rennen bin ich wirklich froh, daß die Formel-1-Saison 1995 endlich zu Ende ist. 17 Rennen sind kein Pappenstiel. Ich erinnere mich noch gut daran, wie es war, als ich noch in Japan Formel 3000 fuhr und sich für mich die Möglichkeit abzeichnete, für Sauber in der Formel 1 antreten zu können. Ich hatte mich natürlich wahnsinnig über dieses Angebot gefreut und konnte es kaum erwarten. Deswegen hatte ich zuerst die Frage meines Beraters Ortwin Podlech gar nicht so richtig ernst genommen. Der wollte nämlich von mir wissen, ob ich wirklich 100 Prozent entschlossen bin, mich auf eine Rennserie einzulassen, die 16 mal im Jahr alles, aber wirklich alles von mir verlangt. Ortwin sagte zu mir: „Die Tennisspieler haben einmal im Jahr ihr Wimbledon, mit all dem Streß und dem Druck, der Anspannung, den Intrigen, den Medien, all den Hoffnungen und den Enttäuschungen. Du wirst es 16 mal im Jahr haben." In meinem zweiten Jahr hatte ich es sogar 17 mal.

Bernie Ecclestone hat in einem Interview sehr detailliert vorgerechnet, daß Teams und Motorenhersteller im Jahr 800 Millionen Dollar für die Wagen investieren. Das heißt: Bei jedem Rennen steht ein Feld im Wert von 50 Millionen Dollar am Start. Und in letzter Konsequenz entscheiden gerademal zwei Dutzend Sportler darüber, ob dieser enorme Betrag in Erfolg oder Mißerfolg umgesetzt wird. So gesehen ist der Vergleich mit Wimbledon sogar noch untertrieben.

Aber der Vergleich verdeutlicht trotzdem gut das Gefühl, das wir vom Sauber-Team zu Beginn der Saison hatten. Wir gingen mit unheimlich hohen Anfangserwartungen in die Saison. Wir gehörten zu den Teams, die als erste ihr Auto fertig hatten. Alles war ausreichend getestet, wir fuhren mit dem Ford-Zetec-Motor den Weltmeistermotor des Vorjahres, alles war also bestens vorbereitet. Nur eins hatten wir nicht: Durch die gravierenden Reglementsänderungen für die Saison 1995 gab es

Wir tappten alle im Dunkeln

für uns keine Vergleichsmöglichkeiten zu den Zeiten des Vorjahres. Wir tappten also alle etwas im Dunkeln und als wir in Brasilien zum erstenmal auf die versammelte Konkurrenz stießen, war das ein herbes Erwachen. Unser C14 war eine große Enttäuschung.

Es wird in diesem Buch noch im einzelnen beschrieben, wo die Fehler lagen und was an dem Auto dann verbessert wurde. Ich möchte mich an dieser Stelle lieber darauf beschränken, zu beschreiben, was diese Situation für mich persönlich bedeutete.

Ich war Anfang 1995 ziemlich genau ein Jahr in der Formel 1. Und dieses Jahr war eigentlich recht erfolgreich für einen Anfänger. Es war mir gelungen, wichtige Leute auf mich aufmerksam zu machen. Aber das ändert nichts daran, daß die Formel 1 verdammt schnell ist – auch im Vergessen. Ständig versuchen neue Talente, sich einen Namen zu machen. Nach einem ersten Jahr mit Erfolgen braucht man unbedingt ein zweites Jahr, um auf diesem Fundament weiter aufzubauen.

Wenn man mit Grand-Prix-Siegen, vielleicht sogar mal mit einem Titel, zeigen konnte, wozu man in der Lage ist, kann man sich mal ein schwaches Jahr erlauben. Für jemanden, der gerade im Begriff ist, sich einen Namen zu machen, kann ein solches Jahr das Ende bedeuten. Mit anderen Worten: Ich hatte nach den schwachen Auftaktrennen des Jahres 1995 Angst um meine Karriere.

Deswegen war also meine erste große Herausforderung in diesem Jahr nicht auf der Strekke zu finden, sondern mehr hinter den Kulissen. Unser Auto mußte dringend verbessert werden, und als Fahrer habe ich meinen Teil beizutragen. Ich hatte schon ziemlich früh meine Vorstellungen, was an dem Auto geändert werden müßte. Als Fahrer spürt man ja manches direkt, was die Techniker nur indirekt vermittelt bekommen. Meine Aufgabe war es,

Ich durfte nicht lockerlassen

zu erklären, was ich will. Ich mußte es begründen und durfte nicht lockerlassen. Es machte die Aufgabe natürlich nicht leichter, daß ich noch relativ frisch in dem ganzen Geschäft war. Auch wenn ich mir sicher war, was ich wollte – zum Beispiel plädierte ich von Anfang an für eine hohe Wagenschnauze à la Benetton und nicht für die ursprüngliche tiefe Nase –, heißt das noch lange nicht, daß das ganze Team mir freudig folgt.

Ich glaube schon, daß ich bei Sauber von Anfang an einen guten Stand hatte. Aber ich war als Fahrer eingestellt, dessen wichtigste Aufgabe es sein sollte, schnell Auto zu fahren. Nun aber war der Techniker und Abstimmer gefragt. Es ist ja auch schwierig: Unser Leo (Sauber-Konstrukteur Leo Ress) wird sich so manches Mal gedacht haben: Laß den Frentzen mal reden. Und ich hatte auch hin und wieder die Einstellung: Solange keiner von den Technikern in der Lage ist, schneller als ich zu fahren, können die mir mit ihren Daten und Tabellen gestohlen bleiben, wenn es darum geht, festzustellen, ob das Auto nun genug Abtrieb hat oder nicht.

Ich denke aber, daß wir uns in dieser schwierigen Phase, die sich ja fast über die gesamte erste Saisonhälfte erstreckte, ganz gut zusammengerauft haben. Wir haben es geschafft, uns an unseren eigenen Haaren aus dem Dreck zu ziehen.

Und wir hatten dann ja auch einige ganz

Heinz-Harald Frentzen und sein Berater Ortwin Podlech: bleiben Sauber auch 96 treu

gute Ergebnisse zu feiern. Besonders im dritten Viertel der Saison zeigte sich, daß die Änderungen am Auto in die richtige Richtung

Noch kein optimales Material bei Sauber

gingen. Auch wenn es immer noch ein langer Weg ist, bis wir im Sauber-Team wirklich über optimales Material verfügen.

Ich glaube, daß es keinen Sport gibt, bei dem die Sportler so auf das Material und die Ausrüstung angewiesen sind wie im Motorsport. Ein Senna in einem Pacific hätte zwar seinen Teamgefährten nach allen Regeln der Kunst verblasen, aber in der Startaufstellung hätte das nur den Unterschied vom 23. zum 24. Startplatz ausgemacht.

In diesem Zusammenhang möchte ich Michael Schumacher zu seinem zweiten Titel gratulieren. Benetton war zu Beginn der Saison zwar schon sehr gut, aber nicht so gut, daß man von über zehn Siegen hätte ausgehen können. Soweit ich das überschaue, hat Michael sehr hart gearbeitet und sein Team ebenso hart vorangetrieben, um ein Auto zu bekommen, das seinem Talent entspricht. Aber Benetton hat auch das seine getan, um einem Schumacher gerecht zu werden. Die Boxenstopps mitsamt ihrer Strategie waren hervorragend.

Ich weiß jetzt genau, was viele von Ihnen, liebe Leser, an dieser Stelle denken: „Der Frentzen hätte doch nächstes Jahr genau in diesem Team fahren können. Er hätte doch nur das Benetton-Angebot annehmen müssen."

Richtig und doch auch ein bißchen falsch. Denn wie das Auto der kommenden Saison sein wird, weiß jetzt noch keiner. Das kann ein Hit sein, aber auch ein Flop. Und wenn letzteres der Fall ist, dann muß man sich im Team wieder zusammenraufen und alles verbessern. Ich wäre in dieser Situation aber wieder der Anfänger, mit gerade einmal zwei Jahren Formel-1-Erfahrung. Dazu mit dem Status der Nummer Zwei hinter Alesi. Ich glaube nicht, daß es mir aus dieser Position heraus gelungen wäre, dem Team die richtigen Impulse zu geben. Und

Transferverhandlungen waren belastend

auf andere Fahrer würde ich mich halt nicht gern verlassen müssen.

Für mich war die ganze Zeit der Transferverhandlungen ungemein belastend. Klar war das Benetton-Angebot für mich verlokkend. Man muß sich ja nur die Erfolge der vergangenen zwei Jahre ansehen. Williams fiel als Traumteam für mich schnell aus, weil sie sich diesmal für einen anderen Fahrer entschieden haben. Aber bei Benetton, Jordan, Ligier und so weiter mußte ich mich entscheiden. Diese Entscheidung ist halt nicht von der Art: Pro-

Nicht nur für Heinz-Harald Frentzen geht eine harte Saiso
Obere Reihe (v.l.): Johnny Herbert, Taki Inoue, Pedro Lamy
Heinz-Harald Frentzen, Damon Hill, Mark Blundell, Martin
Jean Alesi, Michael Schumacher, Gerhard Berger, Roberto
Am Sonntag jedoch geben die Ärzte des Royal Adelaide

Ende. Zum Abschlußfoto in Adelaide posieren die Fahrer noch einmal einträchtig vor der Kamera.
bens Barrichello, Luca Badoer, Olivier Panis. Mittlere Reihe (v.l.): Karl Wendlinger, David Coulthard, Mika Salo,
ndle, Pedro Paulo Diniz, Bertrand Gachot. Untere Reihe (v.l.): Gianni Morbidelli, Eddie Irvine, Ukyo Katayama,
reno, Andrea Montermini. Nicht auf dem Foto: Mika Häkkinen, der am ersten Trainingstag schwer verunglückt.
spitals Entwarnung, Mika sei auf dem Weg der Besserung.

bieren wir es doch mal, und wenn das nichts ist, probieren wir mal was anderes. Eine falsche Entscheidung und man ist weg vom Fenster.

Ich habe dann, wie allgemein bekannt ist, meinen Vertrag mit Sauber verlängert. Erstens, weil wir dieses Jahr gesehen haben, wozu das Team in der Lage ist. Zweitens, weil ich dort genau den oben schon beschriebenen Prozeß des Zusammenraufens erfolgreich absolviert habe und drittens, weil Motorenhersteller Ford sich ohne Wenn und Aber

Hoffen auf den Zehnzylinder

zur Formel 1 im allgemeinen und zur Saison 1996 im speziellen bekannt hat. Ich erhoffe mir sehr viel von dem neuen Zehnzylinder, der ja bereits sehr erfolgreich seine Prüfstand-Tests absolviert. Ford wirkt ungeheuer entschlossen, den Abstand auf die Spitze auszumerzen. Und ich bin entschlossen, ihnen dabei zu helfen.

Wenn es mit der Entschlossenheit bloß immer so einfach wäre. Vor einem „Zuwenig" habe ich in diesem Rahmen keine Angst. Aber vor einem „Zuviel".

Ich komme also auf zwei Rennen zu sprechen, die mir gegen Ende der Saison „passiert" sind: Nürburgring und Suzuka. Beides waren Rennen, bei denen ich mir noch mehr als üblich vorgenommen hatte. Am Nürburgring fuhr ich sozusagen vor meiner Haustür, und auf der sehr schweren Strecke in Suzuka genieße ich aus meiner Zeit in Japan ebenfalls ein wenig Heimvorteil.

Beide Rennen waren letztendlich eine Katastrophe. Keine Diskussion: Hier bin ich übermotiviert zur Sache gegangen. Ich möchte erklären, warum.

In der zweiten Hälfte der Saison wurde unser Auto immer besser, aber leider konnte die Motorenentwicklung da nicht mehr Schritt halten. Der Achtzylinder war ausgereizt. Ich will das mal simplifizieren: Für schnelle Rundenzeiten ist das Chassis wichtiger als der Motor. Beim Überholen ist es umgekehrt. Bei beiden Rennen war ich in der Lage, schnelle Zeiten zu fahren, nur das Überholen ging immer nur mit der Brechstange. Oder auch gar nicht.

Dann ist Geduld angesagt. Genau das habe ich in Aida gemacht, habe mich hinten angestellt und gehofft, daß noch ein paar Fahrer ausfallen und ich damit in die Punkte rutsche. Das Ergebnis war ein siebter Platz, also die goldene Ananas. Wäre ich aber in Suzuka genauso gefahren, wäre zwischen Platz drei und sechs alles möglich gewesen. Diese Lektion habe ich gelernt, und ich brenne darauf, es Ihnen – zusammen mit all dem anderen, was ich in diesem Jahr gelernt habe – in der kommenden Formel-1-Saison zu beweisen.

Herzlichst
Ihr

17 Rennen in der Saison 95, da zählt jede Minute zur Beziehungspflege. Tanja und Heinz-Harald genießen sie

Formel 1 Teams 1995

Fahrerwechsel sind in der Saison 1995 nicht das beherrschende Thema, wie es in der vorangegangenen Saison der Fall war. Insgesamt 35 Piloten steigen in 17 Rennen in die 26 Cockpits. Die Zahl der Autos reduziert sich jedoch nach dem Großen Preis von Monaco. Dem finanzschwachen Team Simtek geht die Luft aus. Die Fahrer Jos Verstappen – 1994 noch Teamkollege von Michael Schumacher – und Domenico Schiattarella sitzen plötzlich auf der Straße. Ein anderer Rennstall ist gar nicht erst angetreten: Larrousse hat trotz intensivster Bemühungen keine Sponsoren gefunden. Den prominentesten Aussteiger des Jahres hat das McLaren-Mercedes-Team zu vermelden: Nigel Mansells Formel-1-Jahr endet bereits im Mai nach dem spanischen Grand Prix. Jan Magnussen, ebenfalls bei McLaren in Lohn und Brot, ersetzt für ein Rennen Stammpilot Häkkinen und überzeugt auf Anhieb. Der Testpilot der Dennis-Truppe hat schon in der DTM und ITC für Furore gesorgt. Ein weiterer Neuling fällt nur durch die Farbe seines Autos auf: Pedro Paulo Diniz fährt mit seinem unterlegenen Forti hoffnungslos hinterher – kommt aber häufig ins Ziel.

Die Fahrerdaten entsprechen dem Stand Ende 1995. Aufgeführt sind die Fahrer, die für das jeweilige Team die meisten Einsätze absolviert haben. Daten der Ersatzfahrer auf Seite 20.

BENETTON–RENAULT

B195. Renault V10, ca. 710 PS, halbautomatisches Sechsganggetriebe
Teamchef:
Flavio Briatore
Konstrukteur:
Ross Brawn
Etat 60 Mio. Dollar
Konstrukt.-WM 95: 137 Punkte, Platz 1

1

Michael Schumacher

Deutscher, geb. 03.01.1969
1,74 m, 71,5 kg
verheiratet, keine Kinder
69 GP-Starts, 19 Siege
303 WM-Punkte
Fahrer-WM 95: 102 Punkte
Weltmeister

2

Johnny Herbert

Brite, geb. 27.06.1964
1,70 m, 68,5 kg
verheiratet, 2 Töchter
80 GP-Starts, 2 Siege
63 WM-Punkte
Fahrer-WM 95: 45 Punkte
Platz 4

TYRRELL–YAMAHA

023. Yamaha V10, 660 PS, sequentielles Sechsganggetriebe
Teamchef:
Ken Tyrrell
Konstrukteur:
Harvey Postlethwaithe
Etat 25 Mio. Dollar
Konstrukt.-WM 95: 5 Punkte, Platz 8

3

Ukyo Katayama

Japaner, geb. 26.05.1963
1,65 m, 64,5 kg
verheiratet, 1 Sohn
62 GP-Starts, 0 Siege
5 WM-Punkte
Fahrer-WM 95: 0 Punkte

4

Mika Salo

Finne, geb. 30.11.1966
1,66 m, 71 kg
ledig
19 GP-Starts, 0 Siege 5 WM-Punkte
Fahrer-WM 95: 5 Punkte
Platz 4

Weiterer Fahrer: Gabriele Tarquini

WILLIAMS–RENAULT

FW17. Renault V10, 710 PS, halbautomatisches Sechsganggetriebe
Teamchef:
Frank Williams
Konstrukteur:
Patrick Head
Etat 85 Mio. Dollar
Konstrukt.-WM 95:
112 Punkte, Platz 2

5

6

Damon Hill

Brite, geb. 17.09.1960
1,83 m, 75,5 kg
verheiratet, 3 Kinder
51 GP-Starts, 13 Siege
229 WM-Punkte
Fahrer-WM 95: 69 Punkte
Platz 2

David Coulthard

Schotte, geb. 27.03.1971
1,82 m, 72,5 kg
ledig, keine Kinder
25 GP-Starts, 1 Sieg
63 WM-Punkte
Fahrer-WM 95: 49 Punkte
Platz 3

McLAREN–MERCEDES

MP4/10. Mercedes V10, ca.680 PS, halbautomatisches Sechsganggetriebe
Teamchef:
Ron Dennis
Konstrukteur:
Neil Oatley
Etat 90 Mio. Dollar
Konstrukt.-WM 95:
30 Punkte, Platz 4

7

8

Mark Blundell

Brite, geb. 08.04.1966
1,70 m, 78,5 kg
verheiratet, keine Kinder
61 GP-Starts, 0 Siege 32 WM-Punkte
Fahrer-WM 95: 13 Punkte
Platz 10

Mika Häkkinen

Finne, geb. 28.09.1968
1,79 m, 75 kg
ledig
64 GP-Starts, 0 Siege 60 WM-Punkte
Fahrer-WM 95: 17 Punkte
Platz 7

Weitere Fahrer: Nigel Mansell, Jan Magnussen

ARROWS–HART

Footwork FA16. Hart V8, ca. 640 PS, halbautomatisches Sechsganggetriebe
Teamchef:
Jackie Oliver
Konstrukteur:
Alan Jenkins
Etat 30 Mio. Dollar
Konstrukt.-WM 95:
5 Punkte, Platz 8

9

10

Gianni Morbidelli

Italiener, geb. 13.01.1968
1,67 m, 64 kg
ledig, keine Kinder
60 GP-Starts, 0 Siege
8,5 WM-Punkte
Fahrer-WM 95: 5 Punkte
Platz 4

Takachiho Inoue

Japaner, geb. 05.09.1963
1,76 m, 67,5 kg
ledig, keine Kinder
18 GP-Starts, 0 Siege
0 WM-Punkte

Weiterer Fahrer: Massimiliano Papis

SIMTEK–FORD

S 951. Ford V8, ca. 630 PS, halbautomatisches Sechsganggetriebe
Teamchef und Konstrukteur:
Nick Wirth
Etat 10 Mio. Dollar
Konstrukt.-WM 95:
0 Punkte

11

12

Domenico Schiattarella

Italiener, geb. 17.11.1967
1,78 m, 74,5 kg
ledig, keine Kinder
7 GP-Starts, 0 Siege
0 WM-Punkte

Jos Verstappen

Niederländer, geb. 04.03.1972
1,74 m, 72 kg
ledig, keine Kinder
15 GP-Starts, 0 Siege
10 WM-Punkte
Fahrer-WM 95: 0 Punkte

Die Fahrerdaten entsprechen dem Stand Ende 1995. Aufgeführt sind die Fahrer, die für das jeweilige Team die meisten Einsätze absolviert haben.

JORDAN–PEUGEOT

195. Peugeot V10, ca. 660 PS, Siebenganggetriebe
Teamchef:
Eddie Jordan
Konstrukteur:
Gary Anderson
Etat 35 Mio. Dollar
Konstrukt.-WM 95:
21 Punkte, Platz 6

14

Rubens Barrichello

Brasilianer, geb. 23.05.1972
1,72 m, 75,5 kg
ledig, keine Kinder
48 GP-Starts, 0 Siege 32 WM-Punkte
Fahrer-WM 95: 11 Punkte
Platz 11

15

Eddie Irvine

Nordire, geb. 10.11.1965
1,78 m, 73,5 kg
ledig, keine Kinder
32 GP-Starts, 0 Siege 17 WM-Punkte
Fahrer-WM 95: 10 Punkte
Platz 12

PACIFIC–FORD

PRO 2. Ford V8, ca. 630 PS, halbautomatisches Sechsganggetriebe
Teamchef:
Keith Wiggins
Konstrukteur:
Paul Brown
Etat 12 Mio. Dollar
Konstrukt.-WM 95:
0 Punkte

16

Bertrand Gachot

Belgier, geb. 23.12.1962
1,83 m, 84 kg
ledig, keine Kinder
47 GP-Starts, 0 Siege
5 WM-Punkte
Fahrer-WM 95: 0 Punkte

17

Andrea Montermini

Italiener, geb. 30.05.1964
1,65 m, 62,5 kg
ledig, keine Kinder
17 GP-Starts, 0 Siege
0 WM-Punkte

Weiterer Fahrer: Jean-Denis Delétraz, Giovanni Lavaggi

LIGIER-MUGEN-HONDA

JS41. Mugen-Honda V10, ca. 655 PS, Sechsganggetriebe
Teamchef:
Tom Walkinshaw
Konstrukteur:
Gerard Ducarouge
Etat 20 Mio. Dollar
Konstrukt.-WM 95:
24 Punkte, Platz 5

25

Martin Brundle

Brite, geb. 01.06.1959
1,73 m, 70 kg
verheiratet, Sohn u. Tochter
142 GP-Starts, 0 Siege
90 WM-Punkte
Fahrer-WM 95: 7 Punkte
Platz 13

26

Olivier Panis

Franzose, geb. 02.09.1966
1,73 m, 77 kg
ledig, keine Kinder
33 GP-Starts, 0 Siege 25 WM-Punkte
Fahrer-WM 95: 16 Punkte
Platz 8

Weiterer Fahrer: Aguri Suzuki

FERRARI

412 T2. Ferrari V12, ca. 710 PS, halbautomatisches Sechsganggetriebe
Teamchef:
Luca di Montezemolo
Konstrukteur:
John Barnard
Etat 100 Mio. Dollar
Konstrukt.-WM 95:
73 Punkte, Platz 3

27

Jean Alesi

Franzose, geb. 11.06.64
1,70 m, 73,5 kg
verheiratet, 1 Tochter
102 GP-Starts, 1 Sieg
142 WM-Punkte
Fahrer-WM 95: 42 Punkte
Platz 5

28

Gerhard Berger

Österreicher, geb. 27.08.59
1,85 m, 80,5 kg
verheiratet, zwei Töchter
180 GP-Starts, 9 Siege
337 WM-Punkte
Fahrer-WM 95: 31 Punkte
Platz 6

FORTI-FORD

FG01/95. Ford V8, ca. 630 PS, Sechsganggetriebe
Teamchef:
Guido Forti
Etat 15 Mio. Dollar
Konstrukt.-WM 95:
0 Punkte

21

22

Pedro Paulo Diniz

Brasilianer, geb. 22.05.1970
1,74 m, 68,5 kg
ledig, keine Kinder
17 GP-Starts, 0 Siege
0 WM-Punkte

Roberto Moreno

Brasilianer, geb. 11.02.1959
1,67 m, 58 kg
verheiratet, 1 Tochter
42 GP-Starts, 0 Siege
15 WM-Punkte
Fahrer-WM 95: 0 Punkte

MINARDI–FORD

M 195. Ford V8, ca. 630 PS, Sechsganggetriebe
Teamchef:
Giancarlo Minardi
Konstrukteur:
Aldo Costa
Etat 9 Mio. Dollar
Konstrukt.-WM 95:
1 Punkt, Platz 10

23

24

Pierluigi Martini

Italiener, geb. 23.04.1961
1,67 m, 71 kg
verheiratet, keine Kinder
119 GP-Starts, 0 Siege
18 WM-Punkte
Fahrer-WM 95: 0 Punkte

Luca Badoer

Italiener, geb. 25.01.1971
1,71 m, 60,5 kg
ledig, keine Kinder
29 GP-Starts, 0 Siege
0 WM-Punkte

Weiterer Fahrer: Pedro Lamy

SAUBER–FORD

C 14. Ford Zetec V8, ca. 665 PS, Sechsganggetriebe
Teamchef:
Peter Sauber
Konstrukteur:
Leo Ress
Etat 45 Mio. Dollar
Konstrukt.-WM 95:
18 Punkte, Platz 7

29

30

Jean-Christophe Boullion

Franzose, geb. 27.12.1969
1,71 m, 60 kg
verheitatet, keine Kinder
11 GP-Starts, 0 Siege
3 WM-Punkte
Fahrer-WM 95: 3 Punkte
Platz 16

Heinz-Harald Frentzen

Deutscher, geb. 18.05.1967
1,78 m, 68,5 kg
ledig, keine Kinder
32 GP-Starts, 0 Siege 22 WM-Punkte
Fahrer-WM 95: 15 Punkte
Platz 9

Weiterer Fahrer: Karl Wendlinger

DAS REGLEMENT

Nach den tragischen Unfällen in der Saison 1994 wurden umfangreiche Modifikationen an den Autos für das Formel-1-Jahr 1995 beschlossen. Hier sind die wichtigsten Änderungen:

- **Die Cockpits sind größer, die Seitenwände höher gezogen.**
- **Sowohl Front- als auch Heckflügel sind 1995 kleiner und niedriger angebracht. Der Anpreßdruck wird verringert, die Kurvengeschwindigkeiten niedriger.**
- **Der Unterboden hat eine Stufe von mindestens 5 cm Höhe. Auch dies verringert den Anpreßdruck.**
- **Die Knautschzone vor der Vorderachse wurde von 15 auf 30 cm verdoppelt.**
- **Der Hubraum der Motoren wurde von 3,5 auf 3 Liter verringert. Ursprünglich sollte dadurch die Leistung der Triebwerke reduziert werden. Die Ingenieure konnten dieses Manko jedoch sehr schnell kompensieren.**

FAHRERWECHSEL 1995

Jean-Denis Delétraz

GP 13+14 für Pacific
Schweizer, geb. 1.10.63
1,80 m, 75 kg
verheiratet
3 GP-Starts, 0 Siege
0 WM-Punkte

Pedro Lamy

GP 10-17 für Minardi
Portugiese, geb. 20.3.72
1,71 m, 63 kg
ledig, keine Kinder
16 GP-Starts, 0 Siege
1 WM-Punkt

Giovanni Lavaggi

GP 9-12 für Pacific
Italiener, geb. 18.2.58
1,81 m, 72 kg
ledig, keine Kinder
4 GP-Starts, 0 Siege
0 WM-Punkte

Jan Magnussen

GP 15 für McLaren
Finne, geb. 4.7.63
1,70 m, 58 kg
ledig, 1 Sohn
1 GP-Start, 0 Siege
0 WM-Punkte

Nigel Mansell

GP 3+4 für McLaren
Brite, geb. 8.8.53
1,80 m, 78 kg
verheiratet, 3 Kinder
187 GP-Starts, 31 Siege
482 WM-Punkte

Massimiliano Papis

GP 8-14 für Arrows
Italiener, geb. 3.10.69
1,83 m, 74 kg
ledig, keine Kinder
7 GP-Starts, 0 Siege
0 WM-Punkte

Aguri Suzuki

GP 1-3, 9, 15 für Ligier
Japaner, geb. 8.9.60
1,80 m, 72,5 kg
verheiratet, 1 Sohn
64 GP-Starts, 0 Siege
8 WM-Punkte

Gabriele Tarquini

GP 14 für Tyrrell
Italiener, geb. 2.3.62
1,78 m, 70 kg
ledig, keine Kinder
38 GP-Starts, 0 Siege
1 WM-Punkt

Karl Wendlinger

GP 1-4, 16+17
Österreicher, geb.
20.12.68
1,84 m, 84 kg
ledig, keine Kinder
41 GP-Starts, 0 Siege
14 WM-Punkte

DIE ADRESSEN DER FORMEL-1-TEAMS

Benetton Formula Ltd
Whiteways Technical Centre
Enstone
Chipping Norton
Oxon, OX7 4EE
England
Tel. 0044-1608-678000
Fax 0044-1608-678800

Tyrrell Racing Organisation
Long Reach
Ockham
Woking
Surrey GU23 6PE
England
Tel. 0044-1483-284955
Fax 0044-1483-284892

Williams GP Engeneering
Basil Hill Road
Didcot
Oxfordshire OX11 7HW
England
Tel. 0044-1235-815161
Fax 0044-1235-816176

McLaren International Ltd
Woking Business Park
Albert Drive
Woking
Surrey GU21 5JY
England
Tel. 0044-1483-728211
Fax 0044-1483-720157

Arrows GP International Ltd
39 Barton Road
Water Eaton Industrial Estate
Bletchley
Milton Keynes MK2 3HW
England
Tel. 0044-1908-270047
Fax 0044-1908-274123

Jordan Grand Prix
Buckingham Road
Silverstone
Northants, NN12 8TN
England
Tel. 0044-1327-857153
Fax 0044-1327-858120

Pacific Grand Prix
Brunel Business Centre
Brunel Way
Thetford
Norfolk, IP24 1HP
England
Tel. 0044-1842-755724
Fax 0044-1842-755714

Forti Grand Prix
Forti Corse SrL
Via Einaudi 33
I-15100 Alessandria
Italien
Tel. 0039-131-246890
Fax 0039-131-246891

Minardi Scuderia Italia
Minardi Team S.p.a.
Via Spallanzani 21
I-48018 Faenza
Italien
Tel. 0039-546-620480
Fax 0039-546-620998

Equipe Ligier Sports
Technopole de la Nievre
F-58470 Magny Cours
Frankreich
Tel. 0033-86-606200
Fax 0033-86-212296

Scuderia Ferrari
Ascari 55/57
I-41053 Maranello
Italien
Tel. 0039-536-949111
Fax 0039-536-946488

PP Sauber AG
Wildbachstraße 9
CH-8340 Hinwil
Schweiz
Tel. 0041-19-381400
Fax 0041-19-381670

MIT VIEL KÖNNEN

Glückwunsch an Michael Schumacher zur zweiten Formel 1-Fahrer-Weltmeisterschaft

WIE'S SCHUMACHER WIEDER GESCHAFFT HAT:

MIT WENIG GEWICHT

Das leichteste von allen: das Formel 1-Rad aus geschmiedetem Magnesium von BBS

Gratulation: Michael Schumacher holte sich auf den leichtesten Rädern der Formel 1 zum zweiten Mal den Weltmeistertitel. Aber auch andere sparten 1995 mit BBS erfolgreich Gewicht: Jacques Villeneuve gewann die Indy-Car-Serie, Bernd Schneider sowohl DTM als auch ITC und Joachim Winkelhock den D1 ADAC STW CUP. Und wann machen Sie sich's leichter? BBS Kraftfahrzeugtechnik AG, Postfach 1152, D-77757 Schiltach.

BBS

Benetton-Mechaniker schieben Michael Schumacher in seinem Benetton-Renault in die Boxengasse der Rennstrecke v

o Paulo. Das Rennen ist der Auftakt zu einer grandiosen Saison des Deutschen – am Ende ist er Doppelweltmeister

Saisonstart. Der Weltmeister führt das Feld vor dem WM-Zweiten Hill an. Auch am Ende hat Schumacher die Nase vo

BRASILIEN

1. LAUF 26. MÄRZ 1995

INTERLAGOS

AUTODROMO JOSÉ CARLOS PACE SÃO PAULO

71 Runden à 4,325 km (307,075 km)

Schnellste Runde: Michael Schumacher in 1.20,921 Min.

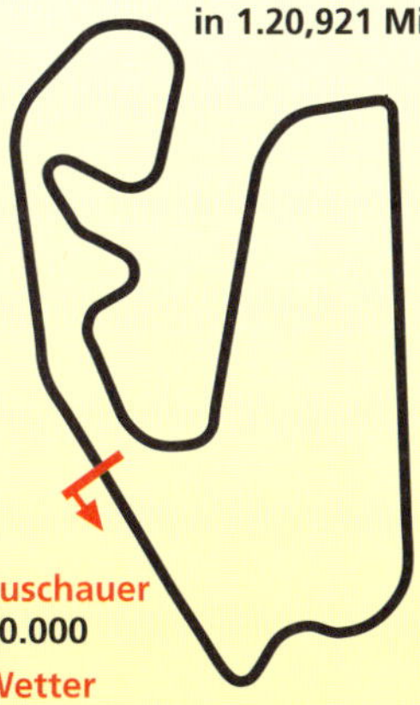

Zuschauer 60.000

Wetter bewölkt, warm, leicht windig

STARTAUFSTELLUNG

	Hill (Williams)
Schumacher (Benetton)	Coulthard (Williams)
Herbert (Benetton)	Berger (Ferrari)
Alesi (Ferrari)	Häkkinen (McLaren)
Irvine (Jordan)	Blundell (McLaren)
Panis (Ligier)	Katayama (Tyrrell)
Salo (Tyrrell)	Morbidelli (Arrows)
Frentzen (Sauber)	Suzuki (Ligier)
Barrichello (Jordan)	Martini (Minardi)
Badoer (Minardi)	Wendlinger (Sauber)
Gachot (Pacific)	Inoue (Arrows)
Montermini (Pacific)	Moreno (Forti)
Verstappen (Simtek)	Diniz (Forti)
Schiattarella (Simtek)	

d den falschen Sprit im Tank

Neues Jahr, neuer Skandal

Die Saison 1994 ging als das Skandaljahr schlechthin in die Geschichte der Formel 1 ein. 1995 soll alles besser werden. Doch schon im ersten Rennen der neuen Saison werden sämtliche guten Vorsätze über Bord geworfen. Nach dem Rennen weiß tagelang keiner, wer eigentlich der Sieger ist.

Das Auftaktrennen in Brasilien ist für viele Experten völlig überflüssig. Denn wie die Saison 1995 ausgehen würde, haben doch schon längst die sogenannten „pre-season-tests“ gezeigt. Deren wichtigste Erkenntnisse in Kurzschrift: Benetton ist zu unzuverlässig und kriegt gegen die Williams keine Schnitte. Das Top-Team in Wartestellung heißt Jordan-Peugeot. McLaren-Mercedes hat trotz (oder vielleicht wegen?) des spektakulären Mittelflügels nichts zu melden, dafür wird der neue Zuverlässigkeitsweltmeister Sauber-Ford den großen Auftritt haben.

Soviel zur grauen Theorie. Die Praxis sieht gänzlich durchgerüttelt aus. Trotz neuen Streckenbelages präsentiert sich das Autodromo José Carlos Pace als wahre Buckelpiste. Jordan-Star Rubens Barrichello: „Der Belag ist eine Schande, ich schäme mich für meine Heimatstadt São Paulo.“

Größere Probleme hat Michael Schumacher. Das erste Qualifikationstraining der neuen Saison ist exakt 37 Minuten alt, als Schumachers Benetton B195 mit Tempo 200 führungslos in einen Reifenstapel knallt. Schumacher sichtlich geschockt: „Das Auto war plötzlich nicht mehr lenkbar.“ Kein Wunder, ein Kreuzgelenk in der Lenkung ist gebrochen.

Weder der Unfall noch der Umstand, daß Hill vor ihm auf der Pole steht, läßt den Weltmeister resignieren.

Mario Illien, Jürgen Hubbert: Beide McLaren punkten

Jordan contra McLaren: Peugeot erhofft sich mit Jordan mehr Erfolg als im Vorjahr

Großer Preis von Brasilien

Schumacher überrundet den späteren „Sieger" Berger. Nur zwei sind in einer Runde

Lokalmatador Barrichello testet während des Trainings die heimischen Kiesbetten

Grosser Preis von Brasilien — São Paulo

RENNREPORT 1. LAUF - 26. MÄRZ 1995

PLATZ	FAHRER	TEAM	ZIELEINLAUF
1.	Michael Schumacher	Benetton-Renault	1:38.34,154 Std.
2.	David Coulthard	Williams-Renault	8,060 Sek. zurück
3.	Gerhard Berger	Ferrari	1 Runde zurück
4.	Mika Häkkinen	McLaren-Mercedes	1 Runde zurück
5.	Jean Alesi	Ferrari	1 Runde zurück
6.	Mark Blundell	McLaren-Mercedes	1 Runde zurück

WEITERE

7. Salo (2 Runden zurück), 8. Suzuki (2 Runden zurück), 9. Montermini (6 Runden zurück), 10. Diniz (7 Runden zurück)

AUSFÄLLE

Morbidelli (62 Runden, Benzindruck), Inoue (48, Motorbrand), Badoer (47, Getriebe), Moreno (47, Dreher), Wendlinger (41, Kabelbrand), Hill (30, Getriebe), Herbert (30, Unfall), Gachot (23, Getriebe), Barrichello (16, Hydraulik), Verstappen (16, Kupplung), Katayama (15, Dreher), Irvine (15, Hydraulik), Schiattarella (12, Lenkung), Frentzen (10, Elektrik), Panis (0, Unfall), Martini (Getriebeschaden vor dem Start)

AKTUELLER WM-STAND

1. Schumacher (10), 2. Coulthard (6), 3. Berger (4), 4. Häkkinen (3), 5. Alesi (2), 6. Blundell (1)

KONSTRUKTEURS-WM

1. Ferrari (6), 2. McLaren (4)

Wegen der Benzin-Affäre wurden den Teams Benetton und Williams die Punkte aberkannt.

Zusammen mit seiner Crew und einer Computersimulation knobelt Schumacher die richtige Tankstoppstrategie aus. Drei Stopps heißt die Losung. Alle anderen Spitzenteams sehen das anders. Vor allem Hills ständige Frage während des Rennens – „Wie oft wird Michael an die Box gehen?" – demonstriert Unsicherheit.

Das Rennen ist ein Zweikampf zwischen den Hauptdarstellern der vergangenen Saison. Michael kann Damon am Start überrumpeln, doch richtig absetzen kann er sich nicht. Immer wieder schließt der Brite auf. Und als beide ihren ersten Tankstopp absolviert haben, führt Hill sogar. Michael verblüfft: „Kapier ich nicht. Unser Stopp war wirklich gut."

In der 31. Runde ist der Hill-Spuk vorbei. Der WM-Zweite dreht sich mit einem Getriebeschaden ins Aus. Der grippegeschwächte Teamkollege Coulthard kann Schumacher nicht Paroli bieten. Der Deutsche hat den Schotten sicher im Griff, zusammen überrunden sie das übrige Feld.

Und dann geht Schumacher auf dem – siehe oben – unzuverlässigen Benetton als erster durch das Ziel. Häkkinen auf dem McLaren-Flop belegt den vierten Platz, Teamkollege Blundell den sechsten. Das hochgepriesene Spitzenteam Jordan strandet im Nirgendwo, genauso wie die superzuverlässigen Sauber, die einen Doppelausfall notieren.

Was ganz Besonderes hat Ferrari-Fahrer Gerhard Berger zu bieten. Auf Platz drei ankommend und von den Führenden bereits überrundet, gewinnt er das Rennen. Aber das ist (siehe Kasten) ein ganz anderes Thema…

Das Sprit-Desaster

Alles hätte passieren dürfen, bloß das nicht: Die Formel-1-Saison 1995 fängt an, wie die gerade Abgelaufene endete: Mit faustdicken Skandalen, Disqualifikationen, gegenseitigen Schuldzuweisungen und Rennergebnissen, die an irgendwelchen grünen Tischen in Paris ausgeknobelt werden müssen.

Die Bombe, die zum Saisonauftakt in São Paulo hochgehen soll, präsentiert sich erst einmal ganz heimtückisch als Bömbchen. In zwei wortkargen Kommuniqués verkünden wenige Stunden vor dem Start die „Stewards of the meeting", so wird die dreiköpfige Rennleitung genannt, daß die Spritproben der Fahrzeuge 1 (Schumacher) und 6 (Coulthard) nicht mit dem übereinstimme, was bei der FIA als Gegenprobe hinterlegt wurde. Die Rennleitung spricht eine Strafe von 30.000 Dollar aus.

Der Zeitpunkt der Veröffentlichung – die Spritprobe war bereits am Freitag entnommen worden – ist nur zu bewußt gewählt. So kurz vor dem Rennen gibt es für die beiden Teams Benetton und Williams kein Zurück mehr. Um neuen Sprit aus Europa einzufliegen, bleibt keine Zeit.

Die Falle ist zugeschnappt: Nach dem Rennen setzt die FIA einen drauf. Im Parc fermé werden den Fahrzeugen von Schumacher und Coulthard erneut Spritproben entnommen. Und, welche Überraschung: Wieder werden Unregelmäßigkeiten festgestellt. Der Sieger und der Zweite des Auftaktrennens der Formel-1-Saison 1995 werden disqualifiziert. Der Dritte, Gerhard Berger, zum Sieger erklärt.

Benetton und Williams legen postwendend Berufung ein. Spritlieferant elf zweifelt die Ergebnisse genauso an wie die Meßverfahren der FIA. Sämtliche Rennergebnisse sind mehr als provisorisch.

Zu Beginn der Saison hat FIA-Präsident Max Mosley großspurig formuliert: „Wir müssen wieder dahin kommen, daß, wie bei einem Fußballspiel, das Ergebnis nach Wettkampfende auch wirklich feststeht."

Das Benzin muß dem Tankstellenbenzin des jeweiligen Herstellers ähnlich sein. Eingesetzt werden darf auch ein Experimentalsprit, wenn er den Sicherheits- und Gesundheitsauflagen des Straßenverkehrssprits entspricht.

Trifft das alles zu, erteilt die FIA ihren Segen, hält die Probe jedoch ein, um – gleich einem Fingerabdruck – nun für die ganze Saison

Disqualifiziert: Wieder gibt es endlose Diskussionen

Der Dritte wird zum Sieger: Coulthard, Schumi, Berger

Für die komplizierte Materie des Sprits hat sich die FIA darum was ganz besonderes einfallen lassen. Vor der Saison haben alle Sprithersteller bei einem FIA-Labor in England eine Probe jenes Sprits zu hinterlegen, mit dem sie die Saison bestreiten wollen. Das Labor untersucht den Sprit auf seine Zulässigkeit, das heißt: eine Gegenprobe zu haben. Mit diesen Proben werden bei den Rennen alle Stichproben in einem kleinen, mobilen FIA-Labor an der Strecke verglichen.

Viel Aufwand für die simple Frage „Super" oder „Normal". Doch die Erinnerung an den Krieg der Spritkonzerne ist noch zu frisch. Aus Benzinlieferanten wurden in den 80er Jahren Alchimisten, die über Sieg und Niederlage in der Formel 1 entschieden. Mit dem richtigen Sprit hatte man gleich 60 bis 80 PS mehr im Heck. Der Preis für die Mehr-Leistung? Bis zu 200 Mark pro Liter. In Anbetracht der Leistungssteigerung ein Ringeltäubchen.

Weniger lustig war der Geruch des Sprits. Was so ätzend stank, konnte nicht gesund sein. Die Tankmechaniker wurden angehalten, Atemschutzgeräte zu tragen. Das hielt die Spritgiganten nicht davon ab, immer aufwendiger zu agieren. Der französische Hersteller elf fing damit an, für jede Rennstrecke einen speziellen Sprit zu designen. Mit ganz spezifischen Verbrennungscharakteristika.

Dann hatte die FIA im wahrsten Sinne die Nase voll. Präsident Mosley forderte und setzte durch: „Ab 1993 nur noch Benzin von der Tankstelle."

Michael Schumacher und David Coulthard ist die Vorgeschichte wurscht. Sie haben in Brasilien ein blitzsauberes Rennen abgeliefert. Mit einem Sprit, der – so selbst die FIA – keinerlei Leistungssteigerungen gebracht hat. Michael genervt: „Ich bin Rennfahrer und kein Chemiker."

Drei Wochen später kommt es in Paris zur Berufungsverhandlung. 24 Stunden vorher gibt Benzinlieferant elf klein bei und gesteht einen Fehler ein.

Das FIA-Berufungsgericht fällt ein merkwürdiges Urteil: Die Piloten werden freigesprochen und erhalten ihre Punkte zurück. Anders die Teams. Sie müssen jeweils 200.000 Dollar Strafe zahlen und erhalten keine Konstrukteurspunkte. Ganz klar, daß es über dieses Urteil geteilte Ansichten gibt...

ARGENTINIEN

2. LAUF 9. APRIL 1995

BUENOS AIRES

AUTODROMO
OSCAR A. GÁLVEZ

72 Runden à 4,257 km (306,482 km)

Schnellste Runde:
Michael Schumacher in 1.30,522 Min.

Zuschauer
50.000

Wetter
bedeckt, mäßig warm

STARTAUFSTELLUNG

Coulthard (Williams)	**Hill** (Williams)
Schumacher (Benetton)	**Irvine** (Jordan)
Häkkinen (McLaren)	**Alesi** (Ferrari)
Salo (Tyrrell)	**Berger** (Ferrari)
Frentzen (Sauber)	**Barrichello** (Jordan)
Herbert (Benetton)	**Morbidelli** (Arrows)
Badoer (Minardi)	**Verstappen** (Simtek)
Katayama (Tyrrell)	**Martini** (Minardi)
Blundell (McLaren)	**Panis** (Ligier)
Suzuki (Ligier)	**Schiattarella** (Simtek)
Wendlinger (Sauber)	**Montermini** (Pacific)
Gachot (Pacific)	**Moreno** (Forti)
Diniz (Forti)	**Inoue** (Arrows)

Gegenverkehr: Jean Alesis Dreher wirbelt viel Staub auf. Beim Neustart sitzt der Franzose im Ersatzwagen

Land unter: Während der Trainingssitzungen zeigt sich Argentinien von seiner ungastlichen Seite. McLaren-Pilot Mika

Gemeinsam einsam: Berger und Alesi im Training

Regentanz

Während der Trainingstage öffnet der Himmel seine Schleusen und hat sogar eine Unterbrechung des Trainings zur Folge. Der Renntag ist erstaunlicherweise trocken und präsentiert den Fans ein spannendes Rennen.

Die Strecke ist in Ordnung, wir fahren bloß mit den falschen Autos. Hier ist man in einem Formel 3 besser aufgehoben." Ungewohnt ironisch reagiert Michael Schumacher auf das Autodromo Oscar Alfredo Gálvez. 1981 wurde hier der letzte Formel-1-Lauf ausgetragen. Um endlich wieder einen Grand Prix in das Land von Juan Manuel Fangio und Carlos Reutemann zu locken, wurde der Kurs in Buenos Aires rigoros umgebaut und auf Sicherheitsstandard gebracht.

Mit dem Ergebnis, daß auch Gerhard Berger mault: „Das ist ein Micky-Maus-Kurs. Wir brauchen endlich wieder Sechste-Gang-Kurven."

Doch es liegt nicht an der Strecke, sondern an den Fahrern, daß schon nach wenigen hundert Metern das Rennen fürs erste beendet ist: Ein schlecht gestar-

äkkinen versucht trotzdem, eine schnelle Zeit auf den Asphalt zu legen. Am Sonntag startet er von Platz fünf

Großer Preis von Argentinien

Herbert: unhappy

Coulthards Liebe: Andrea

Nachdenklicher Frentzen: Es könnte alles besser sein

Beim 2. Start bleibt Häkkinen auf der Strecke. Der Rest des Feldes kommt gut weg

teter Alesi will sich in der ersten Kurve an Teamkollege Berger vorbeiquetschen und verliert dabei die Kontrolle über sein Auto. Alesis Glück im Unglück: Sein Dreher löst eine Massenkarambolage aus. Darin sind unter anderem Johnny Herbert, Rubens Barrichello und Olivier Panis verwickelt. Das Rennen wird abgebrochen.

Start Nummer Zwei läuft nicht viel besser ab. McLaren-Pilot Mika Häkkinen zackt wild umher und fährt dabei Eddie Irvine an die Schnauze. Häkkinen schlitzt sich das linke Hinterrad auf und strandet im Kiesbett.

Aber diesmal geht das Rennen weiter. Und wie. In den ersten 26 Runden dürfen die rund 50.000 Zuschauer sechs Führungswechsel erleben. Der erstmals in seiner Karriere von der Pole gestartete David Coulthard wird von Schumacher abgelöst, der wiederum von Hill. Für kurze Zeit übernimmt auch Alesi die Spitze und zwischendurch ist Schumacher wieder mal vorn.

In der Williams-Box hofft man natürlich auf den ersten Saison-Sieg. Die Chancen verringern sich in Runde 17 um 50 Prozent. Plötzlich stellt sich Coulthards Motor einfach ab. Ein Defekt des elektronischen Gaspedals wird später als Ursache diagnostiziert.

Grosser Preis von Argentinien — Buenos Aires

RENNREPORT 2. LAUF - 9. APRIL 1995

PLATZ	FAHRER	TEAM	ZIELEINLAUF
1.	Damon Hill	Williams-Renault	1:53.14,532 Std.
2.	Jean Alesi	Ferrari	6,407 Sek. zurück
3.	Michael Schumacher	Benetton-Renault	33,376 Sek. zurück
4.	Johnny Herbert	Benetton-Renault	1 Runde zurück
5.	Heinz-Harald Frentzen	Sauber-Ford	2 Runden zurück
6.	Gerhard Berger	Ferrari	2 Runden zurück

WEITERE

7. Panis (2 Runden zurück), 8. Katayama (3 Runden zurück), 9. Schiattarella (4 Runden zurück), Diniz, Moreno (9 Runden zurück, nicht gewertet)

AUSFÄLLE

Salo (48 Runden, Unfall), Suzuki (47, Unfall), Martini (44, Dreher), Morbidelli (43, Elektrik), Inoue (40, Dreher), Barrichello (33, Motor), Verstappen (23, Getriebe), Coulthard (16, Elektronik), Blundell (9, Ölkühler), Irvine (6, Motor), Montermini (1, Unfall), Häkkinen (0, Unfall), Gachot (0, Unfall), Wendlinger (0, Unfall), Badoer (Unfall beim ersten Start)

AKTUELLER WM-STAND

1. Schumacher (14), 2. Hill (10), 3. Alesi (8), 4. Coulthard (6), 5. Berger (5), 6. Häkkinen, Herbert (je 3), 8. Frentzen (2), 9. Blundell (1)

KONSTRUKTEURS-WM

1. Ferrari (13), 2. Williams (10), 3. Benetton (7), 4. McLaren (4), 5. Sauber (2)

Vom Glück verlassen agiert auch der Weltmeister. Wegen der verregneten Trainingssitzungen konnten die Piloten ihre Reifen nicht oder nur ungenügend einfahren. Daher glich die Wahl der Gummis am Renntag einer Lotterie, bei der Schumacher gleich zwei Nieten zog: „Der erste Satz war katastrophal, der zweite in Ordnung, der dritte wieder schlecht und der vierte Satz sehr gut." So gut, daß Michael Schumacher mit diesen Reifen die schnellste Runde des Rennens fährt. Sieben Zehntel schneller als die Bestzeit des führenden Hill. Als Dritter hinter Damon Hill und Jean Alesi läßt Michael mit versteinerter Mine die Siegerehrung über sich ergehen. Auf dem dritten Platz hat er das ganze Jahr 1994 kein einziges Mal gestanden.

Nicht viel besser ergeht es Gerhard Berger, der mit zwei Runden Rückstand Sechster wird. Ein schleichender Plattfuß und ein defekter Stoßdämpfer zwingen zu zeitraubenden Boxenstopps.

Genau die erspart sich Sauber-Pilot Heinz-Harald Frentzen. Als einziger entscheidet er sich für einen einzigen Tankstopp, wo doch die anderen Teams auf zwei bis drei Stopps vertrauen. Die Rechnung geht auf, ein fünfter Platz ist die Belohnung. Doch der Hintergrund für die Ein-Stopp-Strategie läßt Böses für die Zukunft ahnen: Der Sauber C14 läßt sich vollgetankt besser fahren als leer. Wenn ein Auto solche Zicken macht, ist meistens die Gewichtsverteilung nicht in Ordnung. Auf das Sauber-Team kommen schwere Hausaufgaben zu.

Juan-Manuel Fangio Das Ziel erreicht

Das ist wie Balsam für die argentinische Volksseele. Carlos Reutemann, der Held zahlreicher Formel-1-Schlachten, zwängt sein markantes Profil unter den engen Vollvisierhelm, steigt in den vorgewärmten Vorjahres-Formel-1-Ferrari und startet zu einigen Demonstrationsrunden vor heimischem Publikum. Trotz Regens sieht man sofort, daß hier ein Meister ins Volant greift. 146 Grand-Prix-Rennen, zwölf Siege, 298 WM-Punkte, 17 Rennen ohne Unterbrechung unter den sechs besten, Vize-Weltmeister 1982 – keine Diskussion, Reutemann ist einer der ganz Großen. Und in Argentinien so beliebt, daß „El Lole" – mittlerweile Gouverneur der Provinz Santa Fé – ausgesprochen gute Chancen hat, in naher Zukunft zum Staatspräsidenten gewählt zu werden.

Staatspräsident hätte auch ein anderer argentinischer Rennfahrer werden können, wenn er sich nur für dieses Amt interessiert hätte. Doch seine ganze Leidenschaft, ja sein Leben galt immer nur dem Motorsport – Juan-Manuel Fangio. Während Carlos Reutemann beim Grand Prix 1995 seine Runden dreht, liegt die Legende im Dämmerschlaf. Das Herz kann trotz der fünf Bypässe nicht mehr richtig arbeiten, die Nieren nicht mehr ohne ständige Dialyse. Juan-Manuel Fangio ist dem Sterben nahe.

In sieben Jahren wurde Juan-Manuel Fangio fünfmal Weltmeister: 1951 auf Alfa Romeo, 1954 auf Maserati und Mercedes, 1955 auf Mercedes, 1956 auf Lancia-Ferrari und 1957 auf Maserati. So eindrucksvoll wie die WM-Titel ist auch eine andere Zahl: Fast jeder zweite Start in seinen Formel-1-Rennen bedeutete einen Sieg. Von 51 Rennen gewann Fangio 24.

Juan-Manuel Fangio: Seine Erfolge sind unerreicht

Reutemann im Ferrari

Fangio, der Name steht für eine Zeit, als Rennfahrer noch Herren waren, als Leidenschaft, Ruhm und Ehre noch mehr zählten als Dollar-Millionen und als jedes Rennen noch ein Rennen mit dem Tod war.

Fangio wurde, was man heute einen Mega-Star nennt. Und er hatte dabei das Glück, in einer Epoche zu leben, in der man dem Star noch das Recht zum Menschsein ließ.

Juan-Manuel Fangio hat dieses Recht immer zu nutzen gewußt. Trotz aller Popularität blieb er bis ins hohe Alter stets bescheiden, aufmerksam und liebenswert. Seine Menschlichkeit entspricht seinen Motorsporterfolgen. „Ich habe alle meine Trophäen noch", verriet er 1994. „Sie gehören nicht mir. Ich hatte immer das Gefühl, sie gehören den Menschen, die mich unterstützt haben."

Was Fangio für sein Land bedeutete, belegt ein anderes Zitat des Meisters: „Ich fühle mich geehrt, Argentinier zu sein. Derjenige, der sein Land nicht liebt, kann auch seine Familie nicht lieben." Am 17. Juli 1995 stirbt der 84jährige Juan-Manuel Fangio, bis heute der größte und erfolgreichste Rennfahrer aller Zeiten.

Argentinien trauert um den großen Sportler. Aber am Horizont zeichnet sich eine neue, große Motorsporthoffnung ab. Norberto Fontana hat alles, was man für eine erfolgreiche Karriere braucht. Er ist jung und ehrgeizig, hat Talent im Übermaß, einen Titel in der Deutschen Formel-3-Meisterschaft (siehe Seiten 148-153) und 1995 einen Formel-1-Testvertrag bei Sauber. Es dürfte nur noch eine Frage der Zeit sein, dann sind Argentiniens Farben in der Formel 1 wieder würdig vertreten.

Damon obenauf

Ferrari ist auf dem besten Weg, vor heimischem Publikum einen historischen Sieg zu erringen. Im Training liegt Gerhard Berger nur acht Tausendstel hinter Pole-Mann Schumacher. Aber Michael erlebt in Imola einen schwarzen Renntag. Ein anderer Weltmeister hat an diesem Wochenende Premiere: Nigel Mansell im McLaren.

Ich hätte es vorgezogen, nicht mehr nach Imola zurückkehren zu müssen. Aber die Strecke macht es uns jetzt leichter. Es erinnert kaum noch was an die Strecke von damals."

Michael Schumacher formuliert das Unbehagen und die Erleichterung der meisten Piloten. Die Erinnerung an 1994 drückt schwer, an eines der schlimmsten Rennwochenenden der Motorsportgeschichte. Jene beiden Tage, an denen die Piloten Roland Ratzenberger und Ayrton Senna ihr Leben ließen.

Rubens Barrichellos neu gestalteter Sturzhelm mit Motiven von Sennas Helm erinnert an die Schrecken. Ebenso eine von Jean Alesi initiierte Schweigeminute.

Aber, wie Michael Schumacher sagte, die neue Streckenführung macht allen das Verdrängen etwas leichter. Die ultraschnelle Tamburello – Sennas Todeskurve – wurde durch eine Schikane entschärft. Auch in der Villeneuve, Ratzenbergers Unfallstelle, ist jetzt eine Schikane. Ferrari-Star Jean Alesi zufrieden: „Imola ist immer noch schnell, jetzt aber sicher."

Gedenken an Ayrton Senna und Roland Ratzenberger

Duell: Alesi hängt rundenlang hinter Coulthard fest

Muß sie auch sein. Denn ausgerechnet Weltmeister Michael Schumacher erwischt es an diesem Wochenende zweimal. Am Samstagmorgen kommt Michael in der Variante Alta neben die Linie, gerät auf Dreck, rutscht von der Bahn und schlägt sich an der Begrenzungsmauer das rechte Vorderrad so ab, daß es ihm gefährlich in Kopfnähe gerät. „Alles halb so wild", beruhigt der Benetton-Pilot.

Das kann man von seinem Unfall am Renn-Sonntag nicht behaupten. Ende Runde neun schießt Michael an die Box, um frische Reifen zu holen. Nach neun Sekunden geht es weiter. Aber nicht allzu weit. Auf dem Weg zur Piratella bricht bei mindestens 250 km/h der Benetton-Renault aus, fliegt von der Bahn, überschlägt sich fast auf dem Gras am Streckenrand und bohrt sich dann in einen Reifenstapel. Michael entkommt mit viel Glück unverletzt. Außer einem steifen Nacken ist nur sein Selbstbewußtsein in Gefahr: „Das war kein Fehler von mir. Schon in der Boxenausfahrt spürte ich eine Instabilität im Heck." Bei Benetton werden alle Daten ausgewertet, ohne einen Unfallgrund im technischen Bereich zu finden.

Ein Mitverursacher für den Unfall ist auf jeden Fall

Die neue Tamburello entspri

die ungewisse Wetterlage. Bis kurz vor Start, den Schumacher von der Pole-Position angeht, rätseln die Piloten, welches Gummi das beste sei. Williams, Benetton und Ferrari entscheiden sich geschlossen für Regenreifen. Bei McLaren wählt Nigel Mansell, der erstmals für seinen neuen Arbeitgeber ins Lenkrad greift, genauso wie Häkkinen Slicks.

Ein Fehler, wie die Startphase zeigt. Erst ab Runde sechs sind die Slicks im Vorteil. Gerhard Berger ist der erste der Regenreifenfahrer, der dies realisiert, sofort die Reifen wechselt und zum

eder Hinsicht den Sicherheitsanforderungen der FIA

Zuschauermassen: Die italienischen Fans sind einmalig

San Marino

3. Lauf 30. April 1995

Imola

AUTODROMO ENZO E DINO FERRARI

63 Runden à 4,895 km (308,358 km)

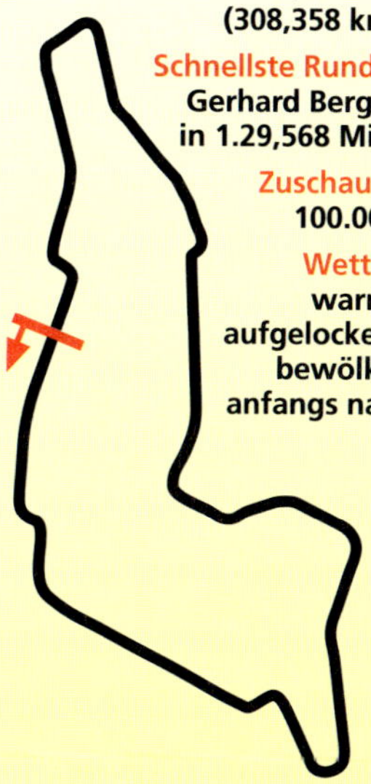

Schnellste Runde: Gerhard Berger in 1.29,568 Min.

Zuschauer 100.000

Wetter warm, aufgelockert bewölkt, anfangs naß

Startaufstellung

- **Schumacher** (Benetton)
- **Berger** (Ferrari)
- **Coulthard** (Williams)
- **Hill** (Williams)
- **Alesi** (Ferrari)
- **Häkkinen** (McLaren)
- **Irvine** (Jordan)
- **Herbert** (Benetton)
- **Mansell** (McLaren)
- **Barrichello** (Jordan)
- **Morbidelli** (Arrows)
- **Panis** (Ligier)
- **Salo** (Tyrrell)
- **Frentzen** (Sauber)
- **Katayama** (Tyrrell)
- **Suzuki** (Ligier)
- **Verstappen** (Simtek)
- **Martini** (Minardi)
- **Inoue** (Arrows)
- **Badoer** (Minardi)
- **Wendlinger** (Sauber)
- **Gachot** (Pacific)
- **Schiattarella** (Simtek)
- **Montermini** (Pacific)
- **Moreno** (Forti)
- **Diniz** (Forti)

Dank für entschlossenes Handeln die Führung übernehmen kann.

Doch wie gewonnen, so zerronnen. In der 22. Runde, sein Tankstopp ist gerade beendet, würgt Berger seinen Motor ab.

Dankbarer Erbe der Spitzenposition ist Damon Hill, der zusammen mit Coulthard und Alesi einen Kampf auf Biegen und Brechen demonstriert. Coulthard versucht, Teamkollege Hill zu überholen und gleichzeitig Alesi hinten zu halten. Ein vor Wut schäumender Alesi auf der Siegerkonferenz: „Noch nie habe ich einen so unfairen Gegner erlebt. Nichts gegen Rumzacken in der letzten Runde. Aber nicht von Anfang an."

Ein Dreher Coulthards und eine Zehn-Sekunden-Strafe wegen zu schnellen Fahrens in der Boxengasse (106 statt 80 km/h) erledigt Alesis Problem, der nun ungestört Zweiter hinter einem fehlerfreien Hill wird.

Einmal mehr findet Heinz-Harald Frentzen Beachtung. Als 14. auf Slicks gestartet, macht der Sauber-Pilot in der ersten Runde fünf Plätze gut. Und als Mansell und Irvine ihm noch das Geschenk einer Kollision machen, kann Frentzen seinen Wagen – O-Ton Peter Sauber: „Eine Gurke." – erneut in die Punkteränge fahren.

Grosser Preis von San Marino — Imola

RENNREPORT 3. LAUF - 30. APRIL 1995

PLATZ	FAHRER	TEAM	ZIELEINLAUF
1.	Damon Hill	Williams-Renault	1:41.42,552 Std.
2.	Jean Alesi	Ferrari	18,510 Sek. zurück
3.	Gerhard Berger	Ferrari	43,116 Sek. zurück
4.	David Coulthard	Williams-Renault	51,890 Sek. zurück
5.	Mika Häkkinen	McLaren-Mercedes	1 Runde zurück
6.	Heinz-Harald Frentzen	Sauber-Ford	1 Runde zurück

WEITERE

7. Herbert (2 Runden zurück), 8. Irvine (2 Runden zurück), 9. Panis (2 Runden zurück), 10. Mansell (2 Runden zurück), 11. Suzuki (3 Runden zurück), 12. Martini (4 Runden zurück), 13. Morbidelli (4 Runden zurück), 14. Badoer (4 Runden zurück), 15. Diniz (7 Runden zurück), 16. Moreno (7 Runden zurück)

AUSFÄLLE

Wendlinger (43 Runden, Radmutter-Sicherung hi. li.), Gachot (36, Getriebe), Schiattarella (35, Aufhängung hinten), Barrichello (31, Getriebe), Katayama (23, Dreher), Salo (19, Motor), Montermini (15, Getriebe), Verstappen (14, Getriebe), Inoue (12, Unfall), Schumacher (10, Unfall)

AKTUELLER WM-STAND

1. Hill (20), 2. Alesi, Schumacher (je 14), 4. Berger, Coulthard (je 9), 6. Häkkinen (5), 7. Frentzen, Herbert (je 3), 8. Blundell (1)

KONSTRUKTEURS-WM

1. Ferrari, Williams (je 23), 3. Benetton (7), 4. McLaren (6), 5. Sauber (3)

Nach Unfall: Schumacher ist zum Zuschauen verurteilt

Berger jubelt: Beinahe hätte es vor heimischem Publikum eine Sensation gegeben. Am Ende ist er glücklicher Dritter

Imola: Michael in der Krise

Irgendwie ist der Wurm drin. Sicher ist, daß sich Michael Schumacher den Beginn seiner ersten Saison als Formel-1-Weltmeister ganz anders vorgestellt hat.

Die ersten Schwierigkeiten zeigen sich in den Vor-Saison-Tests. Ausgerechnet Benetton, sonst ein Ausbund an Zuverlässigkeit und früh abgeschlossenen Saisonvorbereitungen, hinkt schwer im Testprogramm hinterher.

Als sich Michael Schumacher mit dem Team auf den langen Weg nach Südamerika macht, formuliert er vorsichtig seine Ziele: „Wir gehen nicht so gut vorbereitet in die neue Saison, wie ich mir das vorgestellt habe. Wir konnten bis jetzt das Potential des Autos wegen vieler Unzuverlässigkeiten leider nicht ausschöpfen. Ich darf nicht enttäuscht sein, wenn ich in den ersten zwei, drei Rennen nicht siegen werde."

Zum Saisonanfang in Brasilien kommt allerdings ein ganz anderes Problem auf ihn zu. Kaum ist von seinem Benetton, wie auch vom gegnerischen Williams, eine Benzinprobe entnommen worden, macht schon wieder das häßliche Wort vom „Schummel-Schumi" die Runde.

Daß Michael zum Saisonbeginn seine Glaubwürdigkeit aufs äußerste strapaziert, indem der seit Jahren 70 Kilo schwere Pilot zum offiziellen FIA-Wiegetermin plötzlich 77 Kilo, unmittelbar nach dem Rennen aber nur noch 71,5 Kilo wiegt, macht die ganze Sache nicht besser. Nach herber Kritik von Gerhard Berger wegen des fehlerhaften Benzins traut sich einige Zeit nach dem Rennen auch Williams-Pilot Hill aus der Deckung: „Die Sache mit dem Gewicht ist eines Champions nicht würdig. Er hat damit das Reglement verhöhnt."

Die Stimmung der Medien schlägt so gegen Michael um, daß selbst ein Tauchunfall im brasilianischen Badeort Bahia sofort als cleverer PR-Gag gewertet wird, der nur vom Spritskandal und den Ungereimtheiten mit dem Gewicht ablenken soll.

Kaum war der Spritskandal – der nun wirklich nicht Michaels Schuld war – ausgestanden, schießt sich die deutsche Presse aus ganz anderer Richtung auf den Weltmeister ein. Eine Reihe von Ausrutschern und Unfällen lassen die Zeitungen mit den großen Buchstaben aufgeregt fragen: „Ist Michael dem Druck nicht gewachsen?"

Zu allem Übel kommt auch noch eine von den Medien genüßlich zelebrierte Privatfehde Berger-Schumacher in Gange. Der Österreicher ärgert sich natürlich über den zunächst geschenkten und dann wieder verlorenen Sieg von Brasilien.

Zum gleichen Zeitpunkt muß der Weltmeister erstaunt zur Kenntnis nehmen, daß die gerade erst beginnende Saison anscheinend keinen mehr interessiert. Denn die Fragen nach dem Teamwechsel zum Ende des Jahres werden immer nervender. Bild sieht ihn bereits bei McLaren-Mercedes. Italienische Gazetten erwärmen sich dagegen an dem Gerücht, daß Ferrari dem Wahlmonegassen ein 34-Millionen-Mark-Angebot auf den Tisch gelegt habe.

Einerlei, was an diesen Gerüchten dran sein mag, Michael kann das ganze Gerede um seine Zukunft jetzt am wenigsten gebrauchen. Denn die Gegenwart ist schwierig genug. Das Benetton-Team hält bis einschließlich Imola mit insgesamt 19 Drehern, Abflügen und schweren Unfällen einen traurigen Rekord. Ein sichtlich genervter Weltmeister gibt offen zu: „Manchmal fahre nicht ich mit dem Auto, sondern das Auto mit mir."

Nach dem Großen Preis von San Marino bleibt das Team zum Testen. Nach einem völlig desolaten Tag platzt dem sonst so beherrschten Piloten der Kragen. Er schlägt mit der Faust auf den Tisch des Benetton-Hauses: „Der 95er Benetton ist im Vergleich zum Vorjahreswagen ein deutlicher Rückschritt. Wir sind noch immer nicht mit unseren Hausaufgaben fertig." Bleibt nur die Hoffnung auf das nächste Rennen in Barcelona. Es ist noch ein langer Weg bis zum Weltmeistertitel 1995.

Höhepunkt einer Serie von Drehern und Abflügen ist der heftige Unfall in Imola

Diesmal klappen die Boxenstopps bei Ferrari. Berger bedankt sich und wird Dritter

SPANIEN

4. LAUF 14. MAI 1995

BARCELONA

Mansells Erfolg bei McLaren hält sich in Grenzen. Nach Spanien gibt der Brite auf

CIRCUIT DE CATALUNYA MONTMELO

65 Runden à 4,725 km (307,115 km)

Schnellste Runde:
Damon Hill
in 1.24,531 Min.

Zuschauer
55.000

Wetter
sonnig,
sehr warm

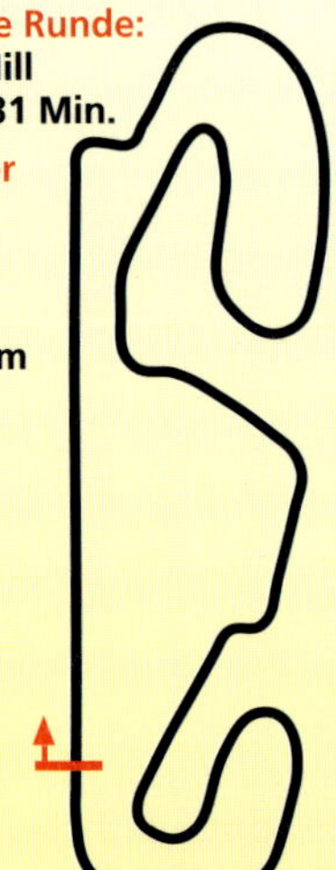

Mit letzter Kraft quält Damon Hill seinen weidwunden Williams über die Ziellinie

Benetton is back

Nach drei Rennen führt Damon Hill in der Fahrer-WM. Bei Benetton und Michael Schumacher scheint dagegen Sand im Getriebe zu sein. Nach einer durchgearbeiteten Nacht in der Benetton-Box sichert sich der Weltmeister samstags allerdings überlegen die Pole-Position. Das Rennen wird eine Triumphfahrt für das Team.

Jede Menge hohe Tiere sind im Fahrerlager angesagt. Die großen Automobilmacher geben sich ein Stelldichein, die, die mit ihrer unbegrenzten Kohle das Formel-1-Feuer am Prasseln halten. Die Vorstandsvorsitzenden von Fiat, Peugeot, Renault und Mercedes geben sich die Ehre.

Was die Herren für ihr vieles Geld mit nach Hause nehmen dürfen, ist von höchst unterschiedlicher Qualität. Mercedes-Boß Helmut Werner wäre besser in Stuttgart geblieben. Der Einsatz der McLaren-Mercedes ist ein Debakel. Rang neun und zehn in der Startaufstellung (2,4 Sekunden hinter Pole-Mann Schumacher) lassen schon nichts gutes erwarten. Das Rennen gibt dem Trainingsergebnis recht. Mika kann sich auf einen respektablen fünften Platz zwischen Berger und Herbert vorfahren, bis ihn in der 55. Runde der Benzindruck verläßt. Nigel Mansell stellt seinen MP 4/10 schon viel früher, nach einem Ausrutscher ins Kiesbett, entnervt in der Box ab.

Deutlich besser schneidet Peugeot-Chef Calvet ab. Beide Jordan-Peugeot kommen ins Ziel. Rubens Barrichello auf Rang sieben, Eddie Irvine erfährt sich Platz fünf und zwei Punkte. Voll befriedigend.

Fiat-Ferrari-Mann Romiti hat ein lachendes und ein weinendes Auge auf dem Nachhauseweg. Alesi kann aus der ersten Startreihe das Rennen in Angriff nehmen, hält sich auch ganz vorne, bis ihn in der 26. Runde ein Motorschaden parken läßt. Jean Alesi enttäuscht: „Alles lief normal und ich konnte meinen zweiten Platz locker halten. Schade." Teamkollege Berger kann sich zwar als Dritter noch aufs Treppchen retten, beklagt aber auf der anschließenden Pressekonferenz einen mysteriösen Leistungsabfall während des Rennens. Nicht das erste Mal in dieser Saison.

Kommen wir zum Renault-Präsidenten Louis Schweitzer. Der Mann kann sich einen Schampus gönnen: Doppelsieg für Benetton-Renault. Was Schweitzers Mitarbeiter Schumacher in Spanien zeigt, ist ein souveräner Start-Ziel-Sieg, in keiner Phase des Rennens auch nur ein bißchen gefährdet.

Startaufstellung

Schumacher (Benetton)	**Alesi** (Ferrari)
Berger (Ferrari)	**Coulthard** (Williams)
Hill (Williams)	**Irvine** (Jordan)
Herbert (Benetton)	**Barrichello** (Jordan)
Häkkinen (McLaren)	**Mansell** (McLaren)
Brundle (Ligier)	**Frentzen** (Sauber)
Salo (Tyrrell)	**Morbidelli** (Arrows)
Panis (Ligier)	**Verstappen** (Simtek)
Katayama (Tyrrell)	**Inoue** (Arrows)
Martini (Minardi)	**Wendlinger** (Sauber)
Badoer (Minardi)	**Schiattarella** (Simtek)
Montermini (Pacific)	**Gachot** (Pacific)
Moreno (Forti)	**Diniz** (Forti)

Einer der größten Geldgeber in der Formel 1 setzt sich medienwirksam in Szene

Noch nach dem Freitag-Training schimpft Schumacher über seinen Benetton: „Das schlimmste Auto, daß ich je gefahren bin." Ganz anders dann der Kommentar nach dem Rennen: „Ein dikkes Kompliment an unsere Techniker. Ich glaube, daß wir mit diesem Auto endlich über den Berg sind."

Johnny Herbert will nicht widersprechen. Erstmals in seiner Formel-1-Karriere steht der kleine Engländer auf dem Podest. Zwar wird er von einer ganzen Reihe von Ausfällen nach vorne gespült, aber Treppchen ist Treppchen.

Das würden die Williams-Piloten nicht anders sehen. Als WM-Leader nach

Nigel Mansell im Tyrrell-Sandwich. Wenig später ist für den Weltmeister von 1992 das Formel-1-Jahr 1995 beendet

Nachwuchsarbeit: Niki Laudas Söhne an der Strecke

Kontrahenten 1995: Frank Williams, Flavio Briatore

Spanien gekommen, erlebt Damon Hill eine große Enttäuschung. Nicht nur, daß er weder im Training (Platz fünf) noch im Rennen an Michael herankommt. Nein, diesmal ist es auch die Zuverlässigkeit, die nicht mitspielt. In der zweiten Rennhälfte auf Platz zwei liegend, ereilt ihn in der letzten Runde ein Hydraulikdefekt. Hill kann nur noch mit letztem Schwung als Vierter ins Ziel rollen. Immerhin. Schlimmer ist es bei Teamkollege Coulthard, der an dritter Stelle liegend wegen auslaufenden Hydrauliköls seinen Wagen abstellen muß. Wirklich kein Tag für Williams. Aber das tut der Spannung in der Meisterschaft nur gut.

Grosser Preis von Spanien — Barcelona

RENNREPORT 4. LAUF - 14. MAI 1995

PLATZ	FAHRER	TEAM	ZIELEINLAUF
1.	Michael Schumacher	Benetton-Renault	1:34.20,507 Std.
2.	Johnny Herbert	Benetton-Renault	51,988 Sek. zurück
3.	Gerhard Berger	Ferrari	1.05,237 Min. zurück
4.	Damon Hill	Williams-Renault	2.01,749 Min. zurück
5.	Eddie Irvine	Jordan-Peugeot	1 Runde zurück
6.	Olivier Panis	Ligier-Mugen-Honda	1 Runde zurück

WEITERE

7. Barrichello (1 Runde zurück), 8. Frentzen (1 Runde zurück), 9. Brundle (1 Runde zurück), 10. Salo (1 Runde zurück), 11. Morbidelli (2 Runden zurück), 12. Verstappen (2 Runden zurück), 13. Wendlinger (2 Runden zurück), 14. Martini (3 Runden zurück), 15. Schiattarella (4 Runden zurück)

AUSFÄLLE

Katayama (56, Motor), Coulthard (54, Getriebe), Häkkinen (53, Benzindruck), Inoue (43, Motor), Gachot (43, Brand), Moreno (39, Aufgabe), Alesi (25, Motor), Badoer (21, Getriebehydraulik), Mansell (18, Unfallfolgen), Diniz (17, Getriebe), Montermini (0, Nichtstarter/ Getriebe)

AKTUELLER WM-STAND

1. Schumacher (24), 2. Hill (23), 3. Alesi (14), 4. Berger (13), 5. Coulthard, Herbert (je 9), 7. Häkkinen (5), 8. Frentzen (3), 9. Irvine (2), 10. Blundell, Panis (je 1)

KONSTRUKTEURS-WM

1. Ferrari (27), 2. Williams (26), 3. Benetton (23), 4. McLaren (6), 5. Sauber (3), 6. Jordan (2), 7. Ligier (1)

Champagnerdusche für den Teamchef: Flavio Briatore genießt den ersten Doppelsieg seit 1990 in vollen Zügen

Die Leiden des alten Mansell

Die ganze Sache steht von Anfang an unter keinem guten Stern: Ausgerechnet Nigel Mansell soll für das McLaren-Team von Ron Dennis fahren. Diese beiden Egomanen zusammenzubringen ist das schwierigste, was sich Mercedes seit der Kultivierung des Explosions-Motor vorgenommen hat.

Unvergessen die Weihnachtsfeier bei McLaren, auf der Chef Ron Dennis eine liebevoll zusammengeschnittene Videokassette mit Mansells blödesten Rennunfällen gezeigt hat. Was wurde da gelacht.

Die beiden verband (und verbindet) eine herzliche gegenseitige Abneigung. Ron Dennis über Mansell: „Ich werde diesen Mann nie verstehen." Mansell über Dennis: „Eher trete ich zurück, als für den zu fahren." Aber was solls. Manchmal gibt es übergreifende Interessen. Erst recht, wenn ein Konzern wie Mercedes ruft.

Die Faktenlage: Mercedes und McLaren formieren sich zur Mega-Allianz. Alles nur vom Feinsten, ein – laut Mercedes-Vorstand Hubbert – Zusammenschluß „der Besten". Den Level solchermaßen justiert, will man sich auch in der Fahrerfrage nur von Sahnehäubchen ernähren. Mika Häkkinen hat man schon unter Vertrag und das ist okay so. Der Mann ist schnell und verwegen und hat Zukunft. Aber leider zu wenig Gegenwart. Häkkinen ist kein Grand-Prix-Sieger, geschweige denn ein Weltmeister. Und das sollte ein erster Fahrer bei McLaren bitte schön sein.

Doch woher nehmen wenn nicht stehlen: Nelson Piquets letzte sportliche Höchstleistung war die blutjunge Krankenschwester in einem Krankenhaus von Indianapolis, in das er nach seinem fürchterlichen Indy-Crash zur Langzeittherapie eingeliefert wurde. Senna ist tot, Alain Prost zurückgetreten und Michael Schumacher bei der Konkurrenz.

Bleibt Mansell. Der kann das Fahren nicht ganz verlernt haben, wie der Sieg im Formel-1-Finallauf in Adelaide zeigte.

Die Allianz der großen Ms bietet sich an. Marlboro, McLaren, Mercedes und Mansell. Auf der Teampräsentation im Londoner Science-Museum herrscht auch prompt Friede, Freude, Eierkuchen. Ron Dennis nach Tonnen gefressener Kreide: „Ich habe entdeckt, daß es zwei Mansells gibt."

Nigel Mansell kann sich bei McLaren nicht motivieren

Machen sich Mut: Ron Dennis und Norbert Haug

Leider ist aber schon einer zuviel. Denn was die ersten Testfahrten zu Tage bringen, hielt die gesamte Szene nicht für möglich: Da wird für neun Millionen Dollar ein Star verpflichtet, der nicht in den nagelneuen McLaren MP4/10 paßt. Selten so gelacht. Und Mansell sagt seine Teilnahme am Grand-Prix-Sport bis auf weiteres ab.

Vielleicht liegt es aber nicht nur am zu engen Cockpit, sondern auch an der anfänglich schwachen Performance des neuen Autos, daß Mansell nicht die rechte Lust verspürte. Als vor dem Saisonauftakt in Brasilien McLaren ein leichtes Zwischenhoch zu vermelden hat, wittert die britische Diva Mansell Morgenluft. Ein fassungsloser Dennis ungewohnt offen: „Ich bin fast vom Stuhl gefallen, aber plötzlich meinte Mansell, er könnte das Auto vielleicht doch so fahren, wie es ist."

Doch zu spät. Nach Art des McLaren-Hauses geht man in die Vollen: In Rekordzeit (33 Tage) und für 350.000 Dollar wird der MP 4/10 zum Big-Mac. Rechtzeitig zum Großen Preis von San Marino kann der Weltmeister Platz nehmen.

Den gibt es jetzt reichlich, bloß es lohnt sich nicht mehr. In Imola wird Mansell nach einer Kollision mit Eddie Irvine Zehnter, mit zwei Runden Rückstand auf die Spitze. Bei seinem zweiten Rennen, dem Großen Preis von Spanien rodelt der Champ im hinteren Feld liegend ins Kiesbett. Ein wütend geknurrtes „der Wagen ist unfahrbar" und schnell gepackte Koffer sind die Folge. Der Rest der Trennung ist Sache weichspülender Pressemitteilungen...

The Power of Goodyear
Goodyear, die Nr. 1 in den USA
Zu Ihrer Sicherheit fahren wir auch sonntags mit 220 km/h durch Monte Carlo.
Da heißt es, bloß nicht nach rechts und links schauen, wo Tausende die Straßen säumen. Lieber jede Kurve für die schwerste halten und trotzdem Gas geben. Nur so läßt sich in Monaco ein Grand Prix gewinnen. Denn die richtigen Reifen dafür hat man ja: Goodyear Eagles. Die Reifen für die besten Fahrer der Welt. Und speziell für Sie: Eagle F1. Ihr neuer Hochleistungsreifen für mehr Fahrspaß und Sicherheit.
GOODYEAR
Making a Change for the better.

Die Hafenschikane nach dem Tunnel: Damon Hill und Mark Blundell ziehen am untermotorisierten Forti-Piloten Pedro

niz vorbei. In Monte Carlo ist das Überholen extrem schwierig. Der Kurs ist eng und lange Geraden sind Fehlanzeige

Deutscher Tag in Monaco

Jean Alesi beherrscht das Training – bis ein entfesselter Damon Hill die Pole-Position an sich reißt. Doch auf dem Weg zu dem ersehnten Sieg in Monte Carlo ist Hill sein großer Rivale im Weg – Michael Schumacher, der Sieger vom Vorjahr.

Im steten Kampf der Formel 1 um Bestleistung wird in Tausendsteln gemessen, in Hundertsteln unterschieden, in Zehnteln gerichtet und in Sekunden liquidiert. Der Name Karl Wendlingers steht nicht mehr auf den frischgedruckten Teilnehmerlisten des Veranstalters. Der von Nigel Mansell ebenfalls nicht. Der eine darf, der andere will nicht mehr. Ihre Defizite zur Spitze oder auch nur zum Teamkollegen waren zu groß.

Aber in Monte Carlo ist an diesem Wochenende auch der Abstand des Pole-Manns auf den Zweiten eine kleine Ewigkeit: Um acht Zehntel Sekunden hat Damon Hill im Abschlußtraining seinen ständigen Widersacher Schumacher deklassiert. Der Brite darf begründet von der Fortsetzung alter Familientradition träumen. Vater Graham hatte fünfmal im Fürstentum gewonnen. Doch vor den Sieg stellen die Renngötter bekanntlich erst einmal den Start – besonders in Monaco eine schwierige Hürde.

David Coulthard auf Startposition drei kommt nicht optimal weg. Der hinter ihm stehende Jean Alesi nutzt das sofort aus und zieht rechts an dem Schotten vorbei. In Ste. Dévote schlägt die Stunde der Wahrheit. Coulthard wird von beiden Ferraris in die Mangel genommen, steigt über Alesis Vorderreifen auf, hebt ab, dreht sich und blockiert den Anstieg Richtung Casino so, daß auch noch Berger über seinen Teamkollegen segelt. Keine Diskussion: Das bedeutet Neustart.

Der klappt gut und ist – so sieht es aus – der Auftakt zu einem gigantischen Kampf an der Spitze. Hill und Schumacher fahren dem Rest des Feldes auf und davon, beide nie mehr als zwei Sekunden voneinander getrennt. Richtig spannend, könnte man meinen.

Allerdings nur bis zur 24. Runde. Hill schießt an die Box, um in 8,5 Sekunden nachzutanken. Und Schumacher? Der bleibt seelenruhig auf der Piste.

Da wird allen klar: Hill hat seine Strategie auf zwei Stopps angelegt, Schumacher auf einen. Und was für den Briten noch schlimmer ist: Der Benetton-Pilot kann mit mehr Sprit an Bord das Tempo des leichteren Williams halten. Vorbei ist der Trainingsvorsprung Hills, das Rennen ist gelaufen.

Das gilt auch für Coulthard und Alesi. Der Schotte, auf dem Ersatzauto mit Hills Abstimmung ins Rennen ge-

Monaco

5. Lauf 28. Mai 1995

Monte Carlo

CIRCUIT DE MONTE CARLO

78 Runden à 3,328 km (259,584 km)

Schnellste Runde:
Jean Alesi in 1.24,621 Min.

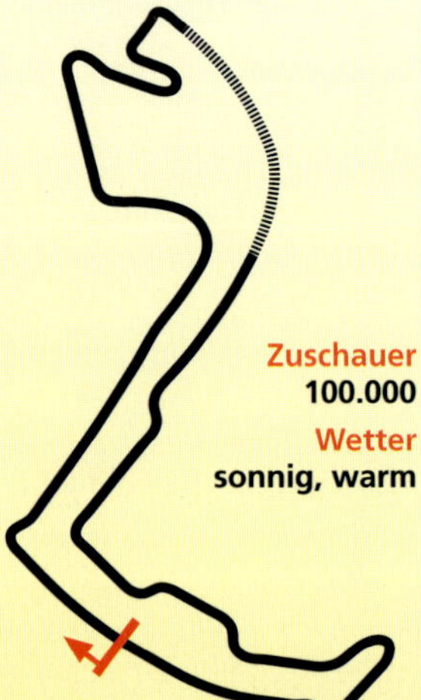

Zuschauer
100.000

Wetter
sonnig, warm

Startaufstellung

	Hill (Williams)
Schumacher (Benetton)	
	Coulthard (Williams)
Berger (Ferrari)	
	Alesi (Ferrari)
Häkkinen (McLaren)	
	Herbert (Benetton)
Brundle (Ligier)	
	Irvine (Jordan)
Blundell (McLaren)	
	Barrichello (Jordan)
Panis (Ligier)	
	Morbidelli (Arrows)
Frentzen (Sauber)	
	Katayama (Tyrrell)
Badoer (Minardi)	
	Salo (Tyrrell)
Martini (Minardi)	
	Boullion (Sauber)
Schiattarella (Simtek)	
	Gachot (Pacific)
Diniz (Forti)	
	Verstappen (Simtek)
Moreno (Forti)	
	Montermini (Pacific)
Inoue (Arrows)	

Flugeinlage: Coulthard katapultiert sich über Alesis Vorderrad in die Luft. Der Rennabbruch ist unvermeidlich

Monaco hat von allen Rennstrecken die schönste Kulisse. Hier läßt Johnny Herbert das Kasino rechts liegen

Alles schön bunt hier: Nach dem Crash sortieren die Teams ihren Schrott von der Straße. Es folgt die Stunde der T-Car

rt Nr.2 klappt reibungslos

gangen, wird schon früh von einem Getriebeschaden gebremst. Alesi, der ebenfalls nur einen Tankstopp geplant hat, kämpft sich bis auf Rang zwei vor. Doch in Runde 42 ist Schluß: Vor ihm dreht sich Ligier-Fahrer Martin Brundle, Alesi kann nicht ausweichen. Feierabend, was den Zweikampf auf der Strecke angeht. Mit Worten wird er allerdings weitergeführt. Alesi: „Brundle hat mich zwei Runden lang am Überrunden gehindert." Der Brite: „Alesi war 70 Meter hinter mir, da mache ich nicht freiwillig Platz."

Besser ergeht es Berger. Glück hatte er, daß Ferrari mit zwei Ersatzwagen in Monaco war. Pech hatte er, daß sein Ersatzwagen noch die alte, schwächere Motorversion hatte. Viele Runden muß der Österreicher hinter dem langsameren Johnny Herbert hergurken. Aber Überholen ist kaum drin in Monaco und Berger muß sich immer wieder gut zureden: „Tu es nicht, sonst kracht es." Irgendwann muß dann auch Herbert tanken und Berger hat freie Fahrt. Platz drei hinter Schumacher und Hill ist der Lohn der Disziplin.

Ebenso belohnt wird Mark Blundell, der sich nach der plötzlichen Mansell-Absage wieder den Rennoverall anziehen darf. Nachdem Häkkinen schon in der neunten Runde mit Motorschaden strandet, rettet er die McLaren-Mercedes-Ehre und fährt einen feinen fünften Platz heraus.

Eine Frage der Ehre ist das gesamte Wochenende

Nach 22 Runden beendet Eddie Irvine sein Rennen in den Leitplanken vor Rascasse

Frust: Ein Hydraulikschaden spült Alesi von der vorläufigen Pole auf Startplatz fünf

auch für Heinz-Harald Frentzen. Der stets gut gelaunte Mönchengladbacher wird mit der Verpflichtung von „Jules“ Boullion völlig überrascht. Als der Neuling dann auch noch den gemeinsamen Ersatzwagen – beide hatten im freien Samstagstraining einen Crash – im Qualifying so unglücklich an der Strecke parkt, daß Frentzen gar nicht mehr ins Geschehen eingreifen kann, ist das Kriegsbeil ausgegraben. Der hervorragende siebte Startplatz vom Donnerstag ist Makulatur, Frentzen rutscht am Samstag kampflos auf Platz 14 ab.

Am Renntag geht es HH nicht besser. Auf dem Weg zur Startaufstellung läßt das Auto seinen Ölvorrat unter sich. Im Reservewagen, den Sauber glücklicherweise in der Nacht hatte einfliegen lassen, will Frentzen endlich ein Erfolgserlebnis. Auch eine Zehn-Sekunden-Strafe wegen Frühstarts hält ihn nicht davon ab, sich bis auf den sechsten Platz vorzuarbeiten. Ende gut, alles gut.

Promi-Besuch: Diego Maradona bei Frank Williams

Debut: Jean-Christophe Boullion ersetzt Wendlinger

Vor der Traumkulisse Monac

Erlebnis Formel 1: Gerhard Berger sorgt für große Augen beim Fürstennachwuchs

Zum Feiern gehen die Herre

ür die Zuschauer eine riesige Leinwand montiert. Bei der Siegerehrung lauschen die Fahrer der Nationalhymne

ırer bitte auf die Straße

Grosser Preis von Monaco — Monte Carlo

RENNREPORT 5. LAUF - 28. MAI 1995

PLATZ	FAHRER	TEAM	ZIELEINLAUF
1.	Michael Schumacher	Benetton-Renault	1:53.11,258 Std.
2.	Damon Hill	Williams-Renault	34,817 Sek. zurück
3.	Gerhard Berger	Ferrari	1.11,447 Min. zurück
4.	Johnny Herbert	Benetton-Renault	1 Runde zurück
5.	Mark Blundell	McLaren-Mercedes	1 Runde zurück
6.	Heinz-Harald Frentzen	Sauber-Ford	2 Runden zurück

WEITERE

7. Martini (2 Runden zurück), 8. Boullion (4 Runden zurück/Dreher), 9. Morbidelli (4 Runden zurück), 10. Diniz (6 Runden zurück)

AUSFÄLLE

Badoer (68 Runden, Aufhängung hinten), Panis (65, Unfall), Salo (63, Gaszug), Barrichello (60, Gaszug), Gachot (42, Getriebe), Alesi (41, Unfall), Brundle (40, Unfall), Inoue (27, Getriebe), Katayama (26, Unfall), Montermini (23, Disqualifikation), Irvine (22, Unfall), Coulthard (16, Getriebe), Moreno (9, Bremsen), Häkkinen (8, Motor), Verstappen (0, Getriebe), Schiattarella (0, Nichtstarter)

AKTUELLER WM-STAND

1. Schumacher (34), 2. Hill (29), 3. Berger (17), 4. Alesi (14), 5. Herbert (12), 6. Coulthard (9), 7. Häkkinen (5), 8. Frentzen (4), 9. Blundell (3), 10. Irvine (2), 11. Panis (1)

KONSTRUKTEURS-WM

1. Benetton (36), 2. Williams (32), 3. Ferrari (31), 4. McLaren (8), 5. Sauber (4), 6. Jordan (2), 7. Ligier (1)

Sag beim Abschied leise Servus

Jeder hätte es ihm gegönnt, doch es kommt anders. In der Formel 1 gibt es keinen Platz für Wunder und für Fahrer, die – aus welchen Gründen auch immer – zu langsam sind, erst recht nicht.

Genau ein Jahr nach Karl Wendlingers Koma-Unfall in Monaco ist die Formel-1-Karriere des introvertierten Österreichers zu Ende. Teamchef Peter Sauber, der für den ehemaligen Mercedes-Junior wie ein Vater ist, muß schweren Herzens zugeben: „Karl wurde zum Problem, und er selbst wußte das am besten."

Im Sauber-Team ist seit Saisonbeginn die Angst gewachsen, daß Wendlinger wieder einen schweren Unfall haben könnte. Karl, von eigenen schlechten Leistungen und einem superschnellen Frentzen unter Druck gesetzt, wurde zum Sicherheitsrisiko. Hinzu kommt, daß Motorenpartner Ford sich mit zwei deutschsprachigen Fahrern im Team schwer tat. Karls Plus war allerdings, daß sein persönlicher Sponsor „Red Bull" mittlerweile zum Teamsponsor avancierte.

Was in der Formel 1 vor allem zählt, sind die Zeiten. Und die waren im Training regelmäßig eineinhalb bis drei Sekunden schlechter als die seines Teamkollegen. Ein Dreivierteljahr ohne Wettkampftraining, durch den Unfall und die Aufbauphase erzwungen, war eine zu lange Zeit. In den jeweiligen Qualifyings hatte Karl gegen Frentzen nicht den Hauch einer Chance. Der Österreicher zerknirscht: „Ich bin nicht mehr in der Lage, unter Druck in kurzer Zeit eine schnelle Zeit hinzulegen." Erst wenn ein Rennen lang genug dauerte, damit Karl seinen Rhythmus finden konnte, wurde der Abstand zu Frentzen vertretbar.

Im Dezember 1994 war Karl zu einem Fahrtest in Barcelona eingeladen worden. Dort konnte er sich so steigern, daß nur sieben Zehntel auf Heinz-Harald Frentzen fehlten. Das ganze Team atmete auf, denn jeder wollte, daß Karl wieder fahren kann. Vor lauter Freude wurde jedoch übersehen, daß kein Wettkampfdruck herrschte und jeder alles tat, damit Karl sich wohl fühlte. An einem Rennwochenende aber herrschen völlig andere Bedingungen.

Prompt entwickelt sich die Saison mehr als schwierig. Schon nach den Auftaktrennen in Südamerika wurden Teamchef Sauber die ersten Fragen nach dem Verbleib Wendlingers im Team gestellt. Peter Sauber ging lange nicht darauf ein: „Diese Frage stellt sich nicht für mich. Ich stelle dem Karl keine Deadline."

In seinem Innersten wußte der Schweizer jedoch genau, daß er dem Problem nicht ausweichen konnte. Er selbst nahm die Tests, die nach dem Großen Preis von Spanien in Barcelona stattfanden, als Prüfstand. Eben jene Strecke, auf der Karl noch im Dezember alle im Team zufriedenstellen konnte.

Aber Mai ist nicht Dezember, und der Abstand damals zu Frentzen diesmal ein anderer. Zwei Sekunden statt sieben Zehntel. Die Frage war entschieden, der Kontakt zu Williams-Test-Pilot Jean-Christophe Boullion wurde aufgenommen.

Ausgerechnet Michael Schumacher, bislang nicht unbedingt der größte Bewunderer des Österreichers, bricht vor dem Rennen in Monaco für Wendlinger noch eine Lanze: „Ich halte die Auswechselung von Karl für übereilt. Der Verlauf dieser Saison ist so atypisch, daß beim besten Willen nicht gesagt werden kann, ob Karl es noch kann oder nicht. Fast jedes Rennen dieser Saison war aus irgendwelchen Gründen ein Ausnahmerennen. In Brasilien war es die Buckelpiste, in Argentinien der Dreck auf der Piste, in Imola die neue Strecke. Für jemanden, dem Rennerfahrung fehlt, sind solche Bedingungen tödlich."

Doch die Sache ist bereits entschieden. Seit Mitte Mai ist Karl Wendlinger ein „ehemaliger Formel-1-Pilot." Zwar bleibt er Sauber-Testfahrer, kann aber auf ein Comeback nur hoffen. Ende der Saison 95 erlebt er es: Karl darf für die beiden letzten Rennen wieder ins Cockpit seines Wagens steigen.

Nachdenklich: Wendlinger und Förderer Marko suchen wieder ein Formel-1-Cockpit

Johnny Herbert zieht sich schon mal warm an

Der Pleitegeier hat zugeschlagen. Simtek, das finanziell schwächste Team der Formel 1, wirft das Handtuch. 1994 war es im Grand-Prix-Zirkus aufgetaucht, jetzt verschwindet es sang- und klanglos mit einer Null-Punkte-Bilanz. Drei Fahrer sind ohne Cockpit: Domenico Schiattarella, Hideki Noda – und Jos Verstappen, im Vorjahr noch Michael Schumachers Teamkollege.

Es interessiert niemanden so richtig. Warum auch? Regiert doch in Montreal das „Business as usual". Michael Schumacher deklassiert seine Konkurrenten und kann, wenn er nur will, rund eine Sekunde schneller fahren als der Rest der Welt.

Bekannt ist auch der Hang von Williams zur Selbstzerfleischung. Damon Hill, neben Schumacher aus der ersten Reihe ins Rennen gegangen, wird an dritter Stelle liegend in Runde 51 von einem Hydraulikschaden aus dem Wettbewerb gerissen. Bei Williams bekommt man mittlerweile Pickel, wenn man das Wort Hydraulik nur hört. Noch schlimmer ergeht es Teamkollege David Coulthard. Von Rang drei durchaus erfolgversprechend gestartet, dreht er sich bereits in der zweiten Runde ins Aus. Ein selbstkritischer Schotte: „Ich habe zu spät gebremst."

Für Aufregung sorgt auch Mika Häkkinens Aktion in Runde eins in der Haarnadelkurve. Dort will der Finne, der erstmals in einem McLaren ohne den kleinen Mittelflügel unterwegs ist, Johnny Herbert überholen. Für eine Überrundung ist das vielleicht eine ganz gute Stelle, nicht aber für einen gleichwertigen Konkurrenten in der Startrunde. Beide verhaken sich und scheiden aus.

Und dann ist da einmal mehr ein hervorragender Frentzen. Obwohl er gegenüber seinem Teamkameraden durch ein schwereres Auto benachteiligt ist, gelingt dem Sauber-Ford-Piloten erneut ein hervorragender Start. Von Rang zwölf ins Rennen gegangen ist er nach dem ersten Umlauf bereits auf Platz acht. In Runde 27 stellt sich der Motor ab, als hätte jemand den Schlüssel rausgezogen. „Genau wie in Brasilien", klagt Frentzen.

Noch etwas Bekanntes bietet Ferrari. Irgendwie schafft es das Team immer wieder, kleine aber trotzdem verhängnisvolle Patzer einzubauen. Diesmal trifft es Gerhard Berger, dessen Tankstopp eine Runde zu spät angesetzt wird. Kraftlos kommt der Österreicher mit letztem Schwung in die Box gerollt. In der Endphase des Rennens will Berger dann noch so riskant an Brundle vorbei, daß die beiden kollidieren und ausscheiden. Berger trocken: „Es ging doch eh nur um den sechsten Platz." Ein Martin Brundle, der hart um jeden noch so kleinen Erfolg in der Formel 1 kämpfen muß, sieht das naturgemäß anders.

Nach dem Rennen interessiert das allerdings kaum noch jemanden. Denn plötzlich wird aus einem Formel-1-Lauf der Langeweile eine Wundertüte mit vielen, vielen Überraschungen.

Die negativste gleich vorweg. In der 57. Runde kriecht der bislang komfortabel führende Schumacher an die Box. Nicht ganz Alltägliches geschieht hier: Das Lenkrad wird gewechselt und ein Laptop angeschlossen. Michael Schumacher erklärt nach dem Rennen: „Wegen eines elektrischen Problems blieb das Getriebe im dritten Gang stecken. Deswegen das

Kanada

6. Lauf 11. Juni 1995

Montreal

Circuit Gilles Villeneuve

69 Runden à 4,430 km (305,670 km)

Schnellste Runde: Michael Schumacher in 1.29,174 Min.

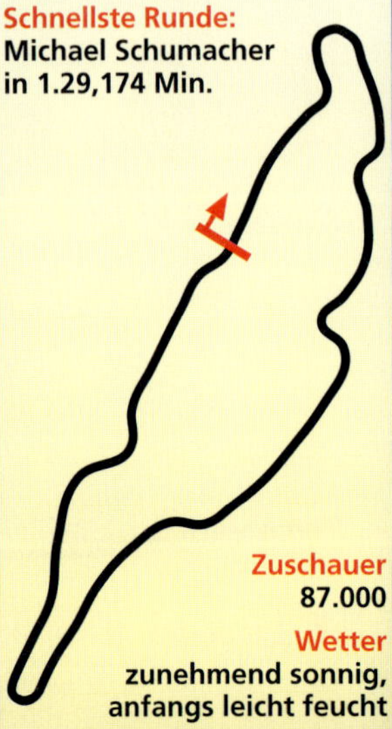

Zuschauer 87.000

Wetter zunehmend sonnig, anfangs leicht feucht

Startaufstellung

Schumacher (Benetton)	Hill (Williams)
Coulthard (Williams)	Berger (Ferrari)
Alesi (Ferrari)	Herbert (Benetton)
Häkkinen (McLaren)	Irvine (Jordan)
Barrichello (Jordan)	Blundell (McLaren)
Panis (Ligier)	Frentzen (Sauber)
Morbidelli (Arrows)	Brundle (Ligier)
Salo (Tyrrell)	Katayama (Tyrrell)
Martini (Minardi)	Boullion (Sauber)
Badoer (Minardi)	Gachot (Pacific)
Montermini (Pacific)	Inoue (Arrows)
Moreno (Forti)	Diniz (Forti)

Es ist vollbracht: Zum erste

Alesis große Stunde

Niemand hatte mehr so richtig daran geglaubt. Doch im 91. Versuch kann Jean Alesi endlich den überfälligen Sieg erringen. Hilfestellung leistet dabei ein Defekt an Michaels Wagen. Egal – die Ferrari-Fans geraten außer Rand und Band.

erquert Jean Alesi als Erster die Ziellinie bei einem Formel-1-Grand-Prix. Er hat vor lauter Glück Tränen in den Augen

Frentzen fightet mit Irvine, fällt jedoch später aus

Ein Minardi wird vor den Fans in Sicherheit gebracht

Sieger Alesi küßt den Pokal, Barrichello und Irvine sorgen für Jordans größten Erfolg

Grosser Preis von Kanada — Montreal

RENNREPORT 6. LAUF - 11. JUNI 1995

PLATZ	FAHRER	TEAM	ZIELEINLAUF
1.	Jean Alesi	Ferrari	1:46.31,333 Std.
2.	Rubens Barrichello	Jordan-Peugeot	31,687 Sek. zurück
3.	Eddie Irvine	Jordan-Peugeot	33,270 Sek. zurück
4.	Olivier Panis	Ligier-Mugen-Honda	36,506 Sek. zurück
5.	Michael Schumacher	Benetton-Renault	37,060 Sek. zurück
6.	Gianni Morbidelli	Arrows-Hart	1 Runde zurück

WEITERE

7. Salo (1 Runde zurück), 8. Badoer (1 Runde zurück), 9. Inoue (2 Runden zurück)

AUSFÄLLE

Brundle (61 Runden, Unfall), Berger (61, Unfall), Martini (60, Unfall), Moreno (54, Benzindruck), Hill (50, Getriebe), Blundell (47, Motor), Katayama (42, Motor), Gachot (36, Batterie), Frentzen (26, Elektronik), Diniz (26, Getriebe), Boullion (19, Unfall), Montermini (5, Getriebehydraulik), Coulthard (1, Dreher), Herbert (0, Unfall), Häkkinen (0, Unfall)

AKTUELLER WM-STAND

1. Schumacher (36), 2. Hill (29), 3. Alesi (24), 4. Berger (17), 5. Herbert (12), 6. Coulthard (9), 7. Barrichello, Irvine (je 6), 9. Häkkinen (5), 10. Frentzen, Panis (je 4), 12. Blundell (3), 13. Morbidelli (1)

KONSTRUKTEURS-WM

1. Ferrari (41), 2. Benetton (38), 3. Williams (32), 4. Jordan (12), 5. McLaren (8), 6. Ligier, Sauber (je 4), 8. Arrows (1)

neue Lenkrad. Und via Laptop wurde die Software des Getriebes neu geladen."

Alles in allem dauert der Aufenthalt an der Box über 90 quälende Sekunden. Als Michael wieder zurück auf die Piste schießt, liegt mittlerweile ein Alesi in Front, der vor Tränen der Rührung über seinen ersten Sieg kaum noch die Strecke sieht. Und als wäre es nicht genug, werden auch noch die Plätze zwei und drei zur Sensation: Das Jordan-Team feiert mit diesem Doppelschlag das beste Ergebnis der Teamgeschichte. Diese drei auf dem Treppchen, darüber freut sich jeder. Sogar ein auf dem fünften Platz endender Schumacher, der spontan anhält und den in der Ehrenrunde gestrandeten Alesi huckepack zur Box mitnimmt.

Die vielen tausend Ferrari-Fans sind nach Alesis historischem Sieg dermaßen aus dem Häuschen, daß sie nach dessen Zieldurchfahrt die Strecke stürmen. Das Rennen wird nachträglich um eine Runde verkürzt. Mika Salo erhält auf diese Weise den siebten Platz zurück, den er in der Menschenmenge an den weit hinter ihm liegenden Luca Badoer verloren hat.

Jean Alesi und seine japanische Freundin suchen Entspannung beim Spaziergang

Heißsporn Alesi

Das war doch jedem klar: Dieser Mann mußte über kurz oder lang seinen ersten Grand Prix gewinnen. Jean Alesi ist der geborene Shooting-Star, einer von der Art „Kommen, Sehen, Siegen".

Schon sein Debütrennen 1989 auf dem anspruchsvollen Kurs von Le Castellet. Selbstbewußt geigt der Formel-3000-Meister auf seinem Tyrrell bis auf Rang zwei vor, am Ende soll es noch zu einem vierten Platz reichen. So fangen potentielle Weltmeister an. Alain Prost läßt grüßen.

Nicht viel weniger beeindruckend ist wenige Rennen später sein Kampf gegen Ayrton Senna in Phoenix 1990. Der Meister mit dem Topmaterial will den Franzosen aus dem Hinterbänklerteam Tyrrell überholen, tut dies auch. Doch was macht Alesi? Rotzfrech schlägt er zurück und überholt seinerseits Senna. In Sekundenschnelle ist Alesis Marktwert um Millionen gestiegen. Wie gesagt, der erste Grand-Prix-Sieg ist nur noch eine Frage der Zeit.

Orts- und Zeitwechsel: Großer Preis von Kanada, fünf Formel-1-Saisons später. Der sechste Lauf zur Formel-1-Weltmeisterschaft wird von einem Fahrer angeführt, der nach eigenen Worten von der Größe der Stunde so bewegt ist, daß er „vor Tränen in den Augen die Straße nicht mehr erkennen kann." Jean Alesi ist im Begriff – endlich, endlich – seinen ersten Grand Prix zu gewinnen. Im 91. Anlauf.

Aus dem Senkrechtstarter ist längst einer geworden, der die hohe Kunst des Auf-der-Stelle-tretens zelebriert. Was immer er macht, der Sieg zerinnt ihm zwischen den Fingern.

Legendär sein Fahrstil, seine unglaubliche Beherrschung des Autos in Grenzsituationen. Eine Runde mit Jean Alesi ist ein Fest für die Sinne, jede Kurve ein Hochseilakt ohne Netz, jedes Bremsmanöver ein Ritt auf dem Tiger. Nur Siege stellen sich so nicht ein. Alesi ist kein großer Tester und Weiterentwickler, der Franzose greift sich lieber, was gerade in der Box steht und bringt das Gerät sofort ans Limit.

Der dreifache Weltmeister Jackie Stewart kann dem nichts abgewinnen: „Wenn ein solches Natur-Talent 90 Grand Prix fährt, ohne einen zu gewinnen, dann kann das nicht nur Pech sein."

Stewarts Urteil: „Formel-1-Fahren ist viel mehr, als nur ein bißchen am Lenkrad drehen. Du mußt im richtigen Team mit dem richtigen Motor die richtigen Kunstrukteure, Designer und Teammanager vereinen. Und wenn man sieht, daß Ferrari das nicht schafft, dann muß man gehen."

Alesi aber bleibt. Bei einem Team, das alles andere als ein Korrektiv zu seinem überschäumenden Temperament stellt. Seine spontanen Kündigungen nach unbefriedigenden Rennen oder Testfahrten sind ein fester Bestandteil der „Soap-opera Ferrari". Seine ebenso pathetischen wie ehrlichen Huldigungen an die Tifosi ebenfalls. In besonders emotional getränkten Momenten versichert Alesi, daß er „bis ans Ende seiner Karriere bei Ferrari bleiben" wolle.

Doch dann kommt alles anders. Mit dem neuen Rennleiter Jean Todt prallt Preußen-Franzose auf Italiener-Franzose. Ein Mann wie Todt kann nichts damit anfangen, wenn sein Fahrer – ausgerechnet – den Großen Preis von Italien anführt und dann beim Losfahren nach dem Tankstopp einfach den Motor abwürgt, weil er vergißt, die Kupplung zu betätigen.

Logisch, daß erst einmal eine Woge von Mitleid über den zerknirschten Alesi schwappt. Aber ebenso logisch, daß der gestrenge Todt einen Tadel in sein Merkbüchlein einträgt. Noch logischer, daß der preußische Todt zugreift, als der preußische Schumacher im Angebot ist. Und am allerlogischsten, daß für Schumacher ein Alesi über die Klinge springen muß.

Bei soviel kühler Logik darf sich die Formel 1 aber auch über einen Treppenwitz freuen: Alesi geht dahin, wo Schumacher gerade herkommt. Zu Benetton. Es wird ein Fest sein, zu sehen, wie diese Rechnung aufgeht. Irgendeiner muß hier mit faulen Äpfeln gehandelt haben. Benetton-Chef Briatore gibt sich aber sicher: „Wir werden 1996 noch mehr siegen, als dieses Jahr." Dabei muß er Siege von Alesi eingeplant haben.

Frankreich

7. Lauf 2. Juli 1995

Magny Cours

CIRCUIT DE
NEVERS MAGNY COURS

72 Runden à 4,250 km
(306,000 km)

Schnellste Runde:
Michael Schumacher
in 1.20,218 Min.

Zuschauer
75.000

Wetter
heiß, bedeckt,
vereinzelte
Regentropfen

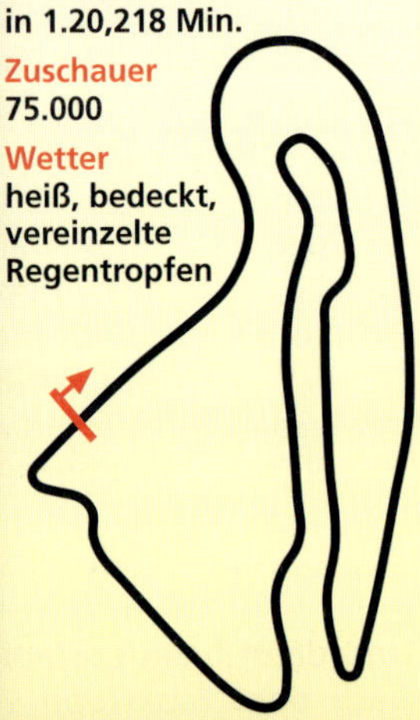

Versiegelt: Bei Minardi sorgt der Gerichtsvollzieher für einen geruhsamen Freitag

Rundenlang klebt Michael Schumacher an seinem Rivalen Damon Hill. Als ein Pulk zum Überrunden ansteht, steuert

STARTAUFSTELLUNG

	Hill (Williams)
Schumacher (Benetton)	**Coulthard** (Williams)
Alesi (Ferrari)	**Barrichello** (Jordan)
Panis (Ligier)	**Berger** (Ferrari)
Häkkinen (McLaren)	**Brundle** (Ligier)
Herbert (Benetton)	**Irvine** (Jordan)
Frentzen (Sauber)	**Blundell** (McLaren)
Salo (Tyrrell)	**Boullion** (Sauber)
Morbidelli (Arrows)	**Badoer** (Minardi)
Inoue (Arrows)	**Katayama** (Tyrrell)
Martini (Minardi)	**Montermini** (Pacific)
Gachot (Pacific)	**Diniz** (Forti)
Moreno (Forti)	

ampion die Box an. Die Taktik geht auf – Michael gewinnt

Taktischer Sieg

Alles wie gehabt. Wieder entscheidet die intelligentere Tankstopp-Strategie der Benetton-Leute das Rennen. Williams-Pilot Damon Hill entwickelt sich mehr und mehr zum Pechvogel des Grand-Prix-Zirkus.

Bei der Pressekonferenz der Sieger ist der Gewinner Michael Schumacher merkwürdig ernst um Augen und Kinnpartie. Trotz eines großen Sieges will keine rechte Freude aufkommen. Doch erst nach dem offiziellen Teil, in der kleineren Runde der deutschen Journalisten, erklärt sich der Benetton-Renault-Pilot und läßt seinem Ärger freien Lauf: „Das war ein ganz unfaires Verhalten. Beim Überrunden von Moreno ist Hill absichtlich kurz vom Gas gegangen. Es hätte nicht viel gefehlt und ich wäre ihm voll draufgeknallt. Und das bei Tempo 290. So etwas kann man mal in langsamen Kurven machen, aber nicht bei solchen Geschwindigkeiten", schimpft der Weltmeister ungewohnt deutlich.

Hill hält alles für ein Mißverständnis, will auf gar keinen Fall unfair gehandelt haben. Wie auch immer. Das Verhältnis Schumacher/Hill wird dadurch nicht besser. Was immer auch passiert zwischen den beiden, jedesmal hat man den Eindruck, daß sie auf ganz verschiedenen Ebenen agieren. Wie zwei Systeme, die nicht kompatibel sind.

Der Vorfall in Runde 13 gehört zu den wenigen aufregenden Momenten des Rennens. Dieser Grand Prix wird nicht durch fesselnde Rad-an-Rad-Kämpfe entschieden, sondern durch eine Einrichtung, die dem Wesen eines Sprintrennens krass entgegensteht. Die Rede ist von dem, laut Reglement vorgeschriebenen, Tankstopp. So wenig das mit Racing zu tun hat, so sicher ist dieser Tankstopp das entscheidende Moment dieses Rennens.

Die Vorgeschichte: Hill kann am Start seinen besten

Benetton fährt in Frankreich tabak- und alkoholfrei

Startplatz nutzen und führt das Rennen knapp vor Schumacher an. Der kann offensichtlich schneller als der Williams-Pilot fahren, aber zum Überholen reicht es nicht. Das geht so 18 Runden lang, bis das Spitzenduo auf einen Pulk zu Überrundender aufläuft. Ein Problem, zwei Lösungen: Hill kämpft sich durch den Pulk, Michael dagegen schießt ohne Verzögerung an die Box zum Tankstopp, den er einfach ein, zwei Runden vorverlegt.

Den Tankstopp muß Hill auch absolvieren. Aber halt erst nach den vielen Überrundungen mit dem dazugehörigen Zeitverlust. In der 21. Runde tankt der Brite und als er wieder auf die Piste zurückschießt, ist der ehemals Führende plötzlich rund acht Sekunden hinter Schumacher. Der braust vorne ungehindert auf und davon. So werden Rennen gewonnen oder verloren. Michael kann nichts Schlechtes daran finden, auf solche Art zu siegen: „Der Tankstopp ist nun mal ein Teil des Rennens."

Teil des Rennens ist ganz unzweifelhaft auch der Start. Der scheint jedoch immer wieder seine Tücken zu haben. Als Frühstarter werden diesmal Rubens Barrichello und Olivier Panis geoutet. Das bedeutet für beide eine 10-Sekunden-Strafe, die Panis völlig aus dem Renntakt bringt, aber Barrichello nicht davon abhalten kann, als Sechster noch in die Punkte zu kommen.

Benetton-Pilot Johnny Herbert wird wieder einmal schuldlos aus dem Rennen geworfen. Diesmal ist er ein Opfer von Jean Alesis gewagtem Ausbremsmanöver. Herbert strandet, Alesi kann weiterfahren. Augenzeuge Martin Brundle erbt zwei Plätze und kann hinter David Coulthard und vor dem ungestümen Ferrari-Piloten einen feinen vierten Platz nach Hause fahren. Brundle glücklich: „Die Punkte sind mein Geschenk an Ligier zum 300. Grand Prix der Blauen."

Briatore und Schumacher haben einen Sieg eingeplant

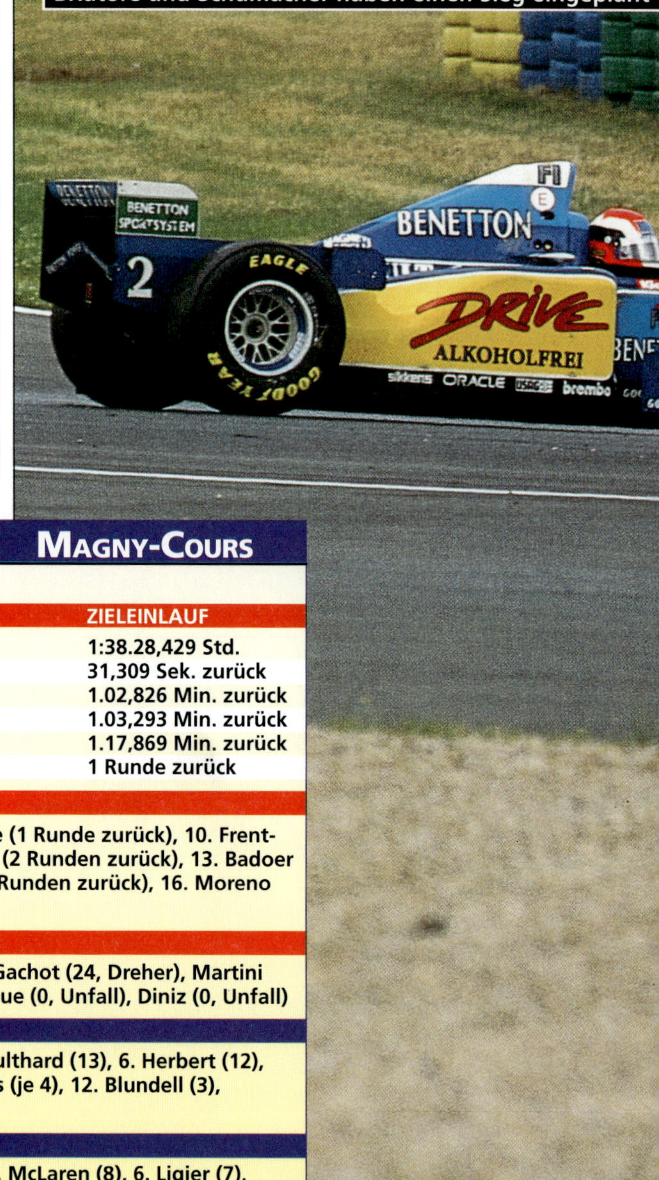

Jean Alesi sorgt für ein frühe

Grosser Preis von Frankreich — Magny-Cours

RENNREPORT 7. LAUF - 2. JULI 1995

PLATZ	FAHRER	TEAM	ZIELEINLAUF
1.	Michael Schumacher	Benetton-Renault	1:38.28,429 Std.
2.	Damon Hill	Williams-Renault	31,309 Sek. zurück
3.	David Coulthard	Williams-Renault	1.02,826 Min. zurück
4.	Martin Brundle	Ligier-Mugen-Honda	1.03,293 Min. zurück
5.	Jean Alesi	Ferrari	1.17,869 Min. zurück
6.	Rubens Barrichello	Jordan-Peugeot	1 Runde zurück

WEITERE

7. Häkkinen (1 Runde zurück), 8. Panis (1 Runde zurück), 9. Irvine (1 Runde zurück), 10. Frentzen (1 Runde zurück), 11. Blundell (2 Runden zurück), 12. Berger (2 Runden zurück), 13. Badoer (3 Runden zurück), 14. Morbidelli (3 Runden zurück), 15. Salo (3 Runden zurück), 16. Moreno (6 Runden zurück)

AUSFÄLLE

Montermini (62 Runden, Distanz), Boullion (48, Antriebswelle), Gachot (24, Dreher), Martini (23, Antriebswelle), Herbert (2, Unfall), Katayama (0, Unfall), Inoue (0, Unfall), Diniz (0, Unfall)

AKTUELLER WM-STAND

1. Schumacher (46), 2. Hill (35), 3. Alesi (26), 4. Berger (17), 5. Coulthard (13), 6. Herbert (12), 7. Barrichello (7), 8. Irvine (6), 9. Häkkinen (5), 10. Frentzen, Panis (je 4), 12. Blundell (3), 13. Morbidelli (1)

KONSTRUKTEURS-WM

1. Benetton (48), 2. Ferrari (43), 3. Williams (42), 4. Jordan (13), 5. McLaren (8), 6. Ligier (7), 7. Sauber (4), 8. Arrows (1)

Alain Prost gönnt Sohn Nicolas die Formel 1 hautnah

de von Johnny Herberts Renneinsatz. Für diese Aktion erntet der ungestüme Franzose wie so oft harsche Kritik

Boxenstopps

Das einfachste Überholmanöver findet in der Boxengasse statt. David Coulthard gibt zu: „Bevor ich etwas auf der Rennstrecke riskiere, warte ich den nächsten Tankstopp ab. Da komme ich unter Umständen leichter vorbei."

Michael Schumacher feierte seine Grand-Prix-Siege in den letzten Jahren nicht nur wegen seines überragenden Fahrkönnens. Die Männer unter Benetton-Chefstratege Ross Brawn tricksten die Konkurrenz, insbesondere Williams, ein ums andere Mal durch geschickte Taktik aus. Während Benetton 1994 meistens einmal öfter tankte als die Gegner, war es in diesem Jahr eher umgekehrt.

Die Änderung der Marschroute hat ihre Gründe. Im letzten Jahr mußte Michael Schumacher mit dem Ford V8 ein PS-Manko von mindestens 60 PS gegenüber den Renault-Motoren kompensieren. Deshalb versuchte die Benetton-Crew immer, sowenig Sprit wie möglich in die Tanks zu füllen.

1995 waren die Vorzeichen anders. Jetzt verfügte Michael Schumacher über den gleichen Renault-Motor wie Erzrivale Damon Hill. Und wieder legten die Benetton-Ingenieure den Grundstein für den Erfolg im Winter. Während Williams seinen Tank mit 120 Litern extrem klein auslegte, entschieden sich Ross Brawn, Pat Symmonds und Rory Byrne von Benetton für einen wesentlich größeren Tank. Die genaue Zahl ist geheim, doch darf man von einer Kapazität über 150 Liter ausgehen. Anstatt in die Höhe bauten die Benetton-Ingenieure den Tank mehr in die Breite. Der Hintergedanke dabei: Der Sprit sollte möglichst tief im Tank liegen, um den Schwerpunkt niedrig zu halten.

Einmal mehr landete Benetton mit seinem Konzept einen Volltreffer. Wie sich im Verlauf der Saison herausstellte, lag der Benetton B195-Renault mit viel Benzin an Bord weniger nervös auf der Straße als unter Qualifikationsbedingungen mit einer Pfütze Sprit im Tank. Das erklärt, warum Schumacher gegen Hill und Coulthard im Training kaum Land sah, im Rennen aber locker mithalten konnte. Williams wiederum war unter Rennbedingungen mit seinem kleinen, aber relativ hohen Tank gehandikapt. War der Tank voll, verlagerte sich der Schwerpunkt nach oben, und das traumwandlerisch neutrale Fahrverhalten vom Training war plötzlich wie weggeblasen.

Auch strategisch schoß Williams mit seinem relativ kleinen Kraftstoff-Reservoir ein Eigentor. Damit schränkte sich Williams unfreiwillig in der Tankstopp-Strategie ein. Das sogenannte Tankfenster, also jene Spanne zwischen dem frühest- und dem spätestmöglichen Tankstopp verringert sich mit der Tankkapazität. Bestes Beispiel: Als Damon Hill beim Grand Prix von Europa auf dem Nürburgring auf den langsameren Ferrari von Jean Alesi auflief, fragte sich alle Welt, warum Williams Hill nicht an die Boxen zum Nachtanken beorderte. Dem englischen Rennstall waren jedoch die Hände gebunden. Hill durfte frühestens in der 40. Runde tanken, um dann über die restlichen 27 Runden zu kommen. Wäre er nur eine Runde früher zum Tanken gekommen, hätte das einen zusätzlichen Stopp kurz vor Ende des Rennens nötig gemacht.

Michael Schumacher war mit seinem großen Tankvolumen wesentlich flexibler. Meistens startete er mit vollem Tank. Schumacher: „Wir hatten für jedes Rennen drei bis vier Strategien, abhängig vom Verlauf des Grand Prix."

Benetton hatte im Vergleich zu Williams noch einen Vorteil. Beim Weltmeister-Team konzentrierte sich alles auf Schumacher. Er konnte die Boxen ansteuern wann er wollte. Teamkollege Johnny Herbert mußte sich danach richten. Williams-Konstrukteur Patrick Head knurrte: „Benetton hätte Johnny Herbert notfalls mit leerem Tank draußen stranden lassen, wenn es Schumacher gedient hätte." Bei Williams wurden die Strategien für Damon Hill und David Coulthard separat von deren Renningenieuren festgelegt.

Die Tankstrategien werden von den großen Teams heute in der Nacht vor dem Rennen anhand der Trainingserfahrungen am Computer durchgespielt. Benetton-Ingenieur Pat Symmonds verrät: „Das kann bis zu vier Stunden dauern, weil der Rechner das ganze Rennen, Runde für Runde, simuliert. Wir spielen dabei alle Varianten durch und kalkulieren auch mit ein, was der Gegner planen könnte."

Formel-1-Boß Bernie Ecclestone hält das Nachtanken für ein zusätzliches Spannungsmoment. Auch Benetton-Cheftechniker Ross Brawn begrüßt es: „Tankstopps binden das gesamte Team mit ins Rennen ein. Es ist nicht mehr nur der Fahrer, der gewinnt".

Benetton ist das Team mit den besten Boxenstopps und der flexibelsten Strategie

Zuschauerreisen Formel 1

Auch 1996/1997 führen wir unsere seit Jahren beliebten und erfolgreichen RTL Zuschauerreisen durch.

G. P. Spanien Juni 1996

5 Tage Flugreise, 1. Klasse Hotel, Fahrten, Besichtigungen, erstklassige Eintrittskarten zum Grand Prix für FR/SA/SO. Deutsche Reiseleitung.

G.P. Portugal September 1996

5 Tage Reise, Linienflüge, Transfers, Steuern, Stadtrundfahrt, Fado Abend, 1. Klasse Hotel mit Frühstück sowie erstklassige Eintrittskarten zum G. P. für FR/SA/SO. Deutsche Reiseleitung.

G.P. Brasilien März 1997

14 Tage Reise Iguazu-Argentinien-Rio De Janeiro-Sao Paulo. Linienflüge, Transfers, alle Steuern, sehr umfangreiches Besichtigungsprogramm, 1. Kl. bzw. Luxushotels, tägliches Frühstücksbuffet und teilweise Halbpension. Top Eintrittskarten (beste Tribüne) zum G. P. für FR/SA/SO Verlängerungsmöglichkeit Bahia.
Deutsche Reiseleitung.
Reise 1996 ist ausverkauft!

G. P. Kanada Juni 1997

13 Tage Reise, Toronto-Niagara Fälle-Lodge im Norden Ontarios-Montreal. Linienflüge, Transfers, alle Steuern, großes Besichtigungsprogramm u. a. Schiffsfahrt durch die 30.000 Inseln der Georgian Bay, Flug mit Wasserflugzeug etc., 1. Klasse Hotels, Frühstücksbuffet u. Halbpension auf der Lodge.
Top Eintrittskarten zum G. P. für FR/SA/SO.
Verlängerungsmöglichkeit in Longboat Key an der Westküste Floridas. Deutsche Reiseleitung.
Reise 1996 ist ausverkauft!

G. P. Australien März 1997

20 Tage Reise Bangkok-Sidney-Melbourne-Bali. 18 Tage Reise Singapore-Sydney-Melbourne-Hongkong. Linienflüge, alle Steuern und Transfers, sehr großes Besichtigungsprogramm, Luxus bzw. 1. Klasse Hotels, tägliches Frühstücksbuffet, erstklassige Eintrittskarten zum G. P. für FR/SA/SO. Verlängerungsmöglichkeit Cebu Philippinen.
Deutsche Reiseleitung.
Reise März 1996 nur noch wenige Restplätze!

Für alle Reisen Buchung der exclusiven Paddock Club Karte gegen Aufpreis möglich, außerdem attraktive Businessclass-Preise.

Restliche Grand Prix auf Anfrage.

Information und Buchung

Zuschauerreisen

CS-Touristik
Zülpicherplatz 8-10
50674 Köln
Tel. 02 21 / 21 28 73
Fax 02 21 / 24 40 31

Abschuß

Showdown in Silverstone. Damon Hill schießt seinen Erzrivalen Michael Schumacher von der Piste. Doch der Kampf der Rennställe Williams und Benetton bleibt davon unberührt. Johnny Herbert siegt und gewinnt seinen ersten Grand-Prix – und das in seiner Heimat.

Es ist einer dieser Starts, bei denen alles klappt. Wenn das Wechselspiel von Kupplung und Gas, der Blick auf die Ampel, das Umschalten von Rot auf Grün, der Schlupf an den Hinterräder, wenn all diese Komponenten sich in einem winzigen Bruchteil einer Sekunde glücklich vereinen, dann kann man so starten, wie das Jean Alesi tut. Vom sechsten Platz aus in der ersten Kurve schon Zweiter. Lebhaft diskutieren alle, ob es sich vielleicht bei Alesis Wundermanöver nicht um einen ganz banalen Frühstart handelt.

Doch einerlei, ob Frühstart oder nicht, durch das Vorpreschen des Ferrari-Piloten ist eine erste Vorentscheidung gefallen. Denn Michael Schumacher, der neben Pole-Mann Hill ins Rennen geht, kommt bei weitem nicht so gut in die Gänge wie der Brite oder gar der Franzose. Schumacher fällt hinter Alesi zurück und verliert den Kontakt zu Hill.

Bis zu einer Sekunde pro Runde ist der Brite auf seiner Hausstrecke schneller als der Rest des Feldes. Heimisches Publikum und der Umstand, im Gegensatz zu Schumacher nicht einmal sondern zweimal tanken zu wollen, beflügeln den Vorjahressieger von Silverstone.

Michael bleibt hinter Alesi hängen. Und von den Stop-und-Go-Strafen für Frühstarts erfährt der Deutsche auch keine Unterstützung. Olivier Panis muß an die Box, auch Rubens Barrichello, bloß Alesi nicht. Sein Start ist korrekt gewesen, Pech für den Weltmeister. Erst als der Ferrari-Pilot in Runde 18 zum Tanken abbiegt, kann Schumacher unbehindert Gas geben. Sofort macht Michael bis zu einer Sekunde pro Runde auf Hill gut.

Doch erst einmal wird das Rennen aus der Distanz

ENGLAND

8. LAUF 16. JULI 1995

SILVERSTONE

CIRCUIT SILVERSTONE

61 Runden à 5,057 km (308,477 km)

Schnellste Runde:
Damon Hill in 1.29,752 Min.

Zuschauer
90.000

Wetter
sehr warm, bedeckt

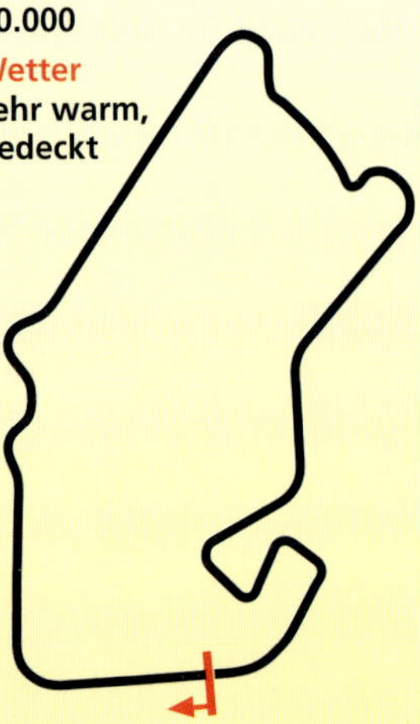

Rollentausch: Hill zeigt mehr und mehr Nerven, der junge Coulthard wird immer besse

Startaufstellung

Hill (Williams)	Schumacher (Benetton)
Coulthard (Williams)	Berger (Ferrari)
Herbert (Benetton)	Alesi (Ferrari)
Irvine (Jordan)	Häkkinen (McLaren)
Barrichello (Jordan)	Blundell (McLaren)
Brundle (Ligier)	Frentzen (Sauber)
Panis (Ligier)	Katayama (Tyrrell)
Martini (Minardi)	Boullion (Sauber)
Papis (Arrows)	Badoer (Minardi)
Inoue (Arrows)	Diniz (Forti)
Gachot (Pacific)	Moreno (Forti)
Salo (Tyrrell)	Montermini (Pacific)

Start aus der Vogelperspektive. Schumacher läßt eine Menge Gummi auf dem Asphalt. Alesi setzt sich vor ihm fest

Ready for take off: Damon Hill fährt in die linke Seite von Michael Schumachers Benetton. Spektakulär heben die Au

Hill sortiert die Überreste seines Williams. Der Brite bezeichnet sein Kamikaze-Manöver als normalen Rennunfall

und landen unsanft im Kiesbett. Vorläufiger Höhepunkt des Duells Schumacher/Hill

Schumacher neben seinem gestrandeten Auto. Der Deutsche ist stinksauer auf Hill

heraus ausgetragen. Unterschiedliche Tankstopp-Strategien bedeuten unterschiedliche Handlungsstränge, die im glücklichen Falle erst gegen Rennende wieder zusammenlaufen.

Michael Schumacher absolviert seinen Stopp in Runde 31, Hill tankt in der 22. und 41. Runde. Und diesmal scheint es mit der Spannung zu klappen. Hill schießt wieder auf die Strecke, haut eine begnadete erste Runde auf die Bahn und liegt nur knappe 1,5 Sekunden hinter Michael.

Damon Hill weiß ganz genau: Er hat direkt nach dem Boxenstopp noch die frischeren Reifen, also jetzt oder nie. Hill feilt Zehntel um Zehntel von Michaels Vorsprung ab. Doch dann begeht er eine gigantische Dummheit. Beim Anbremsen von Priory, einer der engsten Stellen des Kurses, kommt es zum Eklat. Hill startet einen Überholversuch, der für alle Zuschauer wie ein Attentat aussieht. Wie ein Kamikaze schießt Hill in eine Lücke, die es nicht gibt, mit einem Bremspunkt, der für jede Kurve reichen würde, bloß nicht für die nächste. Damon schießt Michael nach allen Regeln der Kunst ab.

Michael faßt es nicht: „In dieser Kurve kann man nun wirklich nicht überholen." Rambo Hill spielt die ganze Sache runter: „Das war ein ganz normaler Rennunfall." Daß Hill das so sieht, ist psychologisch nachzuvollziehen, das Urteil der FIA zu dem Vorfall ist jedoch unverschämt: „Beide Fahrer sind gleichermaßen an dem Unfall beteiligt. Beide werden verwarnt."

Gut, daß es noch das Rennen gibt. Denn das ist

Heimsieg: Alesi und Coulthard tragen den freudestrahlenden Herbert auf Schultern

Grosser Preis von England — Silverstone

RENNREPORT 8. LAUF - 16. JULI 1995

PLATZ	FAHRER	TEAM	ZIELEINLAUF
1.	Johnny Herbert	Benetton-Renault	1:34.35,093 Std.
2.	Jean Alesi	Ferrari	16,479 Sek. zurück
3.	David Coulthard	Williams-Renault	23,888 Sek. zurück
4.	Olivier Panis	Ligier-Mugen-Honda	1.33,168 Min. zurück
5.	Mark Blundell	McLaren-Mercedes	1.48,172 Min. zurück
6.	Heinz-Harald Frentzen	Sauber-Ford	1 Runde zurück

WEITERE

7. Martini (1 Runde zurück), 8. Salo (1 Runde zurück), 9. Boullion (1 Runde zurück), 10. Badoer (1 Runde zurück), 11. Barrichello (Unfall), 12. Gachot (3 Runden zurück)

AUSFÄLLE

Moreno (48 Runden, Motor), Schumacher (45, Unfall), Hill (45, Unfall), Papis (28, Unfall), Katayama (22, Benzin), Montermini (21, Dreher), Häkkinen (20, Hydraulik), Berger (20, Rad locker vorn links), Brundle (16, Dreher), Inoue (16, Dreher), Diniz (13, Getriebe), Irvine (2, Motor überhitzt)

AKTUELLER WM-STAND

1. Schumacher (46), 2. Hill (35), 3. Alesi (32), 4. Herbert (22), 5. Berger, Coulthard (je 17), 7. Barrichello, Panis (je 7), 9. Irvine (6), 10. Blundell, Frentzen, Häkkinen (je 5), 13. Morbidelli (1)

KONSTRUKTEURS-WM

1. Benetton (58), 2. Ferrari (49), 3. Williams (46), 4. Jordan (13), 5. Ligier, McLaren (je 10), 7. Sauber (5), 8. Arrows (1)

durch den Unfall keineswegs langweilig geworden. Die Stellvertreter bei Benetton und Williams – Herbert und Coulthard – führen jetzt die Fehde ihrer Chefs weiter. Johnny Herbert ist vorne, aber von hinten drückt ein energischer David Coulthard enorm aufs Tempo. Beide kämpfen um ihren ersten Formel-1-Sieg, beide fahren vor heimischem, rasendem Publikum. Damit die ganze Sache noch dramatischer wird, setzt leichter Nieselregen ein.

Drei Runden braucht der Williams-Pilot, dann kann er den Benetton-Piloten passieren. Herbert kontert, wird dann aber über Funk zurückgepfiffen: „Bleib cool, Coulthard erhält eine Zeitstrafe." In der Tat, der Schotte war – wegen eines elektronischen Defekts – zu schnell durch die Boxengasse gerast. Die Strafe wirft ihn hinter Herbert und Alesi auf Platz drei zurück.

Auf den Plätzen vier und fünf müßten eigentlich Blundell und Barichello einlaufen. Doch dann reitet der Jordan-Pilot in der vorletzten Runde eine Attacke, die ihn das rechte Vorderrad kostet. Mark Blundell schaukelt seinen McLaren mit einem aufgeschlitzten linken Hinterrad Richtung Ziel, was zwar klappt, allerdings wird er noch von Olivier Panis überholt.

Durch die ganze Aktion wird Heinz-Harald Frentzen plötzlich Sechster. Der freut sich über den Punkt, zumal er damit gar nicht gerechnet hat: „Mein Auto war völlig aus der Balance. Die Lufthutzen für die vorderen Bremsen waren rechtwinklig abgespreizt. Das ergab eine abenteuerliche Aerodynamik."

Johnny Herbert: Secundus maximus

Sechs Jahre hat Johnny Herbert gebraucht, um erstmals ganz oben auf dem Podest zu stehen. Eine Parallele zu Jean Alesi. Der 31jährige Engländer, verheiratet und Vater von zwei Töchtern, zählt zu den Piloten, die nur schwer einzuschätzen sind.

Als er 1988 zum ersten Mal in einem Formel-3000-Wagen saß, gewann er das Rennen. Bei seinem Formel-1-Debüt 1989 in Rio kam er auf einen sensationellen vierten Platz. Dabei konnte er nur auf Krücken laufen. Herbert hatte sich bei einem Formel-3000-Unfall in Brands Hatch schwerste Beinverletzungen zugezogen. Die Ärzte hielten ein Comeback des Briten damals für ausgeschlossen. Die Auswirkungen kosteten ihn 1989 auch seinen ersten Formel-1-Arbeitsplatz bei Benetton.

Bei Lotus rehabilitierte sich der blonde Spaßvogel von der Insel, er wurde in wenig konkurrenzfähigen Autos jedoch weit unter Wert geschlagen. Flavio Briatore holte ihn Ende 1994 zurück zum Benetton-Rennstall. Doch das englisch-italienische Team war inzwischen zu einem Schumacher-Team geworden. Teamchef Flavio Briatore scheut sich nicht, zuzugeben: „Die Sporthoheit schreibt die Formel-1-WM als Fahrer-Weltmeisterschaft aus. Also konzentrieren wir alles auf den schnelleren Fahrer. Johnnys Aufgabe ist es, Michael zu unterstützen".

In vierjähriger Zusammenarbeit hatten die Ingenieure den Benetton auf Michael Schumacher maßgeschneidert. Ein Rennauto wie ein Go-Kart, mit Eigenheiten, die nur er beherrscht. Johnny Herbert wurde das schon nach den ersten Testkilometern klar: „Michael fährt einen anderen Stil. Er liebt es, wenn das Heck beim Anbremsen leicht ausbricht. Dann zieht er das Auto im Drift mit feinem Gaseinsatz quer um die Kurve. Zwischen Bremsen und Beschleunigen spielt er mit dem Gaspedal. Ich kann so nicht fahren. In der Phase, wo ich vom Gas gehe, brauche ich ein stabiles Fahrzeug."

Der Versuch, den Benetton auf seinen Fahrstil zu trimmen, war zum Scheitern verurteilt, weil Johnny Herbert beim Testen nicht so oft zum Einsatz kam, wie er sich das vorgestellt hatte. „Bei den Testfahrten drehte sich alles immer nur um Michael."

Der Benetton-B195-Renault blieb für Johnny Herbert immer ein Rätsel. Man merkte es dem lustigen Briten, dem einige Male das Lachen verging, bei jedem Training und Rennen an: In dem Auto fühlte er sich nicht wohl. Der Abstand im Training schwankte zwischen 0,6 und 2,2 Sekunden. Nur einmal, vom Wetterroulette in Spa begünstigt, stand Herbert in der Startaufstellung vor Schumacher.

Der große Zeitrückstand ging Herbert an die Nerven. Er fürchtete um seinen Ruf in der Formel 1. Wer um soviel langsamer ist als sein Teamkollege, wird normalerweise ausgemustert. Deshalb ging der sonst so ruhige Herbert in die Offensive. Er kritisierte Team und Teamkollege. Schumacher habe ihm in den ersten vier Rennen seine Telemetriedaten verheimlicht, grantelte er. „Er ist so egoistisch wie Senna und Prost." Relativierend fügt der Blondschopf hinzu: „Ich wäre es in seiner Situation vermutlich genauso."

Trotz der massiven Vorwürfe behielt Johnny Herbert seinen Arbeitsplatz bis zum Saisonschluß. Denn immer dann, wenn er besonders lautstark nörgelte, gewann er den nächsten Grand Prix. Den beiden Siegen ging jeweils eine Kollision zwischen Michael Schumacher und Damon Hill sowie das Pech eines direkten Mitstreiters voraus. In Silverstone wurde David Coulthard zu zehn Strafsekunden wegen zu schnellen Fahrens in der Boxengasse verdonnert. In Monza raubte ein defektes Radlager dem mit sechs Sekunden führenden Jean Alesi im Ferrari den Triumph.

Doch abstauben ist auch eine Kunst. Johnny Herbert war der erste Teamkollege von Michael Schumacher, der Rennen gewann. Und er sicherte Benetton-Renault wichtige Punkte im Konstrukteurs-Pokal. Der perfekte Wasserträger. Da durfte er ruhig einmal unbequem sein.

Johnny und seine Becky: Seinen ersten Grand-Prix-Sieg feiern sie gemeinsam

In der Höhle des Löwen: Damon Hill führt das Feld Ende der ersten Runde durch den Hexenkessel des Motodroms. V

n Mann stehen hunderttausend Schumacher-Fans hinter ihrem Idol. Sie haben am Schluß allen Grund zum Jubeln

Deutschland

9. Lauf 30. Juli 1995

Hockenheim

Hockenheimring

45 Runden à 6,823 km (307,022 km)

Schnellste Runde:
Michael Schumacher in 1.48,824 Min.

Zuschauer
150.000

Wetter
sonnig, heiß

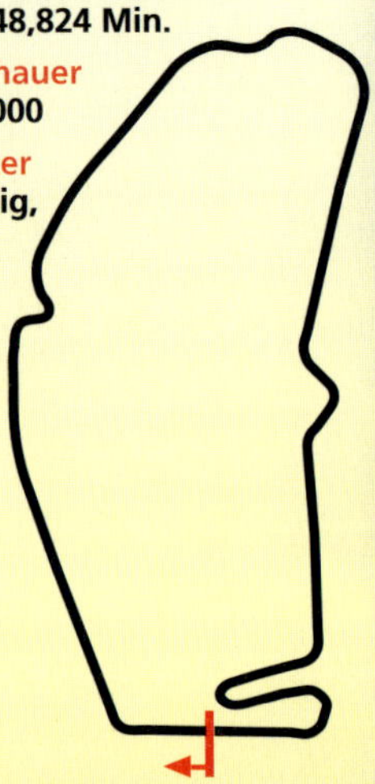

Startaufstellung

Hill (Williams)	**Schumacher** (Benetton)
Coulthard (Williams)	**Berger** (Ferrari)
Barrichello (Jordan)	**Irvine** (Jordan)
Häkkinen (McLaren)	**Blundell** (McLaren)
Herbert (Benetton)	**Alesi** (Ferrari)
Frentzen (Sauber)	**Panis** (Ligier)
Salo (Tyrrell)	**Boullion** (Sauber)
Papis (Arrows)	**Badoer** (Minardi)
Katayama (Tyrrell)	**Suzuki** (Ligier)
Inoue (Arrows)	**Martini** (Minardi)
Diniz (Forti)	**Moreno** (Forti)
Montermini (Pacific)	**Lavaggi** (Pacific)

Ein nachdenklicher Damon Hill nach dem Abflug

Das war's: Staub und Kies fliegt durch die Luft. Mit voller Wucht knallt Damon Hill in die Reifenstapel am Ende der S

Historische Momente

Für Michael Schumacher erfüllt sich ein Traum: Als erster Deutscher gewinnt er den Großen Preis von Deutschland. Und Damon Hill? Für ihn hätte es ein Superrennen werden können. Hätte...

Zielgeraden. Nach diesem Crash führt Schumacher ungefährdet das Feld an – und gewinnt seinen Heim-Grand-Prix

Großer Preis von Deutschland

Hill hat einen Superstart und kann sich sofort absetzen. Eine Runde später ist die Spannung weg – Hill fliegt ab

Schumifans küssen den Startplatz ihres Champions

Motorschaden: Johnny und Michael müssen schieben

Finte für Fans: HH fährt im Kofferraum ins Fahrerlager

Der Hockenheimring ist ausverkauft. Randvoll bis unter die Tribünendächer. Ein Meer in Schwarz-Rot-Gold, Schumi-T-Shirts und Dekra-Käppis. 150.000 Zuschauer sind gekommen, und von einer Minderheit abgesehen, wollen sie alle nur das Eine: Den Sieg von „unserem Schumi."

Michael sieht das genauso. Schon im Vorfeld verkündet der Weltmeister, daß er einen eventuellen zweiten Titel gegen einen Sieg vor heimischem Publikum eintauschen würde. Das ist der Stoff, aus dem deutsche Helden gemacht werden.

Michaels Dauerkonkurrent Damon Hill weiß, welche Emotionen hier hochkochen. Er kennt das Problem aus allen Perspektiven. Sein Vater, zweifacher Weltmeister und Liebling seiner Nation, schaffte es Zeit seines Lebens nicht, zu Hause einen Grand Prix zu gewinnen. Sohn Damon gelang es dagegen bereits im dritten Anlauf. Was kein Grund sein kann, dem Rivalen Schumacher in Deutschland den Vortritt zu lassen.

Ganz im Gegenteil: Pole-Position ist für den finster dreinblickenden Briten angesagt, die fünfte der Saison und die dritte in Serie. Und es gelingt ihm ein Bilderbuchstart. Schumacher hat trotz lautstarker Unterstützung der Fans nicht den Hauch einer Chance.

Das gilt nicht nur für den Start. Die erste Runde ist ein Feuerwerk des Briten. Damon fährt wie in einer anderen Liga. Als das Formel-1-Feld zum erstenmal die Start- und Ziel-Linie kreuzt, hat der Williams-Pilot 1,3 Sekunden Vorsprung auf

Norbert Haug, Mercedes-Vorstand Jürgen Hubbert und Ron Dennis wollen Siege...

... aber wieder fallen Häkkinen (vorn) und Blundell aus. Diesmal ist es der Motor

Schumacher. Wirklich nicht schlecht.

Aber leider ist das auch schon das Ende der Hill-Show. Zweite Runde, erste Kurve – und tschüß. Beim Einlenken verliert Damon die Gewalt über sein Auto und kracht mit Wucht in den Reifenstapel. Michael, der für diesen Vorfall erste Reihe Mitte gebucht hatte, spekuliert: „Damon fuhr die ganze erste Runde hart am Limit. Aber gerade in der ersten Kurve muß man wegen des vielen Öls nach einem Start besonders aufpassen."

Hill ist sich keiner Schuld bewußt: „Ich weiß, was diese Kurve verträgt. Ich habe alles wie immer gemacht und dann wischte das Heck weg. Keine Ahnung, was da los war."

Das Rennen ist noch keine zwei Runden alt – und die Spannung schon draußen. Schon deswegen, weil hinter dem jetzt führenden Schumacher ein völlig farbloser David Coulthard sich mit dem zweiten Platz abgefunden hat. Und das in der Anfangsphase des Rennens. Der Schotte setzt ganz auf Ankommen: „Bei meinem Punktestand sind sechs mögliche Zähler wichtiger als bedingungsloser Angriff." Mag ja sein, aber Freunde hat er sich mit diesem Rennen nicht gemacht.

Einer, der ein wenig Farbe in das Rennen hätte bringen können, wird im wahrsten Sinne schon zum Start eingebremst: Ferrari-Pi-

Grosser Preis von Deutschland — Hockenheim

RENNREPORT 9. LAUF - 30. JULI 1995

PLATZ	FAHRER	TEAM	ZIELEINLAUF
1.	Michael Schumacher	Benetton-Renault	1:22.56,043 Std.
2.	David Coulthard	Williams-Renault	5,988 Sek. zurück
3.	Gerhard Berger	Ferrari	1.08,097 Min. zurück
4.	Johnny Herbert	Benetton-Renault	1.23,436 Min. zurück
5.	Jean-Christophe Boullion	Sauber-Ford	1 Runde zurück
6.	Aguri Suzuki	Ligier-Mugen-Honda	1 Runde zurück

WEITERE

7. Katayama (1 Runde zurück), 8. Montermini (3 Runden zurück), 9. Irvine (4 Runden zurück, Motor)

AUSFÄLLEA

Häkkinen (33 Runden, Motor). Frentzen (32, Motor), Badoer (28, Getriebe), Lavaggi (27, Getriebe), Moreno (27, Antriebswelle), Barrichello (20, Motor), Blundell (17, Motor), Panis (13, Kühlerleck), Alesi (12, Motor), Martini (11, Motor), Inoue (9, Getriebe), Diniz (8, Bremsen), Hill (1, Unfall), Salo (0, Kupplung), Papis (0, Getriebe)

AKTUELLER WM-STAND

1. Schumacher (56), 2. Hill (35), 3. Alesi (32), 4. Herbert (25), 5. Coulthard (23), 6. Berger (21), 7. Barrichello, Panis (je 7), 9. Irvine (6), 10. Blundell, Frentzen, Häkkinen (je 5), 13. Brundle (3), 14. Boullion (2), 15. Morbidelli, Suzuki (je 1)

KONSTRUKTEURS-WM

1. Benetton (71), 2. Ferrari (53), 3. Williams (52), 4. Jordan (13), 5. Ligier (11), 6. McLaren (10), 7. Sauber (7), 8. Arrows (1)

Champagner marsch: Briator

Triumphfahrt: Schumacher hat den Sieg in der Tasche. Der Gewinn des Heimat-Grand-Prix in Hockenheim bedeutet ih

ßt sich von Michael duschen

hr als der Weltmeistertitel

lot Gerhard Berger, an dritter Stelle liegend, muß wegen eines Frühstarts zur Zehn-Sekunden-Strafe an die Box. Zehn Sekunden hört sich gar nicht nach so viel an, doch als der Tiroler wieder auf die Strecke schießt, liegt er an 14. Stelle. Berger wird noch Dritter, doch dem Rennen hätte es besser getan, wenn er seine Energie in einen Zweikampf mit Coulthard gesteckt hätte.

Ganz klar, daß beim Großen Preis von Deutschland die Deutschen im Mittelpunkt stehen. Und ganz großartig, daß Michael auch wirklich die Stellung hält. Denn alles andere, was den Stempel „Made in Germany" trägt, gibt wenig Anlaß zur Freude: Mercedes muß dem McLaren-Team neue, stärkere Motoren spendieren. Die einzige Möglichkeit, trotz des miesen Chassis schneller zu werden. Allerdings fehlt es den Triebwerken noch an Zuverlässigkeit. Mark Blundell erleidet in der 18. Runde einen Motorschaden, Teamkollege Mika Häkkinen – an dritter Stelle – in der 34.

Und auch Frentzen hat wenig Glück. Auf der Motorenstrecke Hockenheim kann sich der Mönchengladbacher mit dem schwächlichen Ford-Triebwerk im Rücken sowieso keine große Hoffnungen machen. Der sechste Platz ist deswegen schon optimal. Doch dann streikt auch bei ihm der Motor. Trost fürs Sauber-Team: Boullion erbt zuerst HHs sechsten Platz, nach Häkkinens Ausfall springt sogar noch der fünfte Platz heraus.

Als sich in der 45. Runde die schwarz-weiße Flagge senkt, bewegen sich gerade mal noch acht Autos. Doch das interessiert keinen. Denn einer von diesen acht ist genau an der richtigen Position angekommen: Michael Schumacher ist der erste Deutsche der Formel-1-Geschichte, der den Großen Preis von Deutschland gewinnen kann. Vor lauter Emotionen läßt sich der strahlende Sieger zu einem Fehler hinreißen. Die Ehrenrunde muß er nämlich am Abschlepphaken eines ONS-Fahrzeuges absolvieren. Ein über alle Maßen glücklicher Michael lacht anschließend in alle Mikrofone: „Ich habe den Motor abgewürgt, als ich den Fans zuwinkte."

Taxi bitte: Coulthard erspart Barrichello den Fußmarsch

Ehrenrunde mit Hindernissen: Der Motor stirbt ab, die Streckenposten schieben

Frühstart: Das leidige Thema

Diese Diskussionen gibt es schon, seit es Autorennen gibt. Die laufen immer nach dem gleichen Muster ab. Kaum ist die Ampel von Rot auf Grün gesprungen – früher wurde das noch von der Flagge in Landesfarben erledigt – geht es los. Der eine sagt: „Hast du diesen Start gesehen. Granatenmäßig." Worauf der andere kontert: „Start? Granatenmäßig? Das war eine Sauerei. Der fuhr doch schon, da hatten die anderen den Helm noch nicht richtig aufgezogen." Wie gesagt, geredet wurde viel, beweisen konnte keiner was.

Beweisen, das war das Stichwort. Schluß mit der Laberei. Hieb- und stichfest. Ja oder nein. Digital halt. Ein Fall für den Computer. Einer, der klipp und klar sagt, was Sache ist. Und zwar nicht nur in der ersten Startreihe, sondern bei allen Autos am Start gleichzeitig. Big brother is watching you.

Big brother arbeitet ganz einfach. Mit Sensoren, eingelassen in der Startposition und dem Gegenstück, einem Transponder im Auto. Beide zusammen zeigen den FIA-Funktionären elektronisch an, ob das Auto auch wirklich still steht. Und wenn es sich bewegt, ab wann es sich bewegt. Und um wieviel. Und wie schnell. Und überhaupt. Das ganze schön grafisch dargestellt mit einfachen Bewegungskurven. Damit endlich die Rederei aufhört.

Kommen wir zum Ergebnis der Technik. Beim Großen Preis von Deutschland wird Gerhard Berger ertappt. Und was macht der Tiroler? Er fängt wieder damit an, sich rauszureden. Bergers Bergründung, stellvertretend für alle, die vor ihm in die Falle getappt sind: „Als ich den ersten Gang eingelegt habe, hat sich das Auto ein wenig bewegt. Vielleicht zehn bis 20 Zentimeter. Ich habe sofort gebremst und stand dann wieder, bis das Grünlicht kam. Erst dann habe ich Gas gegeben."

Michael Schumacher leistet Schützenhilfe: „Man muß bei dieser Technik sehr viel Disziplin haben. Vor allem, wenn es darum geht, den Druckpunkt der Kupplung zu finden. Wir Fahrer müssen da was ändern." Und Olivier Panis, einer der schon fast ein Abonnement auf die Zehn-Sekunden-Strafe hat, ergänzt: „Das System ist überpräzise."

Big brother: Sensoren kontrollieren Start und Boxen

Der offizielle FIA-Starter Roland Bruynseraede kontert kühl: „Wir haben das System seit Argentinien, haben es laufend verbessert und seit Imola ist es unverändert. Der Berger war in Argentinien unheimlich zufrieden mit dem System, jetzt ist er einmal reingefallen und nun ist er wohl nicht mehr so froh."

Und ganz so hart kann big brother auch nicht sein. Roland Bruynseraede erklärt: „Der Computer sieht doch eine gewisse Bandbreite vor, innerhalb der der Fahrer sich selbst während der Rotphase ein wenig bewegen darf. Er kann durchaus den Gang einlegen oder den Druckpunkt der Kupplung finden. Aber halt nur ein bißchen. Wieviel sich die Fahrer bewegen dürfen, bevor der Computer Alarm schlägt, das bleibt allerdings unser Geheimnis." Ertappte Fahrer meinen, daß die Toleranzschwelle unter 30 Zentimetern liegt.

Auch in der Boxengasse sind Sensoren in den Asphalt eingelassen. Sie registrieren exakt die Zeit, in der die Wagen stehen.

Ab 1995 werden die Starts mit Sensoren kontrolliert. Wer zu früh aufs Gas steigt, muß zehn Sekunden an die Box

Hochzeitsglocken

Am 5. August 1995 heiraten Michael Schumacher und Corinna Betsch. Es ist eine glanzvolle Hochzeit auf dem Petersberg bei Königswinter. Sie im naturseidenen Designerkleid, er im schwarzen Frack, tritt das Brautpaar vor den Altar und gibt sich das Ja-Wort. „Einzeln sind wir Worte, zusammen ein Gedicht." lautet der Brautspruch.

Nach der Trauung findet im Gästehaus der Bundesregierung die Hochzeitsfeier statt. Michael hat das Hotel mit Blick auf den Rhein extra für diesen Anlaß gemietet.

78 Gäste sind eingeladen, durchweg Freunde oder Familienangehörige. Nur vier Männer aus der Formel-1-Szene sind dabei: Teamchef Flavio Briatore, Manager Willi Weber, RTL-Kommentator und Ex-Rennfahrer Jochen Mass und Willy Knupp von RTL.

Das Honorar, das die „Bunte" für die Hochzeitsfotos zahlt, stiftet Michael der Aktion Kinder in Not: 250.000 Mark.

Corinna und Michael kennen sich seit 1990. Gemeinsam haben sie Michaels Aufbaujahre in der Formel 3, der Sportwagen-WM und der Formel 1 durchlebt. Vor drei Jahren hat das Mädchen aus dem Sauerland-Städtchen Halver ihren Job als kaufmännische Angestellte aufgegeben. Beide leben seither in Monte Carlo.

Für die Zukunft wünschen sich Corinna und Michael vor allem Kinder. Der Weltmeister wäre schon mit zweien zufrieden, doch über dieses Thema müssen die beiden wohl noch mal sprechen. Corinna wünscht sich nämlich vier oder fünf Kinder. Die sollen nach Michaels Karriere auf einem südeuropäischen Bauernhof oder einer Farm in Kanada groß werden. Doch zunächst will der Rennfahrer Schumacher noch ein paar Jahre in der Formel 1 erfolgreich sein, bevor er den Helm an den Nagel hängt.

Noch drei andere Rennfahrer heiraten in der Saison 1995:

Gerhard Berger läßt sich am 1. September in Monte Carlo mit seiner langjährigen Freundin Ana trauen. Trauzeuge ist McLaren-Miteigner Mansour Ojjeh. Mittlerweile ist der Österreicher zum zweiten Mal Vater geworden. Sarah Maria heißt der Nachwuchs, Bergers Tochter Christina ist bereits 16 Jahre alt.

Mark Blundell und Debbie Jones heiraten im Oktober.

Jean-Christophe Boullion und Alexandra Andersen geben sich fünf Tage nach dem Großen Preis von Italien das Ja-Wort.

Gerhard Berger lebt schon seit Jahren mit Ana zusammen im Fürstentum Monaco

Ein strahlendes Hochzeitspa

„schönsten Tag des Lebens" müssen Corinna und Michael wegen des großen Presserummels auch Kritik einstecken

Williams-Doppelschlag

Gäbe es noch Streichresultate, die Benetton-Crew hätte den Ungarn-Grand-Prix ohne zu zögern als solches abgehakt. Ganz anders die Truppe um Frank Williams: Damon Hill holt seine vierte Pole in Folge und kann sich wieder berechtigte Hoffnungen auf seinen ersten Weltmeistertitel machen.

Man kann ja sagen was man will über Michael Schumacher – aber motorsportliche Cleverness kann ihm keiner absprechen. Es ist schon beeindruckend, wie der Weltmeister vier Probleme in ein einziges Rennen verpackt. Andere würden sich davon glatt eine halbe Saison versauen lassen.

Schumachers Problem Nummer Eins beim Großen Preis von Ungarn: Der härteste Rivale um die WM-Krone, Damon Hill, steht schon wieder auf der Pole-Position, Michael hinter dem zweiten Williams-Mann Coulthard erst auf Platz drei.

Problem Nummer Zwei: Der Start ändert nichts an dieser Reihenfolge. Hill explodiert förmlich, und auch David Coulthard schiebt sich noch vor Schumacher. Das macht die Situation für Michael besonders schlimm, denn Coulthard kann einfach nicht das Tempo seines Teamkollegen gehen. Pro Runde verliert er bis zu einer Sekunde. Auf der anderen Seite kann Michael auf dem engen Hungaroring den Schotten nicht überholen, ohne eine Kollision zu riskieren. 13 lange Runden dauert es, bis Coulthard einen Fehler macht und Michael endlich vorbeiziehen kann. Da ist Hill längst auf und davon. Die Stoppuhren bleiben bei einem Vorsprung von komfortablen 15,5 Sekunden stehen.

Problem Nummer drei: In der 17. Runde kommt Michael zum ersten von drei geplanten Tankstopps an die Box. Wie gewohnt bedient ihn die Benetton-Crew meisterlich. Nach 6,7 Sekunden kann Michael bereits wieder den ersten Gang einlegen und mit frischen Reifen die Verfolgung Hills aufnehmen. Allerdings: So gut die Zeit auch ist, so schlecht ist das Ergebnis: Statt der geplanten 50 Liter hat Michael nur rund zehn Liter bunkern können. Ein defekter Einfüllstutzen hat den Benzinfluß behindert. Logische Konsequenz: Bereits in Runde 26 muß Michael wieder zum Tanken an die Box und seine Drei-Stopp-Strategie gerät völlig durcheinander.

Viertes und letztes Problem: In der 74. Runde rollt Michaels Benetton saft- und kraftlos aus. Der Funkspruch Richtung Benetton-Box berichtet was vom „Ausfall aller elektrischen Systeme." Gerüchte von einer Renault-Sabotage wegen Michaels Wechsel zu Ferrari erweisen sich als völlig haltlos. Ein Sonntag zum Vergessen.

Doch nur weil Schumacher nicht mehr dabei ist, wird das Rennen nicht langweilig. Ganz im Gegenteil, in den letzten Runden überschlagen sich die Ereignisse.

Looser unter sich: Pedro Paulo Diniz holt sich beim erfahrenen Roberto Moreno Rat

Ungarn

10. Lauf 13. Aug. 1995

Mogyorod

Hungaroring Mogyorod

77 Runden à 3,968 km (305,536 km)

Schnellste Runde:
Damon Hill in 1.20,247 Min.

Zuschauer
90.000

Wetter
heiß, leicht bewölkt

Startaufstellung

Hill (Williams)	**Coulthard** (Williams)
Schumacher (Benetton)	**Berger** (Ferrari)
Häkkinen (McLaren)	**Alesi** (Ferrari)
Irvine (Jordan)	**Brundle** (Ligier)
Herbert (Benetton)	**Panis** (Ligier)
Frentzen (Sauber)	**Badoer** (Minardi)
Blundell (McLaren)	**Barrichello** (Jordan)
Lamy (Minardi)	**Salo** (Tyrrell)
Katayama (Tyrrell)	**Inoue** (Arrows)
Boullion (Sauber)	**Papis** (Arrows)
Moreno (Forti)	**Montermini** (Pacific)
Diniz (Forti)	**Lavaggi** (Pacific)

Überlegen: Damon Hill legt einen ungefährdeten Start-Ziel-Sieg hin und kann dadurch seine Titelchancen wahren

Schumi-Fans denken bereits an die (Ferrari)-Zukunft

Briatore und Weber: Vier Jahre erfolgreiche Arbeit

Großer Preis von Ungarn

Damon Hill und Teamkollege David Coulthard führen ungefährdet. Aber hinter ihnen ist der Teufel los.

Ganz besonders hart trifft es den Jordan-Peugeot-Piloten Rubens Barrichello. Der Brasilianer fährt ein starkes Rennen. Er liegt lange Zeit auf Platz vier und kommt durch Michaels Ausfall sogar noch einen Platz weiter nach vorne. Doch nur zwei Runden lang kann sich Rubens auf einen Platz auf dem Treppchen freuen. Unmittelbar vor dem Ziel verreckt der Peugeot-Motor. Mit letzter Kraft rollt Barrichello als Siebter über die Ziellinie.

Und schlimmer noch: Barrichello hat noch nicht einmal die Publicity des Pechvogels. Denn sein Ausrollen geht völlig unter. Die Kameras sind stattdessen auf eine entfesselte Kampfgruppe, bestehend aus Berger, Herbert und Frentzen, gerichtet. Die Anordnung dieser Gruppe ist so, wie es sie nur auf Kursen ohne Überholmöglichkeit geben kann: Der Langsamste ist vorne, der Schnellste hinten.

Der Reihe nach: Berger kämpft mit einem miserabel liegenden Ferrari. Von hinten kommt Benetton-Pilot Johnny Herbert auf. Doch aufkommen und überholen ist zweierlei. Berger greift ganz tief in die Trickkiste: „Ich hatte alle Hände voll zu tun, um mir Johnny vom Leibe zu halten. Zum Glück kenne ich einen Trick von Senna. Man muß den Gegner in bestimmten Passagen so einbremsen, daß er fast parkt. Das hat heute ganz gut geklappt."

So gut, daß von hinten noch Frentzen auf Herbert und Berger aufläuft, nachdem er rundenlang von dem überforderten Arrows-Piloten Massimiliano Papis am Überrunden gehindert worden ist. Einmal an Herbert herangekommen, stellt sich die große Frage: Überholen oder den fünften Platz sichern? Der Sauber-Ford-Pilot ist hin- und hergerissen: „Ein Auto mit einem Renault-Motor kann ich nicht auf der Geraden überholen. Das geht nur mit der Brechstange." Der Mönchengladbacher entscheidet sich für die Punkte, macht die ganze Sache aber denkbar eng. Berger, Herbert und Frentzen werden im Ziel gerade mal durch eine knappe halbe Sekunde getrennt.

Damon Hill an der Box. Diesmal wird das Rennen nicht du

Doppelsieg für Williams, Berger ist zum 6. Mal Dritter

Pechvogel Barrichello

Packender Dreikampf: Berger, Herbert und Frentzen figh

Tankstrategie entschieden

Grosser Preis von Ungarn — Budapest

RENNREPORT 10. LAUF - 13. AUGUST 1995

PLATZ	FAHRER	TEAM	ZIELEINLAUF
1.	Damon Hill	Williams-Renault	1:46.25,721 Std.
2.	David Coulthard	Williams-Renault	33,398 Sek. zurück
3.	Gerhard Berger	Ferrari	1 Runde zurück
4.	Johnny Herbert	Benetton-Renault	1 Runde zurück
5.	Heinz-Harald Frentzen	Sauber-Ford	1 Runde zurück
6.	Olivier Panis	Ligier-Mugen-Honda	1 Runde zurück

WEITERE

7. Barrichello (1 Runde zurück), 8. Badoer (2 Runden zurück), 9. Lamy (3 Runden zurück), 10. Boullion (3 Runden zurück), 11. Schumacher (4 Runden zurück, Benzinpumpe), 12. Montermini (4 Runden zurück), 13. Irvine (7 Runden zurück, Kupplung)

AUSFÄLLE

Brundle (67 Runden, Motor), Salo (58, Gaszug), Blundell (54, Benzinleitung), Katayama (46, Reifen), Papis (45, Bremsen), Alesi (42, Motor), Diniz (32, Motor), Inoue (13, Motor), Moreno (8, Schalthebel), Lavaggi (5, Dreher), Häkkinen (3, Motor)

AKTUELLER WM-STAND

1. Schumacher (56), 2. Hill (45), 3. Alesi (32), 4. Coulthard (29), 5. Herbert (28), 6. Berger (25), 7. Panis (8), 8. Barrichello, Frentzen (je 7), 10. Irvine (6), 11. Blundell, Häkkinen (je 5), 13. Brundle (3), 14. Boullion (2), 15. Morbidelli, Suzuki (je 1)

KONSTRUKTEURS-WM

1. Benetton (74), 2. Williams (68), 3. Ferrari (57), 4. Jordan (13), 5. Ligier (12), 6. McLaren (10), 7. Sauber (9), 8. Arrows (1)

Platz drei. Der Österreicher gewinnt den Dreikampf. Nur eine halbe Sekunde dahinter kommt Olivier Panis ins Ziel

Das Transfer-Karussell kommt auf Touren

Wenn in der Formel 1 das große Sesselrücken beginnt, dann zieht ein Mann im Hintergrund seine Fäden. Egal ob Michael Schumacher bei Ferrari landet oder Rubens Barrichello Jordan-Peugeot treu bleibt: Formel-1-Macher Bernie Ecclestone ist über jeden Deal informiert. Hindernisse räumt der kleine Mann mit dem großen Einfluß aus dem Weg.

Bernie Ecclestone hat bei allen Transfers vor allem eines im Auge: die Attraktivität seines PS-Spektakels. Er weiß nur zu genau, daß Spannung immer dann programmiert ist, wenn der beste Fahrer nicht im besten Auto sitzt. Das war 1991 so, als Ayrton Senna im McLaren-Honda gegen Nigel Mansell im überlegenen Williams-Renault kämpfte. Und das war in dieser Saison so, als Michael Schumacher im nicht ganz so perfekten Benetton den technischen Vorsprung der Williams-Piloten wettmachen mußte.

Den besten Fahrer nie ins beste Auto

Für Spannung ist auch im nächsten Jahr gesorgt. Michael Schumacher wird das versuchen, woran vor ihm 15 Piloten seit 1979 gescheitert sind: den WM-Titel für Ferrari zu gewinnen. Ecclestone war der Wechsel von Schumacher aus zwei Gründen recht. Erstens rückt er damit sein Paradepferd Ferrari wieder ins Rampenlicht, und zweitens kann er sich ausrechnen, daß Schumacher die Weltmeisterschaft nicht im Alleingang gewinnen wird. Der Deutsche auf einem Williams-Renault wäre für die Show schädlich gewesen: Jeder hätte den Weltmeister 1996 schon vorausgesehen.

Um Schumacher zu Ferrari zu lotsen, mußten einige Hindernisse aus dem Weg geräumt werden. Zum einen durfte der andere Deutsche Heinz-Harald Frentzen, den Schumacher höher einschätzt als jeden anderen seiner Gegner, nicht den Weg zu Williams finden. Zum anderen mußte die Konkurrenz von Schumacher und Ferrari so stark wie möglich besetzt werden, um eine interessante Saison zu garantieren.

Neben der Positionierung der Königsfigur Schumacher lag Ecclestone vor allem eine Person am Herzen. Jacques Villeneuve, der 24jährige Sohn des unvergessenen Ferrari-Stars Gilles Villeneuve, der 1982 bei einem Unfall im belgischen Zolder tödlich verunglückt war. Mit dem Franco-Kanadier nimmt Ecclestone Revanche an der Konkurrenz-Serie Indycar, die ihm 1993 Weltmeister Nigel Mansell abspenstig gemacht hatte. Jetzt geht der Indycar-Champion Villeneuve den umgekehrten Weg.

Villeneuve landete bei Williams und verhinderte so, daß Heinz-Harald Frentzen dort andocken konnte. Für Schumacher ein Grund mehr, sich auf das Abenteuer Ferrari einzulassen.

Ferrari leitete die Kommandosache Schumacher bereits im Mai ein. Um auf Nummer sicher zu gehen, offerierte Rennleiter Jean Todt beim Grand Prix von Monaco Gerhard Berger einen Vertrag für 1996 und 1997 zu besseren Bedingungen. Berger sollte das Faustpfand sein für den Fall, daß die Aktion Schumacher scheitern würde und die optimale Ergänzung zu dem deutschen Weltmeister, wenn es doch klappt.

Berger das Faustpfand

Vermutungen, Ferrari hätte Berger bei erfolgreichen Verhandlungen mit Schumacher abstoßen wollen, entkräftete Jean Todt höchstpersönlich: „Ich wollte immer die besten verfügbaren Fahrer. Es ist mir nicht damit gedient, wenn einer meiner Piloten in der ersten Startreihe steht, der andere in der sechsten."

Schumacher ließ sich von Ferrari faszinieren. Nicht vom Mythos, denn den wird er vielleicht erst begreifen, wenn er dort einmal fährt. Der Kerpener ist kein Mensch, der Geschichtsbücher wälzt oder sich von Traditionen beeindrucken läßt. Das Geld, jene angeblich 25 Millionen Dollar pro Jahr, hat sicher seinen Teil dazu beigetragen, denn aus dem Lager der Konkurrenz war keiner bereit, in den Dimensionen von Ferrari mitzubieten. Benetton-Chef Flavio Briatore gesteht: „Mein bestes Angebot lag 10 Millionen Dollar drunter, das von Williams mindestens 15." Mercedes-Rennleiter Norbert Haug räumt ein: „Die Summen, die er von Ferrari bekommen soll, hätten wir nicht bezahlen können."

Walkinshaw, Briatore, Ecclestone und Jordan drehen mächtig am Fahrerkarussell

Lauda und Todt holen Schumacher

Ecclestone lotst Villeneuve zu Williams

Was Schumacher mindestens genauso reizte wie die beste Bezahlung aller Zeiten, war die neue Herausforderung. Im Benetton-Team waren alle Wege ausgetreten, da legte ihm eine 200 Mann starke Truppe den roten Teppich aus.

„Bei Ferrari", hofft Manager Willi Weber, „muß er um seine Siege kämpfen. Das hält ihn wach." Michael sieht es so: „Ferrari ist im Aufschwung, wird langsam wieder ein Siegerteam. Gemeinsam können wir es schaffen. Wenn nicht im nächsten, dann im übernächsten Jahr." Gegen ein unvorhergesehenes Tief bei

Der Ferrari-Vertrag ist kündbar

den Roten hat sich Schumacher abgesichert. Wenn Ferrari auf Minardi-Niveau absackt, kann er seinen Zweijahresvertrag vorzeitig beenden.

Flavio Briatore erfuhr die volle Wahrheit von seinem As am Tag nach der Hochzeit auf dem Petersberg in Bonn. Er sicherte sich sofort Jean Alesi, der bei Ferrari nicht mehr glücklich war. Alesi vermutete ein Komplott und gab Rennleiter Todt die Schuld an seiner Ausmusterung: „Er hat mich bei Präsident Montezemolo madig gemacht."

Als Renault merkte, daß sie nach 1992 (Nigel Mansell) und 1993 (Alain Prost) erneut einen Weltmeister verlieren würden, drängten sie Williams, wenigstens den WM-Zweiten Damon Hill zu halten. Hill, der sich wegen kritischer Äußerungen und den Unfällen in Silverstone und Hockenheim fast aus dem Team gefahren hätte, bekam durch Schumachers Transfer plötzlich gute Karten im Vertragspoker. Renault wollte ihn, Williams brauchte ihn, und Benetton tat ihm den Gefallen, mit einem Angebot seinen eigenen Preis bei Williams nach oben zu treiben.

Hills Gage verdreifacht

Der Mann, der bislang mit zwei Millionen Dollar pro Jahr zufrieden sein mußte, konnte seinen Preis mehr als verdreifachen. Einfach war es nicht. Hill: „Verhandlungen mit Frank Williams sind immer so etwas wie der Gang zum Zahnarzt."

Für David Coulthard begann Anfang August eine harte Zeit. Williams zeigte kein Interesse, denn mit Hill und Villeneuve waren die Cockpits besetzt. Zwar ärgerte sich Frank Williams im Laufe der nächsten Rennen über seine Entscheidung, weil Coulthard sich plötzlich als der bessere Fahrer im Team erwies. Aber da hatte der Schotte schon einen McLaren-Vertrag

Die Situation bei Ferrari präsentierte sich verworren, denn Gerhard Berger pokerte. Eigentlich wäre Williams sein Wunschteam gewesen. Doch Berger unterschätzte den Einfluß Ecclestones. „Als ich in Ungarn zu Bernie gegangen bin, wußte ich, daß es zu spät war. Bernie war ganz erstaunt, daß ich zu Williams wollte. Er dachte, ich sei nur aufs Geldverdienen aus."

Als sich für Benetton und Renault die Frage Frentzen oder Berger aufwarf, stimmten beide für Berger. Briatore: „Der Gerhard hatte als Plus seine Erfahrung anzubieten." Für Berger öffnete Renault sogar seine Kriegskasse. Trotzdem mußte sich der Österreicher mit rund drei Millionen weniger zufriedengeben, als er bei Ferrari verdient hätte. Sein Argument für Benetton: „Der Renault-Motor bei Benetton ist eine feste Größe, der neue Ferrari V10 ein Risikofaktor".

Für Heinz-Harald Frentzen begann der Transfersommer mit einer herben Enttäuschung. Er wollte zu Williams und mußte erkennen, daß in der Formel 1 manchmal andere Mächte zählen als Können und Talent. Von den Ausweichmöglichkeiten McLaren, Benetton, Jordan und Ligier blieb schließlich das Team übrig, für das er bereits seit zwei Jahren fährt. Sauber-Ford gewann den Poker, weil sich der schweizer Rennstall 1995 eindrucksvoll an den eigenen Haaren aus dem Sumpf zog und mit einer Gage von zwei Millionen Dollar (plus Sponsorfläche für weitere Millionen) der Verdienst stimmt. Gegen Benetton sprach, „daß ich nicht als Lehrling von Alesi meine Karriere ruinieren wollte". Gegen McLaren-Mercedes, „daß nie ehrliches Interesse da war".

Aufholjagd

Nach dem Großen Preis von Belgien sind sich alle einig: Das bislang spannendste Rennen der Saison erlebt einen Michael Schumacher der Extraklasse. Dabei waren die Aussichten reichlich trüb…

Belgien

11. Lauf 27. Aug. 1995

Spa-Francorchamps

Circuit de Spa-Francorchamps

44 Runden à 6,974 km (306,856 km)

Schnellste Runde:
David Coulthard in 1.53,412 Min.

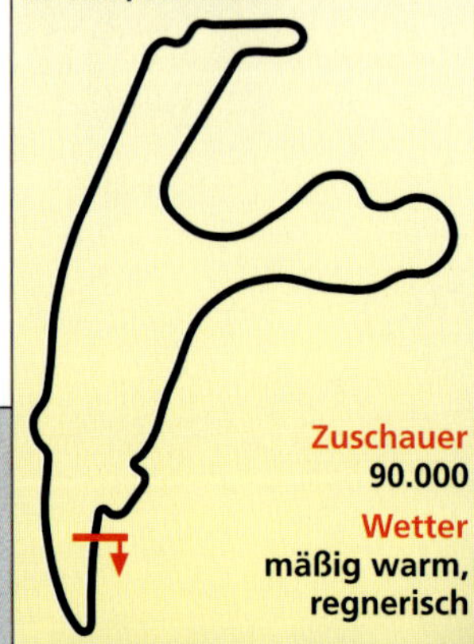

Zuschauer
90.000

Wetter
mäßig warm, regnerisch

Schon die Startposition des Weltmeisters zeigt, daß dieses Rennen etwas besonderes wird: Michael Schumacher geht von Platz 16 ins Rennen. Noch nie stand er in einem Formel-1-Feld so weit hinten, zum erstenmal seit 1991 sogar hinter seinem Teamkollegen. Der Kerpener hatte im Training wirklich Pech gehabt: Ein heftiger Unfall im freien Training sorgte für Verspätung im Qualifying. Dann setzte Regen ein, und als es wieder abtrocknete, narrte den Weltmeister die Getriebeelektronik.

Statt Benetton- oder Williams-Blau diesmal also ein reines Ferrari-Rot in der ersten Startreihe. Jean Alesi beschleunigt Pole-Mann Berger aus. Der Österreicher kann zwar Häkkinen hinter sich halten, aber nicht Johnny Herbert, der sich Seite an Seite mit Alesi Richtung Eau Rouge stürzt.

Der Benetton-Pilot ist das Ereignis der ersten Runde. Am Ende der Bergaufgeraden bremst er Alesi sauber aus. Herbert trocken: „Soviel zum Thema mangelnde Motivation.“ Eine Runde später kontert der Franzose an derselben Stelle, muß aber dann wegen einer gebrochenen Aufhängung die Segel streichen.

Zu diesem Zeitpunkt liegt Schumacher bereits auf dem sensationellen siebten Platz. Und Teamgefährte Herbert führt wieder, allerdings wird er von Coulthard stark unter Druck gesetzt. Zu viel Druck für Herbert: Gleich zweimal dreht er sich in der fünften Runde, in diesem Grand Prix ist der Brite kein Thema mehr.

Das Rennen führt jetzt David Coulthard vor Hill. Dessen Position kann sich eingedenk eines achten Startplatzes auch sehen lassen. Michael ist bereits Fünfter, hat jetzt allerdings einen harten Knochen vor sich: „Irvines Jordan war zu schnell auf der Geraden. Der Peugeot hat mächtig Dampf.“ Fünf Runden muß Michael anstehen, bis Irvine einen kleinen Bremsfehler macht und der Deutsche vorbeiziehen kann.

Auf Biegen und Brechen: Während Schumacher das Risiko eingeht und auf Slicks bleibt,

Startaufstellung

1. Berger (Ferrari)
2. Alesi (Ferrari)
3. Häkkinen (McLaren)
4. Herbert (Benetton)
5. Coulthard (Williams)
6. Blundell (McLaren)
7. Irvine (Jordan)
8. Hill (Williams)
9. Panis (Ligier)
10. Frentzen (Sauber)
11. Salo (Tyrrell)
12. Barrichello (Jordan)
13. Brundle (Ligier)
14. Boullion (Sauber)
15. Katayama (Tyrrell)
16. Schumacher (Benetton)
17. Lamy (Minardi)
18. Inoue (Arrows)
19. Badoer (Minardi)
20. Papis (Arrows)
21. Montermini (Pacific)
22. Moreno (Forti)
23. Lavaggi (Pacific)
24. Diniz (Forti)

Bereits vor der ersten Kurve kassiert Schumacher die ersten langsameren Piloten

Von 16 auf 1: Schumi hat Renngeschichte geschrieben

l frühzeitig auf Regenreifen gewechselt. Er kann zwar schneller fahren als sein Konkurrent, doch der macht sich breit

Dann erwischt es Coulthard. In der 14. Runde stoppt ihn ein Getriebeschaden. Der Schotte wartet weiter auf seinen ersten Sieg.

Als Damon Hill zum Tanken an die Box muß, ist die Sensation perfekt: In der 16. Runde führt Michael Schumacher den Großen Preis von Belgien an. In 16 Runden vom 16. Startplatz an die Spitze!

Doch auch Michael muß tanken und Hill geht wieder nach vorne. Bis – wie so oft in Spa-Francorchamps – das Wetter die Regie übernimmt. In der 21. Runde beginnt es zu regnen. Hill schießt an die Boxen, um Regenreifen aufzuziehen, Michael bleibt draußen: „In Spa kann man unheimlich lange trotz Regens mit Slicks weiterfahren."

Mag sein, aber wie Hill mit seinen profilierten Gummis von hinten kommt, läßt Zweifel an der Wahl des Deutschen aufkommen. Michael wehrt sich mit allen Tricks, die ihn ein langes Rennfahrerleben so gelehrt hat. Rundenlang fighten die beiden Stars um die Führung. Das soll noch ein Nachspiel haben.

Doch erst einmal reißt es die Zuschauer von den Sitzen: Wie auf regennasser Bahn ein slickbereifter Schumacher einem Hill auf Regenreifen Paroli bietet, ist schlichtweg gigantisch.

Irgendwann kriegt die Physik Überhand, Hill kann Schumacher passieren. Doch bevor er sich darüber richtig freuen kann, hört der Regen auf. Keine Frage: Jetzt sind Slicks wieder im Vorteil, Regenreifen werden auf dem Spa-Belag in wenigen Runden niedergemacht.

Hill verliert dramatisch Zeit auf Michael, es bleibt

Happy birthday: Tochter Christina gratuliert Berger

10. Todestag: Bellof

Geblitzt: In der Boxengasse ist Hill zu schnell. Die zehn Sekunden kosten den Sieg

Grosser Preis von Belgien — Spa-Francorchamps

Rennreport 11. Lauf - 27. August 1995

Platz	Fahrer	Team	Zieleinlauf
1.	Michael Schumacher	Benetton-Renault	1:36.47,875 Std.
2.	Damon Hill	Williams-Renault	19,493 Sek. zurück
3.	Martin Brundle	Ligier-Mugen-Honda	24,998 Sek. zurück
4.	Heinz-Harald Frentzen	Sauber-Ford	26,972 Sek. zurück
5.	Mark Blundell	McLaren-Mercedes	33,772 Sek. zurück
6.	Rubens Barrichello	Jordan-Peugeot	39,674 Sek. zurück

Weitere

7. Herbert (54,048 Sek. zurück), 8. Salo (54,548 Sek. zurück), 9. Panis (1.06,170 Min. zurück), 10. Lamy (1.19,789 Min. zurück), 11. Boullion (1 Runde zurück), 12. Inoue (1 Runde zurück), 13. Diniz (2 Runden zurück), 14. Moreno (2 Runden zurück)

Ausfälle

Katayama (28 Runden, Unfall), Lavaggi (27, Getriebe), Badoer (23, Unfall), Berger (22, Elektronik), Irvine (21, Brand), Papis (20, Dreher), Montermini (18, Benzinmangel), Coulthard (13, Getriebe), Alesi (4, Aufhängung hinten), Häkkinen (1, Dreher)

Aktueller WM-Stand

1. Schumacher (66), 2. Hill (51), 3. Alesi (32), 4. Coulthard (29), 5. Herbert (28), 6. Berger (25), 7. Frentzen (10), 8. Barrichello, Panis (je 8), 10. Blundell, Brundle (je 7), 12. Irvine (6), 13. Häkkinen (5), 14. Boullion (2), 15. Morbidelli, Suzuki (je 1)

Konstrukteurs-WM

1. Benetton (84), 2. Williams (74), 3. Ferrari (57), 4. Ligier (16), 5. Jordan (14), 6. McLaren, Sauber (je 12), 8. Arrows (1)

ihm nichts anderes übrig, als wieder auf Slicks zu wechseln. Nur um wenige Runden später von erneut einsetzendem, heftigen Regen geohrfeigt zu werden. Selbst eingefleischten Schumacher-Fans kann der Brite leid tun.

Auch Schumacher wechselt jetzt auf Regenreifen. Wenig Vertrauen in diese Maßnahme hat die Rennleitung. In der 29. Runde schickt FIA-Sicherheitschef Roland Bruynseraede das Safety-Car auf die Strecke. Eine Aktion, die bei den Fahrern völliges Unverständnis hervorruft.

Und nicht nur das: Sie beeinflußt den Rennausgang ganz erheblich. Allerdings mit Hilfe eines Japaners, bei dem man sich schon seit Saisonbeginn fragt, was er eigentlich in der Formel 1 zu suchen hat. Taki Inoue, völlig unbeleckt vom Reglement, denkt nicht im Traum daran, in der Safety-Car-Phase die Lücke zu seinem Vordermann zu schließen. Alle Fahrer hinter dem Japaner – elf an der Zahl, unter ihnen viele, die noch um Punkterränge kämpfen – verzweifeln an dem unfähigen Japaner, den sie nicht überholen dürfen. 31 Sekunden verlieren Blundell, Frentzen, Barrichello und Herbert auf diese Weise.

Nutznießer des Safety-Cars ist Hill, der seinen Abstand auf Schumacher verkleinern kann. Aber das nützt ihm nicht viel, weil er wegen Raserei in der Boxengasse eine Zehn-Sekunden-Strafe absitzen muß. Daß dann in der 35. Runde noch ein Dreher hinzukommt, macht die Sache für ihn nicht besser. Zwar kann er einen auf völlig abgefahrenen Reifen herumrutschenden Brundle noch abfangen, doch mehr als ein zweiter Platz wäre heute für Hill wirklich nicht verdient gewesen.

Ganz anders ist die Lage beim zweiten Deutschen im Feld. Heinz-Harald Frentzen fährt ein fehlerloses Rennen und ist in den letzten Runden klar der schnellste Mann. Wie er in der Schlußphase den McLaren-Mercedes-Piloten Mark Blundell wegschnupft, ist ein Fest. Bis auf 1,9 Sekunden kann er sich noch an den Dritten, Martin Brundle, ransaugen, dann fällt die Zielflagge. Frentzen mag gar nicht daran denken, was ohne die Schikane Inoue möglich gewesen wäre.

Michael Schumacher schüttelt nach Rennende immer wieder fassungslos vor Freude den Kopf. Spa bleibt eine schicksalhafte Strecke für ihn: 1991 hat hier seine Formel-1-Karriere begonnen. 1992 gewinnt er in Spa seinen ersten Grand Prix. 1993 muß er sich Damon Hill geschlagen geben. 1994 raubt ihm die Bodenplatten-Affäre den klaren Sieg. 1995 fährt er vom 16. Startplatz auf Rang eins.

Ein großartiges Rennen, das bisher spannendste der Saison, ist zu Ende. Fast zu Ende. Denn die Rennleitung ist der Meinung, Michael Schumacher für dessen weltmeisterlichen Zweikampf mit Hill eine Ein-Rennen-Sperre auf vier Rennen zur Bewährung aussprechen zu müssen. Wäre doch gelacht, wenn die FIA mal eine Möglichkeit zur Blamage auslassen würde…

Déjà vu: Wie 1994 in Hockenheim steht in Spa ein Auto in Flammen. Diesmal hat Eddie Irvine Glück im Unglück

Sauber: Es geht aufwärts

Ein hervorragender vierter Platz von Heinz-Harald Frentzen beim Großen Preis von Belgien – Teamchef Sauber schwankt, ob er lachen oder weinen soll. Daß er in dem Mönchengladbacher ein Super-Talent hat, weiß der Schweizer schon lange. Daß dieses Talent sein ganzes Können unbedingt in der heißesten Phase der Transferzeit demonstrieren muß, kann Peter Sauber nicht gelegen kommen.

Und in der Tat: Um Frentzen beginnt ein Wettstreit der Konzerne. Renault will ihn zu Benetton holen, Peugeot gibt Eddie Jordan grünes Licht, sprich Geld, für den Frentzen-Deal und bei Ligier haben Mugen und Honda Interesse an dem Mönchengladbacher angemeldet.

Einziger Lichtblick für Peter Sauber ist vorerst, daß Williams mittlerweile nicht mehr mit dem Gedanken spielt, HH unter Vertrag zu nehmen. Hier heißt die Paarung für 1996 Hill-Villeneuve. Sauber ist ganz offen: „Wenn Heinz-Harald bei Williams hätte fahren können, dann hätte er unterschreiben müssen. Eine solche Chance kann man nicht ausschlagen. Was die Angebote der anderen Teams angeht, da kann er auch mit uns reden."

Das war ein vorbeugender Seitenhieb gegen McLaren-Mercedes. Doch wegen denen muß sich Sauber – und auch Frentzen – nicht allzuviele Gedanken machen. Aus dieser Richtung kommt kein Angebot an den Deutschen, obwohl sie mit Mika Häkkinen erst einen Fahrer unter Vertrag haben. Warum nicht zumindest Mercedes alles daran setzt, den schnellen Deutschen unter Vertrag zu nehmen, bleibt unerklärlich. McLaren-Chef Ron Dennis will Frentzen nicht, und Mercedes hat nicht den nötigen Einfluß, wenigstens einen Fahrer der Wahl im Team durchzusetzen.

Diese Sorge ist Sauber also los. Und Sorgen hat es in dieser Saison genug gegeben. Was der C14 in den ersten Rennen zeigte, war – so Frentzen – „schlichtweg ein Schock". Nach dem desaströsen Saisonbeginn wurde das Auto einer Radikalkur unterzogen: Statt tiefer Schnauze eine hohe Nase. Im Heck wurden die Auspuffenden unter den mehrmals modifizierten Wagenunterboden geführt. Die Aufhängungsgeometrie wurde optimiert, ebenso die Kühleranordnung, das übergewichtige Getriebe abgespeckt, seitliche Luftleitbleche wurden installiert und deren Effizienz durch eine schlankere Seitengestaltung erhöht, außerdem wurden Heck- und Frontflügel mehrmals verbessert.

Soviel zu den technischen Verbesserungen. Ebenso wichtig ist aber auch, was sich auf dem menschlichen Sektor abspielt. Beim Großen Preis von Spanien ist die Sauber-Mannschaft endlich wieder komplett: Der verlorene Sohn Max Welti (43) ist nach Jahren als Porsche-Rennleiter jetzt wieder mit von der Partie. Weltis Titel: Team-Direktor.

Und es dauert auch nicht lange, da nimmt der eloquente Schweizer mit dem jugendlichen Touch die Zügel fest in die Hand. HH Frentzen ist beeindruckt: „Es ist unheimlich, wie der wirbelt. Der pusht an allen Ecken und Enden." Frentzen konkretisiert: „Früher wurden Verbesserungsmöglichkeiten manchmal nicht schnell genug umgesetzt. Jetzt, wo Max die Zügel wieder in der Hand hat, kann ich mich darauf verlassen, daß alles schnellstmöglich passiert."

Der Schub bei Sauber kommt genau zur richtigen Zeit. Ford bekräftigt, daß sie auch 1996 exklusiv mit Sauber arbeiten möchten und daß sie für das kommende Jahr einen neuen V10-Zylinder bauen werden.

Und Ford weiß, was man an Frentzen hat. Mit einem Spezial-Vertrag schweißen sie Sauber, Frentzen und Ford zusammen. Heinz-Harald soll der exklusive Repräsentant der Detroiter Autobauer in der Formel 1 werden. Beruhigt kann er Benetton, Jordan und Ligier absagen: „Mehr als einen solchen Vertrag kann man in diesem Geschäft nicht verlangen."

Stratege Max Welti sorgt seit dem Spanien-GP bei Sauber wieder für frischen Wind

Frentzen bleibt dem Sauber-Team auch 1996 treu. Der Deutsche erhält einen Vertrag zu verbesserten Konditionen

1995 fährt HH trotz schlechten Materials häufig in die Punkteränge. Im Laufe der Saison wird der Wagen besser

Unendliche Geschichte: Nach England schießt Hill Schumacher zum zweiten Mal ab. Diesmal liegt die Schuld allerding

Beim ersten Start fehlt Pole-Mann Coulthard – Dreher in der Aufwärmrunde. Im zweiten Anlauf ist er mit dabei

Wenn zwei sich streiten...

In Monza ist wiedermal der Teufel los: Tragische und dumme Unfälle, ein Rennabbruch und ausgelassene Tifosi – denn die Ferrari führen lange das Rennen an. Doch wie so oft in dieser Saison kommt alles ganz anders.

ur zum Teil bei Hill. Der überforderte Inoue ist der Auslöser

David Coulthard kann einem leid tun. Nichts ist so peinlich wie ein Abflug in der Einführungsrunde. Vor allem dann, wenn man auch noch auf der Pole-Position steht und von Millionen Augenpaaren weltweit verfolgt wird. Und dann brettert der schottische Strahlemann in der Ascari-Kuve geradeaus. Lassen wir ihm seine Erklärung: „Da muß Öl gelegen haben."

Ob da wirklich Öl gelegen hat, weiß keiner. Aber ganz sicher ist, daß nach Davids Ausrutscher nun Sand und Dreck auf der Strecke liegt. Dieser Umstand wird in der Startrunde einem ganzen Rudel von Fahrern zum Verhängnis. Papis rutscht aus, Katayama dreht sich, Montermini, Moreno, Diniz und Boullion kommen in Schwierigkeiten, kein Zweifel, das Rennen muß abgebrochen werden.

Über seinen dritten Platz freut sich HHs Freundin Tanja

Italien

12. Lauf 10. Sept. 1995

Monza

AUTODROMO NATIONALE DI MONZA

53 Runden à 5,770 km (305,810 km)

Schnellste Runde:
Gerhard Berger in 1.26,419 Min.

Zuschauer
90.000

Wetter
sehr warm, leicht bewölkt

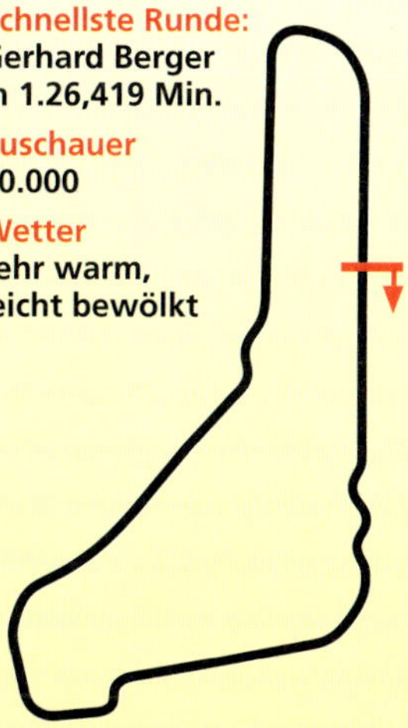

Startaufstellung

Coulthard (Williams)	Schumacher (Benetton)
Berger (Ferrari)	Hill (Williams)
Alesi (Ferrari)	Barrichello (Jordan)
Häkkinen (McLaren)	Herbert (Benetton)
Blundell (McLaren)	Frentzen (Sauber)
Brundle (Ligier)	Irvine (Jordan)
Panis (Ligier)	Boullion (Sauber)
Papis (Arrows)	Salo (Tyrrell)
Katayama (Tyrrell)	Badoer (Minardi)
Lamy (Minardi)	Inoue (Arrows)
Montermini (Pacific)	Moreno (Forti)
Diniz (Forti)	Lavaggi (Pacific)

Mika Häkkinen steigt hart in die Eisen. Sein zweiter Platz ist das bisher beste Ergebnis für McLaren-Mercedes

Schumacher hat die Nase voll: Nach dem Abflug will er Hill an den Kragen. Den Streckenposten gelingt es nur mit M

David Coulthard freut sich drüber. Darf er doch zum zweiten Start, der nach dem Reglement wie ein erster Start angesehen wird, im Williams-Ersatzwagen antreten. Von der Pole-Position aus. Glück im Unglück also.

Und Coulthard nutzt die zweite Chance. Vor Berger, Schumacher und Hill behält er seine Spitzenposition, die er in 13 Runden auf zweieinhalb Sekunden ausbaut. Doch dann ist auch schon wieder Schluß mit lustig: Erneut kreiselt der Williams-Pilot in den Kies. Er kann sich zwar noch befreien, muß aber an der Box die Diagnose „beschädigtes Radlager" entgegennehmen.

Die Tifosi können damit leben. Denn jetzt liegt einer der ihren auf Platz Eins. Gerhard Berger führt vor Schumacher und Hill.

Zwischen den letzteren geht das zehn Runden lang gut, dann laufen die beiden Dauer-Streithähne auf den zu überrundenden Taki Inoue auf. Der Japaner, der schon in Spa so unglücklich Renngeschichte geschrieben hat, steht schon wieder im Weg. Michael kommt gut vorbei, Hill aber muß dem rumzackenden Japaner ausweichen, was wiederum den Briten durcheinander bringt: Mit Macht knallt er ins Heck des Benetton.

Schumacher schießt förmlich aus dem Auto und rennt auf den Williams zu. Zwei herbeieilende Streckenposten haben alle Mühe, den Deutschen von Hills Rennoverall zu lösen. Die Fehde zwischen den Piloten hätte um ein Haar einen unrühmlichen Höhepunkt gehabt.

Diesmal erhält Damon Hill dafür eine Sperre, nicht auf vier, sondern auf ein Rennen zur Bewährung. Ungeschickt pendelt der Brite zwischen Entschuldigung – „Inoue hat mich blockiert." – und Angriff: „Schumacher hat absichtlich zu früh gebremst."

Den Italienern ist alles egal: Denn durch den Doppel-Ausfall Hill-Schumacher führen nun sogar zwei Ferrari das Rennen an. So gehört sich das in Monza.

Einen ersten Dämpfer erhalten die Ferrari-Fans bereits in der 33. Runde. Berger wird aus dem Rennen gerissen, und der Ausfallgrund ist in seiner Kuriosität schon fast tragisch zu nennen. Bei Teamkollege Alesi wird die am Heckflügel befestigte Fernsehkamera aus der Verankerung gerissen und durchschlägt dem folgenden Berger den linken vorderen Querlenker. Man will gar nicht daran denken, daß dieser Unfall auch anders hätte ausgehen können. Berger geschockt: „Wenn mich dieses Teil am Kopf getroffen hätte, wäre ich jetzt tot."

Und zu allem Übel trifft es auch den anderen Ferrari-Piloten. In Runde 46 zwingt ihn ein heißgelaufenes Radlager an die Box. Alesi versinkt in tiefe Depressionen.

Das kann man von Johnny Herbert nun wirklich nicht behaupten. Nach Silverstone fährt der Benetton-Pilot einem zweiten Abstauber-Sieg entgegen. Und Herbert beweist erneut Augen-

hael an einem körperlichen Verweis des Briten zu hindern

Ferrari ist Kult: Jean Alesi mit einem seiner vielen Fans

Großer Preis von Italien

Der Traum der Tifosi: Beide Ferrari führen das Feld an und gewinnen. Es bleibt ein Traum, beide Autos fallen aus

maß. Hat ihm sein Sieg in England den Platz im Benetton-Team für den Rest der Saison gesichert, so kann er sich mit dem Erfolg in Italien seine Chancen auf dem Transfermarkt intakt halten.

Auch auf den Plätzen hinter Herbert kommt es zu überraschenden Ergebnissen. Auf dem zweiten Platz läuft Mika Häkkinen ein. Das beste Ergebnis für McLaren-Mercedes, ebenso hoch willkommen wie höchste Zeit.

Ein wenig in den Schatten gestellt wird der Mercedes-Erfolg aus deutscher Sicht durch den Drittplazierten. Heinz-Harald Frentzen kommt zum erstenmal in seiner Formel-1-Karriere aufs Treppchen. Der überglückliche Sauber-Pilot kann es nicht fassen: „Zweimal bin ich heute schlecht gestartet und dann so etwas. Aber mein Tankstopp war wirklich sensationell. Die Jungs haben unglaublich gearbeitet“, freut sich HH noch lange nach dem Rennen. Daß Teamkollege Jean-Christophe Boullion hinter Mika Salo – erste Punkte für Tyrrell in dieser Saison – auf den sechsten Platz kommt, macht den Sauber-Erfolg perfekt.

Frentzen kann es kaum fassen: Der Deutsche steht zum ersten Mal auf dem Podest

GROSSER PREIS VON ITALIEN — MONZA

RENNREPORT 12. LAUF - 10. SEPTEMBER

PLATZ	FAHRER	TEAM	ZIELEINLAUF
1.	Johnny Herbert	Benetton-Renault	1:18.27,916 Std.
2.	Mika Häkkinen	McLaren-Mercedes	17,779 Sek. zurück
3.	Heinz-Harald Frentzen	Sauber-Ford	24,321 Sek. zurück
4.	Mark Blundell	McLaren-Mercedes	28,223 Sek. zurück
5.	Mika Salo	Tyrrell-Yamaha	1 Runde zurück
6.	Jean-Christophe Boullion	Sauber-Ford	1 Runde zurück

WEITERE

7. Papis (1 Runde zurück), 8. Inoue (1 Runde zurück), 9. Diniz (3 Runden zurück), 10. Katayama (6 Runden zurück)

AUSFÄLLE

Alesi (45 Runden, Aufhängung hinten links), Barrichello (43, Hydraulik), Irvine (40, Motor), Berger (32, Aufhängung vorn links), Badoer (26, Unfall), Schumacher (23, Unfall), Hill (23, Unfall), Panis (20, Dreher), Coulthard (13, Radlager), Brundle (10, Reifen), Lavaggi (6, Dreher), Lamy (0, Differential), Montermini (Nichtstarter), Moreno (Nichtstarter)

AKTUELLER WM-STAND

1. Schumacher (66), 2. Hill (51), 3. Herbert (38), 4. Alesi (32), 5. Coulthard (29), 6. Berger (25), 7. Frentzen (14), 8. Häkkinen (11), 9. Blundell (10), 10. Barrichello, Panis (je 8), 12. Brundle (7), 13. Irvine (6), 14. Boullion (3), 15. Salo (2), 16. Morbidelli, Suzuki (je 1)

KONSTRUKTEURS-WM

1. Benetton (94), 2. Williams (74), 3. Ferrari (57), 4. McLaren (21), 5. Sauber (17), 6. Ligier (16), 7. Jordan (14), 8. Tyrrell (2), 9. Arrows (1)

Wer fällt eigentlich diese Urteile in der Formel 1?

Wunder gibt es immer wieder. Und wundersame Entscheidungen erst recht. Was auf dem Gebiet der Sportgerichtsbarkeit in dieser Formel-1-Saison geboten wurde, spottet jeder Beschreibung.

Fassen wir kurz zusammen: In England wird Michael Schumacher von einem völlig entfesselten Damon Hill regelrecht abgeschossen. Verwarnt wird Hill. Und Schumacher!

In Belgien kämpft der Deutsche mit dem Briten hart, aber ohne irgendwelche Konsequenzen. Schumacher erhält trotzdem eine Ein-Rennen-Sperre, zu vier Rennen auf Bewährung ausgesprochen.

In Italien ist wieder Hill dran. Beziehungsweise: Zuerst ist Schumacher dran. Der wird nämlich schon wieder von Hill abgeschossen. Nein, nicht belästigt oder behindert, wie Hill vielleicht von Schumacher in Spa, nein, richtig abgeschossen wird er. Hills Strafe? Ein Rennen Sperre auf ein Rennen zur Bewährung ausgesetzt. Verstehe das, wer will. Hoffentlich hat bei der FIA wenigstens der Blindenhund bei diesen Urteilen geknurrt.

So, genug geschimpft. Doch auf wen wird hier eigentlich geschimpft? Wer steckt hinter den Entscheidungen, die in Deutschland verrissen, dafür aber in England hoch gelobt werden? Und natürlich umgekehrt.

Die Sache ist ein wenig kompliziert. Ein Fünfer-Gremium hat sich bei jedem Rennen mit eventuellen Regelverstößen auseinanderzusetzen. An der Spitze steht der Rennleiter, dem drei Rennkommissare zur Seite stehen, sowie der Sicherheitsbeauftragte der FIA, den Formel-1-Fans schon wegen seines unaussprechlichen Namens kennen: Roland Bruynseraede.

Formel-1-Zampano mit weichem Herz: Ecclestone (65)

Roland Bruynseraede ist FIA-Sicherheitsbeauftragter

Permanenter Rennleiter ist der Holländer Jan Corsmit, der bei jedem Rennen von einem Renndirektor aus dem jeweiligen Gastgeberland unterstützt wird.

Wer jetzt denkt, daß der Rennleiter was zu sagen hat, liegt falsch. Richtig mächtig sind nur die drei Sportkommissare – zwei internationale FIA-Kommissare und einer aus dem Gastgeberland. Sie erfüllen am ehesten die Funktion, die man unter dem Begriff Schiedsrichter versteht. Sie bilden die Gerichtsbarkeit und können Disqualifikationen aussprechen, oder Verwarnungen, Geldstrafen, Rennausschlüsse, Sperren bis zum Lizenzentzug.

Weder Rennleiter, noch Renndirektor noch der Sicherheitsbeauftragte haben Stimmrecht beim Urteil. Sie dürfen lediglich beraten. Und der Rennleiter kann ein Verfahren initiieren, indem er eine Klage einreicht. Das können außer ihm sonst nur Streckenposten oder der Protest eines Teams bewirken.

In Monza ist es das Benetton-Team, das gegen Hill protestiert. Eine Viertelstunde nach diesem Protest wird bereits verhandelt. Und eineinviertel Stunde später wird das Urteil verkündet. Was bei diesem Urteil eigentlich nur beweist, daß selbst in der Formel 1 Schnelligkeit nicht alles sein kann.

Jean Alesi ist der Liebling der Italiener. Sein Nachfolger bei Ferrari, Michael Schumacher, wird es nicht leicht haben

Während in den vorderen Reihen alles glatt geht, spielt sich hinten ein Drama ab. Tyrrell-Pilot Ukyo Katayama touch

… und überschlägt sich spektakulär. Streckenposten und Ärzte sind sofort zur Stelle. Sie bergen einen bewußtloser

n Minardi von Luca Badoer…

ezu unverletzten Japaner

Coulthards erster Sieg

Die Saison tritt in ihre entscheidende Phase. Ein junger Schotte bestimmt den Grand Prix von Portugal und läuft seinem erfahrenen Kollegen Hill den Rang ab.

Das Rennen ist kaum gestartet und droht schon in einer Katastrophe zu enden. Während Coulthard, Hill, Schumacher und Co. sich Gedanken über die Vorfahrt in der ersten Kurve machen, zieht Tyrrell-Pilot Ukyo Katayama nach links, als würde ihm die Strecke alleine gehören. Luca Badoer kann dem Japaner nicht ausweichen, die Räder verhaken sich und Katayama hebt ab. Eine schier endlose Folge von Drehern und Überschlägen läßt Schlimmstes befürchten. Die Rettungsposten bergen einen Fahrer, der bewußtlos und kopfüber in den Gurten hängt. Der Japaner wird in ein Krankenhaus nach Lissabon gebracht, wo eine Nakkenprellung diagnostiziert wird. Mehr nicht. Die Formel 1 atmet auf.

Das Feld gruppiert sich zum Neustart. Der wird ganz besonders ärgerlich für Heinz-Harald Frentzen. Der Sauber-Pilot würgt beim Losfahren zur Einführungsrunde den Motor ab und muß deswegen von ganz hinten ins Rennen gehen. Sein hervorragender fünfter Startplatz –der beste seiner Formel-1-Karriere – ist für die Katz.

Auch Hills zweite Startposition löst sich in nichts auf. Michael Schumacher kommt blendend weg und schiebt sich zwischen Pole-Mann Coulthard und dessen Teamkollegen. An der Reihenfolge der Spitzengruppe ändert sich nichts, bis Hill und Schumacher in der 18. Runde zum Tankstopp an die Box kommen. Michael handelt ihn in 7,4 Sekunden ab, Hill dagegen in 16,1 Sekunden. Auch wenn Hill klagt, daß er den ersten Gang nicht einlegen konnte, ist klar, daß sich hier unterschiedliche Strategien anbah-

Portugal

13. Lauf 24. Sept. 1995

Estoril

AUTODROMO FERNANDA PIRES DA SILVA

71 Runden à 4,360 km (309,560 km)

Schnellste Runde: David Coulthard in 1.23,220 Min.

Zuschauer 60.000

Wetter sonnig, heiß

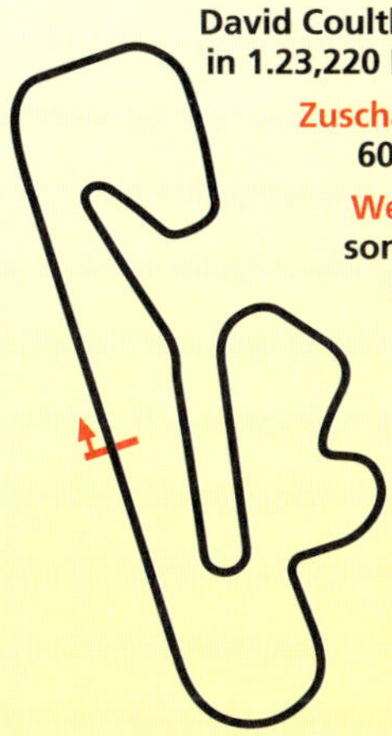

Startaufstellung

Coulthard (Williams)	Hill (Williams)
Schumacher (Benetton)	Berger (Ferrari)
Frentzen * (Sauber)	Herbert (Benetton)
Alesi (Ferrari)	Barrichello (Jordan)
Brundle (Ligier)	Irvine (Jordan)
Panis (Ligier)	Blundell (McLaren)
Häkkinen (McLaren)	Boullion (Sauber)
Salo (Tyrrell)	Katayama (Tyrrell)
Lamy (Minardi)	Badoer (Minardi)
Inoue (Arrows)	Papis (Arrows)
Montermini (Pacific)	Diniz (Forti)
Moreno (Forti)	Delétraz (Pacific)

* Start aus der letzten Reihe

Jung gegen alt: Der gute alte Kicker macht Familie Schumacher sichtlichen Spaß

nen. Also muß man wieder bis zum Rennende warten. Erst dann wird man sehen, wie sich das alles so aufbröselt.

In der 54. Runde ist es soweit, Coulthard und Schumacher absolvieren ihren dritten Stopp, Damon Hill hatte seinen zweiten und letzten Stopp zehn Runden zuvor erledigt. Das heißt auch, daß Hills Reifen schon abgenutzter sind, als die von Schumacher.

Michael kommt mit aller Macht und legt sich Hill zurecht, daß es schon fast eine Demütigung ist. An der langsamsten Stelle des Kurses, in der superengen Haarnadel, bremst er den Briten wie einen Fahrschüler aus. Michael kühl: „Ich hab eine Runde zuvor gesehen, daß Hill dort ziemlich langsam fuhr und habe es deswegen dort mal ausprobiert. Ich hatte frische Reifen und meinen Vorteil wahrgenommen.“ Hill fängt die Erklärung mit den Reifen dankbar auf: „Meine Reifen waren wirklich abgenutzt. Deshalb mußte ich so früh bremsen.“ Im stillen Kämmerlein ärgert er sich ein Loch in den Bauch: Nicht nur, daß WM-Konkurrent Schumacher ihn vorführt, das Rennen wird zu allem Überfluß auch noch von seinem Temkollegen Coulthard gewonnen.

Ein ganz anderes Kapitel zwischen Teamkollegen wird bei Ferrari geschrieben. Berger tankt einmal mehr als Alesi. Der Österreicher kann dadurch mit frischeren Reifen zum Rennende schneller fahren. Wenn ihn der vorfahrende Alesi nur vorbeilassen würde. Der denkt gar nicht daran, obwohl er mehrmals über Funk von Teamchef Jean Todt daran erinnert wird. Vergeblich, Alesi und Berger kreuzen als Vierte und Fünfte die Ziellinie. Alesi nennt Todt „eine Ruine.“ Daraufhin brummt Todt seinem ungestümen Piloten Alesi eine 200.000-Dollar-Strafe auf. Was wäre die Formel 1 ohne Ferrari?

Kommen wir zum eigentlichen Helden dieses Rennens: Heinz-Harald Frentzen.

Schon seine erste Runde gibt zu allen Hoffnungen Anlaß. Als letzter gestartet, verzeichnet ihn die Rundentabelle nach dem ersten Umlauf bereits auf Platz 14. Doch das ist wirklich erst der Anfang der Frentzen-Show. Für die restlichen Gala-Vorstellungen reserviert sich der Sauber-Pilot eine ganz spezielle Bühne. Eben besagte Haarnadelkurve, in der

Frisch verheiratet: „Jules“ Boullion und Alexandra

Wilde Romantik: In den Bergen nordwestlich von Lissabo

Schumacher Damon Hill wegschnupfte. Um seine Sonderklasse zu belegen, nimmt sich Frentzen an dieser Stelle und in loser Reihenfolge sechs seiner Konkurrenten zur Brust: Mika Salo, Teamkollege Jean-Christophe Boullion, Mark Blundell, Rubens Barrichello, Mika Häkkinen und Eddie Irvine.

Damit hier kein Irrtum aufkommt: Es ist nicht die Rede von Überrundungen, sondern von knallharten Ausbremsmanövern im Kampf um Plazierungen und Punkte. Und bei keinem der Überholten handelt es sich um Nasenbohrer der Inoue-Klasse. HH Frentzen freut sich diebisch über seinen Auftritt: „Ich schätze mal, an dieser Stelle müßte ich unter den Zuschauern ein paar neue Fans gewonnen haben." Und Teamchef Peter Sauber legt noch einen nach: „Dieser sechste Platz ist noch höher einzustufen, als Heinz-Haralds dritter in Monza. Denn diesmal ist keiner vor ihm ausgefallen. Ganz im Gegenteil: Er ist von ganz hinten selbständig in die Punkte gefahren."

Von Platz 24 auf Platz sechs: Frentzen fährt in Estoril sein bestes Formel-1-Rennen

GROSSER PREIS VON PORTUGAL — ESTORIL

RENNREPORT 13. LAUF - 24. SEPTEMBER

PLATZ	FAHRER	TEAM	ZIELEINLAUF
1.	David Coulthard	Williams-Renault	1:41.52,145 Std.
2.	Michael Schumacher	Benetton-Renault	7,248 Sek. zurück
3.	Damon Hill	Williams-Renault	22,121 Sek. zurück
4.	Gerhard Berger	Ferrari	1.24,879 Min. zurück
5.	Jean Alesi	Ferrari	1.25,429 Min. zurück
6.	Heinz-Harald Frentzen	Sauber-Ford	1 Runde zurück

WEITERE

7. Herbert (1 Runde zurück), 8. Brundle (1 Runde zurück), 9. Blundell (1 Runde zurück), 10. Irvine (1 Runde zurück), 11. Barrichello (1 Runde zurück), 12. Boullion (1 Runde zurück), 13. Salo (2 Runden zurück), 14. Badoer (3 Runden zurück), 15. Inoue (3 Runden zurück), 16. Diniz (5 Runden zurück), 17. Moreno (7 Runden zurück)

AUSFÄLLE

Montermini (53 Runden, Getriebe), Häkkinen (44, Motor), Delétraz (14, Aufgabe), Panis (10, Dreher), Lamy (7, Getriebe), Papis (0, Getriebe), Katayama (0, Unfall)

AKTUELLER WM-STAND

1. Schumacher (72), 2. Hill (55), 3. Coulthard (39), 4. Herbert (38), 5. Alesi (34), 6. Berger (28), 7. Frentzen (15), 8. Häkkinen (11), 9. Blundell (10), 10. Barrichello, Panis (je 8), 12. Brundle (7), 13. Irvine (6), 14. Boullion (3), 15. Salo (2), 16. Morbidelli, Suzuki (je 1)

KONSTRUKTEURS-WM

1. Benetton (100), 2. Williams (88), 3. Ferrari (62), 4. McLaren (21), 5. Sauber (18), 6. Ligier (16), 7. Jordan (14), 8. Tyrrell (2), 9. Arrows (1)

...gt die Formel-1-Rennstrecke

Den ersten Siegerpokal präsentiert David Coulthard mit seinen Eltern und Freundin

Die Schumi-Show

Trotz des typischen Eifelwetters können sich die 100.000 Besucher an einem großartigen Rennen erwärmen. Michael Schumacher fährt wie entfesselt. Auf dem Nürburgring fällt die Vorentscheidung im Kampf um den Weltmeistertitel.

Wer im Oktober auf dem Nürburgring ein Rennen ansetzt, ist selbst schuld, wenn er friert. So gesehen hätte man Bernie Ecclestone drei Tage lang nackt durchs Fahrerlager treiben müssen. Die Eifel bleibt Zuschauern und Akteuren nichts schuldig. Kalt ist es, nebelig, es regnet. Nürburgringwetter halt.

Dementsprechend die Fragestellung unmittelbar vor dem Start: Trocken- oder Regenreifen. Einige Streckenpassagen sind nur noch ein wenig feucht, andere naß. Ganz trickreich ist die Start- und Zielgerade. Die Piloten mit ungeraden Startpositionen stehen auf einer trockenen Linie, die anderen im Feuchten.

Die mit Regenreifen startenden Coulthard und Schumacher haben demnach mit den Positionen 1 und 3 die besseren Plätze erwischt. Dennoch vergeigt der junge Schotte beinahe seine vierte Pole-Position in dieser Saison auf eine Art, die bisher einmalig im Grand-Prix-Zirkus ist: Schon zum zweiten Mal nach Monza legt er sein Auto in der Einführungsrunde ab. Sein – verständlicher – erster Gedanke: „Bitte nicht schon wieder." Doch wie in Monza schafft es der Schotte auch diesmal, trotzdem noch am Rennen teilnehmen zu können.

Beim Start – es ist der zweite Versuch, weil beim ersten Papis seinen Motor abwürgt – macht sich die Streckenbeschaffenheit schnell bemerkbar. Coulthard, Schumacher und Irvine als Erster, Dritter und Fünfter kommen gut weg, der im Feuchten stehende Hill weniger. Innerhalb einer Runde kämpft sich der Brite aber vom fünften auf den dritten Platz nach vorne. Jetzt kann das Rennen beginnen.

Auch wenn Coulthard führt, alle Augen sind auf Schumacher und Hill gerichtet, die einen packenden Zweikampf bieten. Bis beide in der elften Runde zum Tanken an die Box gehen. Die Stoppuhren zeigen bei Schumacher 6,6, bei Hill 9,6 Sekunden. Und die Stoppuhren zeigen noch etwas ganz anderes: Alesi fährt auf Slicks mittlerweile die schnellsten Runden. Sein Pokern, kombiniert mit einer Ein-Stopp-Strategie, macht sich bezahlt. Der Ferrari-Pilot zieht auf und davon. Auf bis zu 40 Sekunden kann er seinen Vorsprung ausbauen, den er auch bei seinem Tankstopp in der 34. Runde nicht verliert.

Michael Schumacher hebt vor Freude ab. Nach einem Ren

Das Wetter verlangt von den Piloten volle Konzentration

Extraklasse hat er seinen WM-Titel so gut wie verteidigt – es fehlen ganze drei Punkte

Europa

14. Lauf 1. Okt. 1995

Nürburg

NÜRBURGRING

67 Runden à 4,556 km (305,252 km)

Schnellste Runde: **Michael Schumacher in 1.21,180 Min.**

Zuschauer **100.000**

Wetter **bedeckt, kühl, anfangs feucht**

Auf Abwegen: Irvine und Herbert kommen trotz Kiesbettausflügen in die Punkte

Startaufstellung

Coulthard (Williams)	**Hill** (Williams)
Schumacher (Benetton)	**Berger** (Ferrari)
Irvine (Jordan)	**Alesi** (Ferrari)
Herbert (Benetton)	**Frentzen** (Sauber)
Häkkinen (McLaren)	**Blundell** (McLaren)
Barrichello (Jordan)	**Brundle** (Ligier)
Boullion (Sauber)	**Panis** (Ligier)
Salo (Tyrrell)	**Lamy** (Minardi)
Papis (Arrows)	**Badoer** (Minardi)
Tarquini (Tyrrell)	**Montermini** (Pacific)
Inoue (Arrows)	**Diniz** (Forti)
Moreno (Forti)	**Delétraz** (Pacific)

Die Entscheidung: In der Veedol-Schikane überholt Schumacher den führenden Alesi

IndyCar-Teamchef Penske un

Alesis Sieg ist ziemlich klar, also konzentriert man sich am besten auf den Zweikampf zwischen Schumacher und Hill. Der wird erbittert geführt. So erbittert, daß beide sich in der 17. Runde berühren. Doch das soll erst der Anfang eines dramatischen Fights sein.

Beide gehen an Coulthard vorbei und machen Jagd auf Jean Alesi. In der 34. Runde läßt Michael seinen Rivalen Hill alleine: Der zweite Boxenstopp ist angesagt, in der gleichen Runde, in der auch Alesi tankt.

Weil Hill draußen bleibt, ist er plötzlich ganz nah dran am Franzosen. So nah, daß er einen Überholversuch riskiert, der mit einer zerknitterten Williams-Nase endet. 42 lähmende Sekunden steht Damon Hill an der Box, bis die Frontpartie seines Boliden ausgetauscht ist.

Wieder zurück auf der Strecke, riskiert der Brite alles und zuviel: In Runde 60 dreht er sich und schießt mit Macht in einen Reifenstapel: „Meine Schuld, ich bin zu weit auf die Streckenbegrenzung gekommen."

Der Zweikampf um den Titel ist so gut wie entschieden, der Kampf um das Rennen aber noch lange nicht. Denn Schumacher liegt unmittelbar hinter Jean Alesi und holt extrem auf.

Bis zur 52. Runde. Sie scheint diesen Zweikampf zu entscheiden: Michael muß einen dritten Tankstopp absolvieren, rund 25 Sekunden verliert er auf den Spitzenreiter. Der Deutsche resigniert: „Als mich die Box zum dritten Boxenstopp reinrief, war für mich das Rennen gelaufen."

Da hat Michael die Rechnung allerdings ohne seine Fans gemacht. Denn die peitschen ihn zu einem Finale, das einen vor Ehrfurcht niederknien läßt. In zwölf Runden vernichtet der Benetton-Pilot den komfortablen Vorsprung von Alesi. Direkt hinter dem Ferrari des Franzosen liegend vergißt Michael Schumacher alle Strategieanweisungen seines Teams, alles Rechnen und jedes Kalkül – „Das war ich meinen Fans schuldig!" – und zwängt sich unter tosendem Applaus ausgerechnet in der engen Veedol-Schikane an Alesi vorbei.

Michael gewinnt das Rennen, der WM-Titel ist

Mit der legendären Nordschleife hat der neue Ring nur n

lcLaren-Eigner Ojjeh…

… erleben von der neuen Mercedes-Tribühne das Fiasko der beiden McLaren-Piloten

e Lage mitten in der Eifel gemeinsam. Zuschauer im Wald und hautnah an der Strecke gehören der Vergangenheit an

Grosser Preis von Europa — Nürburgring

RENNREPORT 14. LAUF - 1. OKTOBER 1995

PLATZ	FAHRER	TEAM	ZIELEINLAUF
1.	Michael Schumacher	Benetton-Renault	1:39.59,044 Std.
2.	Jean Alesi	Ferrari	2,684 Sek. zurück
3.	David Coulthard	Williams-Renault	35,382 Sek. zurück
4.	Rubens Barrichello	Jordan-Peugeot	1 Runde zurück
5.	Johnny Herbert	Benetton-Renault	1 Runde zurück
6.	Eddie Irvine	Jordan-Peugeot	1 Runde zurück

WEITERE

7. Brundle (1 Runde zurück), 8. Häkkinen (2 Runden zurück), 9. Lamy (3 Runden zurück), 10. Salo (3 Runden zurück), 11. Badoer (3 Runden zurück), 12. Papis (3 Runden zurück), 13. Diniz (5 Runden zurück), 14. Tarquini (6 Runden zurück), 15. Delétraz (7 Runden zurück)

AUSFÄLLE

Hill (58 Runden, Dreher), Montermini (45, Benzinmangel), Boullion (44, Unfall), Berger (40, Elektrik), Moreno (22, Halbachse), Frentzen (17, Unfall), Panis (14, Dreher), Blundell (14, Unfall), Inoue (0, Elektronik)

AKTUELLER WM-STAND

1. Schumacher (82), 2. Hill (55), 3. Coulthard (43), 4. Alesi, Herbert (je 40), 6. Berger (28), 7. Frentzen (15), 8. Barrichello, Häkkinen (je 11), 10. Blundell (10), 11. Panis (8), 12. Brundle, Irvine (je 7), 14. Boullion (3), 15. Salo (2), 16. Morbidelli, Suzuki (je 1)

KONSTRUKTEURS-WM

1. Benetton (112), 2. Williams (92), 3. Ferrari (68), 4. McLaren (21), 5. Jordan, Sauber (je 18), 7. Ligier (16), 8. Tyrrell (2), 9. Arrows (1)

Fairer Verlierer Hill

ihm kaum noch zu nehmen. Ebenso die Gewißheit, eines der größten Rennen der Formel-1-Geschichte gefahren zu sein.

Bleiben aus deutscher Sicht noch zwei unrühmliche Nachträge. Heinz-Harald Frentzen nimmt nach seinem phantastischen Rennen in Portugal eine kleine Auszeit. Zwei Dreher im Warm-up, ein Frühstart und in der 18. Runde ein zu optimistischer Versuch, den Kollegen Diniz zu überholen, bitten um den Mantel des Schweigens.

Noch größer muß dieser Mantel bei McLaren-Mercedes ausfallen. Vor vielen Vorstandsmitgliedern und über 9.000 Gästen des Mercedes-Hauses blamiert sich die Truppe mit den hohen Ansprüchen bis auf die Knochen. Blundell legt sich an 19. Stelle liegend schon in der Anfangsphase des Rennens ab, Häkkinen kommt nach rundenlangem packendem Zweikampf mit Hinterbänkler Pedro Diniz gerade mal als Achter ins Ziel.

Vor der Veedol-Schikane will Hill an Alesi vorbei. Der Brite verliert den Frontflügel

Wie in Hockenheim ist auch am Ring für Frentzen das Rennen vorzeitig beendet

Irvine und Schumi - wie soll das gehen?

Viele halten es für eine krasse Falschmeldung der Agenturen: Eddie Irvine kommt zu Ferrari! Da ist ja ein Comeback von Nigel Mansell bei McLaren wahrscheinlicher.

Aber die Meldung ist korrekt, der Vertrag ist perfekt und die ganze Szene ist völlig überrascht.

Rückblende auf den Großen Preis von Portugal. Auf dem Papier des Jordan-Teams verkündet Chef Eddie Jordan mit Genugtuung, daß Rubens Barrichello und Eddie Irvine auch 1996 für ihn fahren werden. Die Begründung: Ideale Paarung, beide jung und doch erfahren, und so weiter und so weiter.

Wenige Tage später ist Eddie Jordan um vier Millionen Dollar reicher und um einen talentierten Fahrer ärmer, für den wiederum auch noch eine Million Dollar Jahresgage rausspringt. Ferrari-Stratege Jean Todt hat in einer Nacht- und Nebelaktion den Iren an sich gerissen.

Die Szene ist nicht nur völlig überrumpelt, sondern auch höchst amüsiert. Michael Schumacher und Eddie Irvine in einem Team, das bedeutet fürs nächste Jahr Unterhaltung ohne Ende. Bei dieser Besetzung muß wirklich einer ein Herz für Fans und Journalisten gehabt haben.

Schumacher und Irvine sind Fahrerpersönlichkeiten, wie sie entgegengesetzter nicht sein können. Das einzige, was beide verbindet, ist die FIA-Superlizenz. Und das beide verflucht schnell sind. Und dann hört es aber auch schon auf.

Irvine, von Beruf irischer Querkopf, Frauen- und Guinessfreund sowie schlampertes Genie, trifft bei Ferrari nicht nur auf den anerkannt besten Mann der Szene, sondern auch auf den fittesten und fleißigsten Fahrer der Königsklasse.

Irvine, für den Telemetriedaten und Technik-Briefings ein Greuel sind, bleibt trotzdem locker: „Für mich ist das die ultimative Chance. Michael ist ganz sicher der beste Fahrer in der Formel 1. Ich für meinen Teil bin in der Formel 1, um mich mit den besten Piloten zu messen. Dazu habe ich jetzt die perfekte Gelegenheit."

Kann man wohl sagen. Beobachter, die schon etwas länger die Formel 1 besuchen, erinnert die Sorglosigkeit an einen Gerhard Berger. Der ging mit genau derselben Einstellung mal zu McLaren, um sich dort an einem Ayrton Senna zu messen. Damals war die Ausgangslage ganz ähnlich: Riesentalent mit Hang zu Freude, Frauen und Faulheit stößt auf fleißiges, überehrgeiziges Genie. Das Ergebnis war hart: Drei Jahre lang stand Berger klar im Schatten Sennas.

Nur einen Unterschied gibt es und der wird bleiben: Aus Senna und Berger wurden Freunde. Gleiches ist bei Schumacher und Irvine völlig unvorstellbar. Hier Michael, der jedes Wort auf die Waage legt, dort Eddie, der seine Sarkasmen völlig ungefiltert rausläßt. Artig nennt Michael den Irvine „eine überraschende aber gute Wahl". Doch wenn sich diese beiden wirklich verstehen sollten, müssen alle Bücher über Psychologie neu geschrieben werden. Wie gesagt, dieses Team wird für beste Unterhaltung sorgen.

Der Wechsel ist perfekt: Eddie Irvine mit seinem altem Chef Eddie Jordan (l.) und dem neuem Chef Jean Todt

Feierstunde: Der zweite Weltmeistertitel von Michael Schumacher ist unter Dach und Fach. Die gesamte Benetton-C

u Renault-Motorsportchef Christian Contzen, Luciano Benetton und Mild-Seven-Chef Masaru Mizuno, jubeln mit

Großer Preis Pazifik

Pazifik

15. Lauf 22. Okt. 1995

Aida

Tanaka International Circuit

83 Runden à 3,703 km (307,349 km)

Schnellste Runde:
Michael Schumacher in 1.16,374 Min.

Zuschauer
35.000

Wetter
heiter bis wolkig

Startaufstellung

Coulthard (Williams)	Hill (Williams)
Schumacher (Benetton)	Alesi (Ferrari)
Berger (Ferrari)	Irvine (Jordan)
Herbert (Benetton)	Frentzen (Sauber)
Panis (Ligier)	Blundell (McLaren)
Barrichello (Jordan)	Magnussen (McLaren)
Suzuki (Ligier)	Lamy (Minardi)
Boullion (Sauber)	Badoer (Minardi)
Katayama (Tyrrell)	Salo (Tyrrell)
Morbidelli (Arrows)	Inoue (Arrows)
Diniz (Forti)	Moreno (Forti)
Montermini (Pacific)	Gachot (Pacific)

Vor Freude über den zweiten WM-Titel denkt Teamchef Flavio Briatore an alles – nur nicht an seine Bandscheiben

Der neue alte Champ

Für Damon Hill ist die Situation klar: Er muß siegen, sonst hat er die letzte Titelchance verspielt. 1994 hatte der Brite in Japan eine furiose Aufholjagd gestartet. Doch diesmal überlistet sich der Williams-Pilot selbst.

Eigentlich ist die WM ja schon längst entschieden und Michael Schumacher so gut wie Weltmeister. Die Sache hat nur einen kleinen Haken: „Eigentlich" und „so gut wie" sind leider nicht hundertprozentig und erst recht nicht sicher. Drei kleine Punkte fehlen Michael zum endgültigen, mathematisch einwandfreien, vorzeitigen Titelgewinn und da der Teufel bekanntlich ein Eichhörnchen ist, wäre es nicht schlecht, wenn Michael in Aida mindestens diese drei Punkte einfahren würde.

Hill, das ist klar, muß auf jeden Fall die letzten drei Rennen in Folge gewinnen, wenn er noch ein Wort im Titelkampf mitreden will.

Hills Start aber zeigt, daß er da irgend etwas falsch verstanden hat. Er steht hinter Pole-Mann Coulthard, und, als Trost, vor Schumacher. Und das gefällt Hill so gut, daß er beim Start alles daran setzt, es dabei zu belassen. David Coulthard hat einen Bilderbuchstart, Hill kommt auch nicht schlecht weg, Michael einen Tick besser als sein WM-Konkurrent. Und jetzt kommt Hills Fehler: Er konzentriert sich völlig auf den Deutschen, drängt ihn in der ersten Kurve bis hart an den äußeren Streckenrand, unternimmt alles, um Schumacher hinter sich zu halten. Das klappt auch, allerdings lacht sich das Ferrari-Team, von Startplatz vier und fünf ins Rennen gegangen, über die Hill-Aktion schlapp. Alesi kann sich hinter Coulthard auf Platz zwei schieben, Berger kommt hinter Hill und vor Schumacher auf Rang vier. Hill hat also Schumacher hinter sich gehalten, aber so wird er das Rennen nie gewinnen. Später kommentiert Michael mit einem leichten Ansatz von Schadenfreude: „Hill war so damit beschäftigt, mich von der Bahn zu drängen, daß er die Ferrari vorbeischlüpfen ließ. Seine Taktik ist nicht ganz aufgegangen, schätze ich."

Richtig: Denn Hill hängt nun hinter Alesi fest, während vorne Coulthard einsam seine Runden dreht und seinen Vorsprung auf über zehn Sekunden ausbauen kann.

Da Michael bereits in Runde vier schafft, was Damon nicht gelingt, nämlich den vor sich liegenden Ferrari zu überholen, gibt es bald eine Dreiergruppe: Alesi, dicht gefolgt von Hill, dem wiederum Schumacher im Getriebe hängt. Und so fährt

Ohne Ausfälle geht das Feld in die erste Runde. Hill drängt Schumacher ab und läßt die Ferrari vorbeischlüpfen

Debütant Jan Magnussen landet mit seinem McLaren auf einem guten zehnten Platz

Einöde Aida: Die lange Anreise schreckt die Fans. Viele Zuschauerränge bleiben leer

GROSSER PREIS PAZIFIK — AIDA

RENNREPORT 15. LAUF - 22. OKTOBER 1995

PLATZ	FAHRER	TEAM	ZIELEINLAUF
1.	Michael Schumacher	Benetton-Renault	1:48.49,972 Std.
2.	David Coulthard	Williams-Renault	14,902 Sek. zurück
3.	Damon Hill	Williams-Renault	48,333 Sek. zurück
4.	Gerhard Berger	Ferrari	1 Runde zurück
5.	Jean Alesi	Ferrari	1 Runde zurück
6.	Johnny Herbert	Benetton-Renault	1 Runde zurück

WEITERE

7. Frentzen (1 Runde zurück), 8. Panis (2 Runden zurück), 9. Blundell (2 Runden zurück), 10. Magnussen (2 Runden zurück), 11. Irvine (2 Runden zurück), 12. Salo (3 Runden zurück), 13. Lamy (3 Runden zurück), 14. Katayama (3 Runden zurück), 15. Badoer (3 Runden zurück), 16. Moreno (5 Runden zurück), 17. Diniz (6 Runden zurück)

AUSFÄLLE

Barrichello (67 Runden, Motor), Morbidelli (53, Motor), Inoue (38, Motor), Montermini (14, Antriebsschaden), Suzuki (10, Dreher), Boullion (7, Dreher), Gachot (2, Getriebehydraulik)

AKTUELLER WM-STAND

1. Schumacher (92), 2. Hill (59), 3. Coulthard (49), 4. Alesi (42), 5. Herbert (41), 6. Berger (31), 7. Frentzen (15), 8. Barrichello, Häkkinen (je 11), 10. Blundell (10), 11. Panis (8), 12. Brundle, Irvine (je 7), 14. Boullion (3), 15. Salo (2), 16. Morbidelli, Suzuki (je 1)

KONSTRUKTEURS-WM

1. Benetton (123), 2. Williams (102), 3. Ferrari (73), 4. McLaren (21), 5. Jordan, Sauber (je 18), 7. Ligier (16), 8. Tyrrell (2), 9. Arrows (1)

die Dreier-Bande auch geschlossen in der 18. Runde zum Tanken an die Box. Mit dem Ergebnis, daß Michael als erster wieder rauskommt, gefolgt von Jean Alesi. Damon Hill geht als letzter zurück auf die Strecke. Einmal mehr hat das Benetton-Team den Williams-Mechanikern gezeigt, wie ein perfekter Boxenstopp funktioniert.

Coulthard hat mittlerweile soviel Vorsprung, daß er tanken kann, ohne die Führung zu verlieren. Michael aber kommt bedrohlich nahe. So nahe, daß Coulthard langsam reif sein müßte. Doch statt zu attackieren, geht Michael wieder an die Box: Tankstopp Nummer zwei ist in der 38. Runde angesagt.

Michael bleibt Zweiter und macht sich wieder daran, Coulthard einzuholen. Als der zu seinem zweiten Tankstopp reinkommt, übernimmt Michael die Führung, die er trotz eines dritten Stopps bis zum Ziel nicht mehr abgibt. Der neue Weltmeister heißt Michael Schumacher.

Coulthard ist ungehalten: „Acht Runden wurde ich von irgendwelchen Nachzüglern blockiert. Ohne die hätte ich mich von meinen Verfolgern

Alles schön bunt hier: Will

absetzen können. Pech war, daß Michael nach seinem dritten Stopp knapp vor mir wieder auf die Strecke kam. Mit meinen alten Reifen hatte ich dann natürlich keine Chance mehr." Der Williams-Pilot wird Zweiter.

War da nicht noch was? Richtig, da gibt es ja noch einen, der nicht nur vor Schumacher unbedingt ins Ziel kommen wollte, sondern auch das Rennen gewinnen sollte: Damon Hill schafft weder das eine noch das andere. Er kommt zwar vor den Ferrari-Piloten Berger und Alesi ins Ziel, ist aber mit seinem dritten Platz ein geschlagener Mann.

Daß auch ein ein zehnter Platz ein Erfolg sein kann, zeigt ein Debütant: Der 22jährige Däne Jan Magnussen, Mercedes-DTM-Pilot und McLaren-Testfahrer, ersetzt den blinddarmoperierten Mika Häkkinen. Magnussen liegt im Training wie im Rennen nur ganz knapp hinter Teamkollege und Routinier Mark Blundell. Wirklich nicht schlecht und allemal gut genug, um noch einmal ganz kurz über die Multi-Millionen-Dollar-Verpflichtung von Nigel Mansell zum Jahresbeginn nachzudenken.

rari, Forti und Minardi

David Coulthard: McLarens unbekannte Größe

David Coulthard ist wirklich kein Einfacher. Wann immer man meint, endlich zu wissen, woran man bei dem smarten Schotten tatsächlich ist, ändert sich der Typ wie ein gedoptes Chamäleon.

Frank Williams weiß bis heute nicht, ob Coulthard der Weltmeister von morgen ist, oder vielleicht auch nur einer, der mit Ach und Krach das Niveau von Damon Hill halten kann. Und was Williams von Hill hält, kann sich jeder Fernsehzuschauer denken, wenn bei den Grand-Prix-Übertragungen nach mißlungenen Hill-Aktionen das versteinerte Gesicht des Teamchefs eingespielt wird...

In Aida fuhr Coulthard seine vierte Pole-Position in Folge heraus. Nicht schlecht für einen, der von sich selbst behauptet, „daß das Qualifying nicht meine Stärke ist".

Weniger beeindruckend ist der Umstand, daß David zwei dieser vier Poles im Nachhinein wieder gefährdete, weil er meinte, in der Einführungsrunde zur Startaufstellung von der Strecke fliegen zu müssen.

Vergangene Saison galt Coulthard als die Entdekkung des Jahres. Der Williams-Testfahrer, der nach Sennas Tod unverhofft in die erste Reihe geschubst wurde, beendete von acht Rennen fünf unter den ersten sechs. Viele waren sich sicher: Der macht 1995 Hill das Leben schwer.

Doch ein Blick auf die erste Hälfte der Saison zeigt ein ganz anderes Ergebnis: Das Trainingsduell zwischen Hill und Teamkollege Coulthard stand 5:3 zugunsten Hills. Ähnlich die Punktezahl: Hill lag mit 35 Punkten an zweiter Stelle, Coulthard zusammen mit Berger auf Rang fünf mit nur 17 Zählern.

Keine Frage für Teamchef Williams, als es darum ging, sich für 1996 zwischen seinen beiden Fahrern zu entscheiden. Hill erhielt einen Vertrag, Coulthard wurde freigestellt und landete bei McLaren-Mercedes.

Das Marlboro-Team hat damit allerdings einen ganz anderen Fahrer eingestellt, als Williams am Saisonende entlassen hatte.

Als wollte es David Coulthard seinem alten Arbeitgeber noch einmal zeigen, drehte der Schotte auf. Plötzlich siegte er, plötzlich kamen die Pole-Positions.

Coulthard führte sein mageres erstes Halbjahr auf eine chronische Mandelentzündung zurück, die ihn am seriösen Fitneßtraining gehindert habe. Nach einer Mandeloperation ging in der Tat die Leistungskurve des Schotten nach oben.

Allerdings nicht so weit, daß nun jeder vom Superstar Coulthard reden muß. In Aida war er trotz des besten Materials (was seine Pole-Position belegte) nicht in der Lage, Schumachers Sieg zu verhindern.

1996 stößt Coulthard beim McLaren-Team auf Mika Häkkinen. Was immer man von dem Finnen halten mag, eines ist sicher: Mika ist ultraschnell. So gesehen, genau der richtige Prüfstein für Coulthard. Ende 1996 werden wir endlich wissen, woran wir bei dem sympathischen Schotten nun tatsächlich sind.

Ron Dennis und Norbert Haug erwarten von David Coulthard vor allem eins: Siege

JAPAN

16. LAUF 29. OKT. 1995

SUZUKA

SUZUKA INTERNATIONAL RACING COURSE

53 Runden à 5,864 km (310,792 km)

Schnellste Runde: Michael Schumacher in 1.42,976 Min.

Zuschauer 130.000

Wetter bedeckt, kurzzeitig leichter Regen

STARTAUFSTELLUNG

Schumacher (Benetton)	
	Alesi (Ferrari)
Häkkinen (McLaren)	
	Hill (Williams)
Berger (Ferrari)	
	Coulthard (Williams)
Irvine (Jordan)	
	Frentzen (Sauber)
Herbert (Benetton)	
	Barrichello (Jordan)
Panis (Ligier)	
	Salo (Tyrrell)
Suzuki (Ligier)	
	Katayama (Tyrrell)
Morbidelli (Arrows)	
	Wendlinger (Sauber)
Lamy (Minardi)	
	Badoer (Minardi)
Inoue (Arrows)	
	Montermini (Pacific)
Diniz (Forti)	
	Moreno (Forti)
Gachot (Pacific)	
	Blundell (McLaren)

Schumachers Abschiedsgeschenk

Die Frage nach dem Weltmeister ist beantwortet. Doch die Kür des besten Konstrukteurs steht noch aus. Seit 1984 gibt es nur zwei Siegerteams: McLaren und Williams. Frank Williams hegt noch Hoffnung.

Die Meteorologen sind keine große Hilfe beim Großen Preis von Japan in Suzuka. Die Regenwahrscheinlichkeit liegt bei genau 50 Prozent, was bei der Frage nach der Reifenwahl alles offen läßt. Da aber die Strecke feucht ist, entscheiden sich alle für Regenreifen. Das ist vielleicht ein Fehler.

Der neue alte Weltmeister Michael Schumacher, seit Kanada erstmals wieder auf der Pole, hat einen sehr guten Start. Jean Alesi allerdings auch. Schwierigkeiten gibt es nur im Mittelfeld, wo Sauber-Pilot Karl Wendlinger Gianni Morbidelli in der ersten Kurve umdreht. Karl Wendlinger? Richtig. Nach exzellenten Testfahrten bekommt der Österreicher von Teamchef Peter Sauber eine neue Chance.

Aus der ersten Runde kommt Schumacher als Spitzenreiter, verfolgt von Alesi und – wirklich eine Sensation – von Mika Häkkinen. Der Finne hat die Blinddarmoperation bemerkenswert gut überstanden und kann zum erstenmal in dieser Saison die Möglichkeiten von McLaren-Mercedes aufzeigen. Während des ganzen Wochenendes gehört Häkkinen zu den „Front-Runners", was sich bis zum Ziel nicht ändern soll: Ein zweiter Platz ist mehr, als man nach dieser Saison noch erwarten durfte. Dementsprechend strahlt der Finne: „Dieser Platz ist nicht mit dem zweiten Platz in Monza zu vergleichen. Diesmal sind wir aus eigener Kraft und nicht wegen vieler Ausfälle so weit nach vorne gefahren." Beim McLaren-Mercedes-Team macht sich Erleichterung breit.

Ganz anders bei Ferrari, die es wirklich hammerhart erwischt. Kaum hat sich Alesi hinter Schumacher auf Rang zwei etabliert, versteinert die Miene von Ferrari-Teamchef Jean Todt: Sowohl Alesi als auch Berger

Karl Wendlinger fährt wieder. Ende Mai durch Boullion ersetzt, erhält der Österreicher eine neue Chance bei Sauber.

bekommen wegen Frühstarts eine Zehn-Sekunden-Strafe aufgebrummt.

So etwas macht einen Alesi allerdings erst richtig schnell. Flugs fährt er an die Box, sitzt seine Strafe ab, um sich dann mit dem Messer zwischen den Zähnen wieder ins Getümmel zu stürzen.

Alesi ist nun die Würze des Rennens: Hinter Herbert und Frentzen geht er als Zehnter wieder ins Rennen, überholt zuerst den Mönchengladbacher. Dann ringt er spektakulär Herbert nieder, nur um unmittelbar danach die Boxenausfahrt zu wählen: Slicks sind angesagt.

Die Alesi-Show geht weiter: Was der Mann auf profillosen Gummis zeigt, ist bewundernswert. Ein kräftiger Rumpler über den Seitenstreifen sowie ein Dreher halten den Franzosen nicht davon ab, in der folgenden Runde sechs Sekunden schneller zu fahren als der führende Schumacher. Als Michael das über Funk hört, kann er in letzter Sekunde noch in die Boxengasse abbiegen. Klar, daß er jetzt, wie alle anderen auch, auf Slicks wechselt.

Wenig später läßt Alesi Damon Hill bei einem Überholmanöver in der Schikane wie einen Fahrschüler aussehen – der Ferrari-Pilot liegt wieder auf Rang zwei hinter Schumacher.

Jetzt kann der Kampf losgehen. Die beiden schenken sich nichts. Allerdings nur bis zur 25. Runde. In der muß Alesi nämlich seinen Ferrari wegen eines Differentialschadens abstellen. Da Teamkollege Berger bereits in der 17. Runde einen Elektronikdefekt hatte, können die Ferrari-Leute einpacken. Michael will ja unbedingt eine neue Herausforderung. Bei Ferrari wird er sie bekommen...

Doch noch ist er bei Benetton, und noch kann er gewinnen. Und noch können die Williams-Piloten nichts daran ändern. Zuerst fliegt Hill bei leichtem Regen in der Spoon-Kurve ab. Er schafft gerade noch den Weg bis zur Box, um sich eine neue Nase zu holen. Währenddessen rutscht Coulthard in derselben Kurve raus. Er findet über den Kies zurück auf die Strecke

...t auch beim Saisonabschluß in Adelaide im Cockpit

Über Platz zehn ist Karl Wendlinger nicht glücklich

Aguri Suzuki hat im Training einen heftigen Unfall

Superrennen: Mika Häkkinen ist ein gefragter Mann

– aber nur, um beim Anbremsen der nächsten Kurve auf dem eigenen Dreck endgültig auszurutschen.

Aus für den Schotten. Aber auch für Hill, der sich nur eine Runde später erneut in der Spoon-Kurve, diesmal final, ablegt. Damit ist klar: Benetton hat auch den Konstrukteurstitel gewonnen. Über Funk gratuliert Michael seinem Team.

Um die weiteren Plätze im Konstrukteurspokal geht es zwischen den dicht beieinanderliegenden Teams McLaren, Jordan, Sauber und Ligier. Und dieser Kampf hätte für Sauber nicht schlechter ausgehen können. Daran trägt leider Heinz-Harald Frentzen die Schuld. Ein Dreher, dann ein Crash mit Irvine und ein Abgang in der Spoon-Kurve werfen den übermotivierten Mönchengladbacher auf Rang acht zurück. Von Platz fünf rutscht Sauber nun punktgleich mit Ligier auf den sechsten Platz. Peter Sauber gibt sich milde: „Das war leider nicht der Tag von Heinz-Harald."

McLaren zeigt den Spitzenteams wieder die Zähne. Häkkinen wird Zweiter, Blundell Sieb

Wendlinger hat es eilig. Er schiebt den langsamen Minardi-Piloten Morbidelli aus dem W

Grosser Preis von Japan — Suzuka

RENNREPORT 16. LAUF - 29. OKTOBER 1995

PLATZ	FAHRER	TEAM	ZIELEINLAUF
1.	Michael Schumacher	Benetton-Renault	1:36.52,930 Std.
2.	Mika Häkkinen	McLaren-Mercedes	19,337 Sek. zurück
3.	Johnny Herbert	Benetton-Renault	1:23,804 Min. zurück
4.	Eddie Irvine	Jordan-Peugeot	1:42,136 Min. zurück
5.	Olivier Panis	Ligier-Mugen-Honda	1 Runde zurück
6.	Mika Salo	Tyrrell-Yamaha	1 Runde zurück

WEITERE

7. Blundell (1 Runde zurück), 8. Frentzen (1 Runde zurück), 9. Badoer (2 Runden zurück), 10. Wendlinger (2 Runden zurück), 11. Lamy (2 Runden zurück), 12. Inoue (2 Runden zurück)

AUSFÄLLE

Hill (40 Runden, Dreher), Coulthard (39, Unfall), Diniz (32, Dreher), Alesi (24, Differentialschaden), Montermini (23, Dreher), Berger (16, Elektronik), Barrichello (15, Unfall), Katayama (12, Unfall), Gachot (6, Lagerschaden), Moreno (1, Getriebe), Morbidelli (0, Dreher)

AKTUELLER WM-STAND

1. Schumacher (102), 2. Hill (59), 3. Coulthard (49), 4. Herbert (45), 5. Alesi (42), 6. Berger (31), 7. Häkkinen (17), 8. Frentzen (15), 9. Barrichello (11), 10. Blundell, Irvine, Panis (je 10), 13. Brundle (7), 14. Boullion, Salo (je 3), 16. Morbidelli, Suzuki (je 1)

KONSTRUKTEURS-WM

1. Benetton (137), 2. Williams (102), 3. Ferrari (73), 4. McLaren (27), 5. Jordan (21), 6. Ligier, Sauber (je 18), 8. Tyrrell (3), 9. Arrows (1)

Wieder ein Williams-Waterlo

Benetton: Paradiesvögel an der Spitze

Ich habe am Anfang des Jahres meinem Team versprochen, 1995 beide Weltmeisterschaften zu gewinnen. Jetzt bin ich überglücklich. Benetton hat wie kein anderes Team den Konstrukteurs-Titel verdient." Michael Schumacher ist nach seinem Sieg in Suzuka überglücklich. Zu seinem Titel in der Fahrerweltmeisterschaft kommt jetzt also auch noch der WM-Titel für Benetton als erfolgreichster Konstrukteur hinzu. Ein Riesen-Erfolg für das Team Benetton,

Immer noch Neuling-Image

das in der Formel 1 immer noch das Image des Neulings hat. Eine Riesen-Schlappe für den arrivierten Formel-1-Adel Ferrari, McLaren und Williams.

Dabei fing alles so harmlos an. 1981 wagte der Transportunternehmer Ted Toleman den Sprung von der Formel 2 in die Königsklasse. Mit vernichtenden Ergebnissen: Nur zu zwei Läufen schafften Toleman-Piloten je eine Qualifikation. 1982 sah da schon besser aus, doch erst 1983 kamen die ersten WM-Punkte: 10 Zähler sicherten immerhin Rang neun in der Konstrukteurs-WM.

Daß man bei Toleman etwas vom Motorsport verstand, zeigte 1984 die Verpflichtung eines Formel-1-Neulings. Ayrton Senna da Silva hatte McLaren einen Korb gegeben und sich für das englische Hinterbänkler-Team entschieden. 13 WM-Punkte, darunter ein sensationeller zweiter Platz beim Regenrennen in Monaco, zeigten einerseits, was von Senna zu erwarten war, andererseits, daß das englische Team eine ansteigende Formkurve aufzuweisen hat.

Ted Toleman jedoch verlor langsam die Lust an seinem Formel-1-Spielzeug. Er fand immer mehr Freude an dem Gedanken, mit ultraschnellen Rennbooten um das berühmte Blaue Band, also um die schnellste Atlantik-Überquerung, zu kämpfen. Zwei so teure Hobbies überstiegen selbst die finanziellen Möglichkeiten des steinreichen Toleman.

Da traf es sich gut, daß der italienische Strickwarenhersteller Benetton nach ersten Gehversuchen als Formel-1-Sponsor (bei Tyrrell und Alfa Romeo) an einem neuartigen Sponsorenkonzept bastelte. Nicht nur Geldgeber, sondern Teambesitzer wollte man werden. Flugs wurde Toleman aufgekauft.

1985 erfuhr sich Benetton die erste Pole-Position. Ein Jahr später, in Mexiko mit Gerhard Berger, den ersten Sieg. Doch den letzten Schritt traute ihnen keiner zu. Zu locker war die Arbeitsatmosphäre, zu „easy going" das Miteinander, dabei die Ghetto-Blaster immer so laut aufgedreht, daß in den Nachbarboxen der Putz von der Mauer rieselte.

Dann kam Flavio Briatore als neuer Teamchef und alles wurde anders. Von der Formel 1 hatte der Benetton-Vertraute nach eigenem Eingeständnis „keine Ahnung". Dafür um so

Geld gab's nur für Punkte

mehr, wie man als Manager Spitzenleistung erzielt. So durfte ein Top-Star wie Nelson Piquet zwar für Benetton fahren, aber richtig Geld bekam der Brasilianer nur für Punkte und Siege.

Und Flavio organisierte das Team völlig neu: Statt der Konstrukteurs-Diva John Barnard verpflichtete er Ross Brawn und Rory Byrne. Und das Motorsport-Urgestein Tom Walkinshaw sollte eventuelle Racing-Defizite von Briatore kompensieren. Doch der größte Coup gelang dem Italiener erst auf sanften Druck von Bernie Ecclestone: Am Vorabend zum Großen Preis von Italien 1991 zogen die beiden in einer Nacht- und Nebelaktion den frischgebackenen Shootingstar Michael Schumacher vom Jordan-Team zu Benetton.

Zwei Jahre brauchten Benetton und Schumacher, um gemeinsam zu reifen. Dann prasselten 1994 insgesamt acht Siege über das Team herein. Benetton-Fahrer Michael Schumacher wurde Weltmeister. Für Flavio Briatore war das Ziel erreicht: „Ich habe die Formel 1 immer als Fahrerweltmeisterschaft verstanden. Deswegen haben wir unsere ganze Kraft stets auf diesen Titel und nicht auf die Erringung des Konstrukteurs-Titels konzentriert."

Daß er jetzt auch diesen Titel gewonnen hat, damit wird Flavio Briatore und seine Arbeitgeber, die Familie Benetton, wohl gut leben können...

Erfolgreich: Schumacher und Herbert holen für Benetton die Konstrukteurs-WM

Das beste Team der Saison 1995: Mit Michael Schumacher als Fahrer ging es bei Benetton stetig bergauf, Johnny Her

t 1995 zweimal und holt wichtige Punkte für den größten Erfolg des Teams. 1996 wird das Jahr 1 nach Schumacher

Großer Preis von Australien

205.000 Zuschauer sehen den Start zum letzten Rennen der Saison 1995. Von den 23 gestarteten Fahrern kommen nu

Australien

17. Lauf 12. Nov. 1995

Adelaide

ADELAIDE GRAND PRIX CIRCUIT

81 Runden à 3,780 km (306,180 km)

Schnellste Runde: Damon Hill in 1.17,943 Min.
Zuschauer 205.000
Wetter sonnig, warm

Startaufstellung

Hill (Williams)	Coulthard (Williams)
Schumacher (Benetton)	Berger (Ferrari)
Alesi (Ferrari)	Frentzen (Sauber)
Barrichello (Jordan)	Herbert (Benetton)
Irvine (Jordan)	Blundell (McLaren)
Brundle (Ligier)	Panis (Ligier)
Morbidelli (Arrows)	Salo (Tyrrell)
Badoer (Minardi)	Katayama (Tyrrell)
Lamy (Minardi)	Wendlinger (Sauber)
Inoue (Arrows)	Moreno (Forti)
Diniz (Forti)	Montermini (Pacific)
Gachot (Pacific)	

Immer dabei: nette Girls

Karl Wendlingers Trainingsc

nt ins Ziel. Darunter sind viele selten genannte Namen

gt ihn im Rennen zur Aufgabe – Nackenschmerzen

Eine dramatische und an Höhepunkten reiche Saison geht zu Ende. Gleichzeitig verabschiedet sich Adelaide als Austragungsort mit einer riesigen Formel-1-Party. Überschattet wird das Wochenende durch den schweren Unfall von Mika Häkkinen. Doch der Finne hat Glück. So haben am Ende (fast) alle einen Grund zum Lachen.

Wer sagt denn, daß Weltmeister Michael Schumacher nicht Tacheles reden kann. Fassungslos steht er vor RTL-Mann Kai Ebel und läßt seinem Ärger freien Lauf ins Mikrofon: „Das war eine Aktion von Alesi, die ich überhaupt nicht verstanden habe. Das konnte doch wohl nicht wahr sein. So einen Aussetzer habe ich bei Jean noch nie erlebt. Das war der größte Schwachsinn, den ich je erlebt habe.“ Kai Ebel ganz vorsichtig: „Sieht Alesi das ein?“ Und Michael schäumt weiter, während sein Zeigefinger Richtung Kopf deutet: „Ich bin gerade bei ihm gewesen, aber der funktioniert da oben noch nicht richtig.“

Daß Michael sich so ärgern muß, ist er ein klein wenig selbst schuld. Denn die ganze Angelegenheit beginnt mit dem Start. David

Coulthard kommt hervorragend weg, noch besser als Pole-Mann Damon Hill. Der Dritte der Startaufstellung, Michael Schumacher, verpennt den Start jedoch völlig und muß sich hinter den Ferraris von Gerhard Berger und dem bereits erwähnten Alesi einreihen.

Diese Tatsache kann den Formel-1-Champion naturgemäß nicht glücklich stimmen: Noch in der ersten Runde überholt er Jean Alesi und macht sich daran, Berger einzuholen. In der fünften Runde bremst er den Österreicher aus. Michael etabliert sich auf Rang drei, ohne auf Hill und Coulthard Zeit gutmachen zu können.

Bis zur 19. Runde bleibt diese Reihenfolge unverändert, dann überschlagen sich die Ereignisse: Damon Hill schießt zum Tanken an die Box. Eine Runde später will Coulthard das gleiche machen, erzielt dabei allerdings ein völlig anderes Ergebnis. Eine etwas zu temperamentvolle Anfahrt in die Boxengasse endet für den Führenden in einer Betonbarriere. Wer denkt, daß zwei Ausritte in der Aufwärmrunde an Peinlichkeit nicht mehr zu überbieten sind, sieht sich jetzt eines Besseren belehrt.

Schumacher führt nun das Feld an, bis er seinerseits zum Tanken an die Box eilt. Die Benetton-Mannschaft erledigt den Stopp in gewohnt souveräner Manier, nach 6,9 Sekunden bleibt die Uhr der Zeitnahme stehen. Das ist schnell, aber leider nicht schnell genug. Denn ganz knapp bevor Michael wieder auf die Strecke kommt, huscht Alesi an ihm vorbei. Das ist ja eigentlich kein Problem. Michael könnte Alesi wie schon in der ersten Runde einfach wieder überholen. Wenn da nicht die Rennfahrerpsyche des kleinen Franzosen wäre. Und die leidet.

Am Nürburgring mußte der Ferrari-Pilot schon eine Demütigung durch Schumacher einstecken, dann das Ausbremsmanöver heute in der ersten Runde. Zwei dieser Aktionen müssen reichen. Leider fällt Alesi das erst ein, als Michael schon fast vorbei ist. Alesi hält nochmal dagegen und streift sich an Michaels Hinterrad Teile des Frontspoilers ab. Für beide Piloten bedeutet dies das vorzeitige Aus. Kommentar des Weltmeisters siehe oben.

Gut, daß Damon Hill fest angeschnallt in seinem Williams-Cockpit sitzt, denn eigentlich müßte es den Briten vor Lachen aus dem Auto schütteln: Coulthard in der Boxenmauer, Alesi torpediert Schumacher und Berger verraucht, an zweiter Stelle liegend, mit Motorschaden. So schön kann Formel 1 sein. Mit zwei Runden Vorsprung gewinnt Damon Hill das Rennen.

Was sich hinter ihm abspielt sind Dramen. Beginnen wir mit Heinz-Harald Frentzen. Der Mönchengladbacher ist glänzend aufgelegt und kann trotz eines Mankos von mindestens 70 PS den Benetton-Renault des drän-

Mikas linker Hinterreifen ist geplatzt, das Vorderrad hebt ab, der Crash ist die Folge

Blundell hindert trotz blauer Flaggen Frentzen und Herbert lange am Überrunden

Das Risiko der Formel-1-Piloten

Es gibt keinen Rennfahrer, der davor nicht Angst hat: Von einer Sekunde zur anderen bricht was, platzt was, geht irgendetwas schief. Und aus dem Herrscher über Hubraum und PS, aus dem gefeierten Star, der seinen Boliden auf den Millimeter genau beherrscht, wird unversehens ein hilfloser Passagier, der zur Spielmasse des Schicksals wird.

Ayrton Senna ging es in Imola so, als beim Einlenken in die Tamburello die Lenkung seines Williams brach. Diesmal war McLaren-Mercedes-Pilot Mika Häkkinen dran.

In der 14. Minute des ersten Qualifyings zum letzten Lauf der Formel-1-Saison 1995 jagt der blonde Finne auf seinem MP 4/10 mit rund 250 km/h die Jones Straight Richtung Brabham Straight, als er unmittelbar vor dem schnellen Rechtsknick wegen eines Reifendefekts die Kontrolle über seinen McLaren verliert. Häkkinen schießt über die Curbs, wird von den Randsteinen in die Luft katapultiert und fliegt nahezu ungebremst gegen eine Betonwand, die nur durch eine Reihe Reifen geschützt war. Häkkinens Kopf schlägt links vom Lenkrad hart auf die Cockpitbegrenzung auf.

Die Retter sind sofort zur Stelle, bergen den Finnen schnell aus dem Wrack. Mika ist nur noch für kurze Zeit bei Bewußtsein, noch auf der Strecke wird ein Luftröhrenschnitt vorgenommen. Nach einer viertelstündigen Notbehandlung wird der Finne ins Royal Adelaide Hospital transportiert, wo er in ein künstliches Koma versetzt wird. Er erhält Medikamente, die das Anschwellen des Gehirns verhindern sollen. McLaren-Chef Ron Dennis nennt die einzige Hoffnung: „Wir beten für Mika."

Einen Tag später kommt die erlösende Nachricht aus dem Krankenhaus: Die Schwellungen sind unter Kontrolle, das künstliche Koma kann aufgehoben werden, Mika reagiert auf seine Umwelt.

Die Formel 1 atmet auf. Doch die Gefahr bleibt. Zwar sind die Wagen mit ihren Carbon-Kevlar-Chassis' sicherer denn je, doch ein Schwachpunkt kristallisiert sich immer deutlicher heraus: Der Kopf der Rennfahrer.

In den 60er und frühen 70er Jahren war der ärgste Feind des Formel-1-Piloten das Feuer. Diese Gefahr wurde nahezu gebannt. An deren Stelle traten im folgenden Jahrzehnt übelste Bein- und Rückgratverletzungen. Auch hier wurde Abhilfe geschaffen. Nun, wiederum ein Jahrzehnt später, ist das Zeitalter der Kopfverletzungen angebrochen.

Als 1993 in Spa Lotus-Pilot Alessandro Zanardi in der Hochgeschwindigkeitskurve Raidillon einen Unfall hatte, beklagte er als einzige Verletzung einen ausgeschlagenen Backenzahn. Niemand nahm diese Warnung ernst. Zwei Jahre später hatte Michael Schumacher auf derselben Strecke im Training einen so schweren Unfall, daß in seinen Helm im Oberkieferbereich ein fünfmarkstückgroßes Loch geschlagen wird. Ayrton Senna erlitt bei seinem tödlichen Unfall in Imola ausschließlich Kopfverletzungen, ausgelöst durch einen Radträger. Karl Wendlinger lag nach seinem Unfall in Monaco 19 Tage lang mit Hirnschwellungen im Koma. Und jetzt Häkkinen.

Die McLaren-Crew wünscht Mika Häkkinen alles Gute

Allen ist klar: Der Körper des Rennfahrers ist besser denn je geschützt. Einzige Schwachstelle ist der weder fixierte noch ummantelte Nacken- und Kopfbereich.

Umso unverständlicher, daß nicht spätestens nach dem Wendlinger-Unfall schnell Konsequenzen gezogen wurden. Wie die hätten aussehen können, zeigte das Sauber-Team: Die Cockpitwände wurden im Kopfbereich hochgezogen und von innen mit stoßabsorbierendem Spezialmaterial ausgekleidet.

Doch das Sauber-Team blieb mit dieser Maßnahme allein. Besonders die englischen Spitzenteams Williams und McLaren versteiften sich auf langwierige Untersuchungen: „Schnelle Lösungen können mehr schaden als nutzen."

Die Untersuchungen sind mittlerweile abgeschlossen, und für 1996 fordert die FIA eine Cockpitänderung, die der Sauber-Lösung verblüffend nahe kommt. Besonders peinlich ist das für Mercedes. Der Sauber-Partner von 1994 war im vergangenen Jahr noch ein vehementer Befürworter der hochgezogenen Cockpitwände. In diesem Jahr, als neuer Partner von McLaren, schwieg Mercedes zu diesem Thema und „vergaß" die eigene Lösung. Mika Häkkinen wird das jetzt bedauern.

Barrichellos Auto wird geborgen. Für das Jordan-Team endet eine verkorkste Saison

Damon Hill hat alles richtig gemacht. Olivier Panis wird überraschender Zweiter

GROSSER PREIS VON AUSTRALIEN — ADELAIDE

RENNREPORT 17. LAUF - 12. NOVEMBER 1995

PLATZ	FAHRER	TEAM	ZIELEINLAUF
1.	Damon Hill	Williams-Renault	1:49.15,946 Std.
2.	Olivier Panis	Ligier-Mugen-Honda	2 Runden zurück
3.	Gianni Morbidelli	Arrows-Hart	2 Runden zurück
4.	Mark Blundell	McLaren-Mercedes	2 Runden zurück
5.	Mika Salo	Tyrrell-Yamaha	3 Runden zurück
6.	Pedro Lamy	Minardi-Ford	3 Runden zurück

WEITERE

7. Diniz (4 Runden zurück), 8. Gachot (5 Runden zurück)

AUSFÄLLE

Katayama (70 Runden, Öldruck), Herbert (69, Antrieb), Irvine (62, Motorpneumatik), Frentzen (39, Getriebe), Berger (34, Motor), Brundle (29, Unfall), Schumacher (25, Aufhängung), Alesi (23, Unfall), Moreno (21, Unfall), Barrichello (20, Unfall), Coulthard (19, Unfall), Inoue (15, Dreher), Wendlinger (8, Aufgabe), Montermini (2, Getriebe), Badoer (Nichtstarter, Elektrik)

FORMEL-1-ENDSTAND AUF SEITE 128

gelnden Johnny Herbert hinter sich halten. Selbst als die beiden Kampfhähne auf den zu überrundenden Mark Blundell auflaufen. Drei Runden lang ignoriert der McLaren-Pilot alle blauen Flaggen. Auch eine Protestnote des Sauber-Teams bei McLaren bleibt ohne Wirkung. Als Frentzen sich endlich vorbeiquetschen kann, grüßt er mit dem hocherhobenen Effenberger. Frentzen liegt sensationell auf Rang zwei, leider macht ihm ein Getriebeschaden alle Hoffnungen auf diesen Spitzenplatz zunichte.

Auch Johnny Herbert hat nicht viel Freude am zweiten Platz. Zehn Runden vor Schluß ereilt ihn ein Antriebsschaden. Weil einige Umläufe zuvor auch der drittplazierte Eddie Irvine wegen Pneumatikproblemen ausfiel – nach Barrichellos Unfall in Runde 21 der elfte Totalausfall des Jordan-Teams in dieser Saison – rükken langsam Fahrer auf die Podiumsplätze nach, die dort wie Albino-Neger wirken: Olivier Panis schleppt seinen weidwunden, heftig qualmenden Ligier-Mugen-Honda als Zweiter über die Ziellinie. Wem das an Sensation noch nicht reicht, der ist mit dem dritten Platz wohl endgültig zufrieden. Dort landet Gianni Morbidelli mit seinem Arrows-Hart.

Hinter dem farbenblinden Blundell kann Mika Salo einen fünften Platz ergattern, und auf Platz sechs erfährt sich Minardi-Fahrer Pedro Lamy den ersten WM-Punkt seiner Formel-1-Karriere und den Ehrenpunkt für sein Team. Und es muß noch ein paar Gewinner geben: die Wettbüros. Denn auf diesen Ausgang hat garantiert niemand gesetzt.

racing tours* reise gmbh

DER FORMEL 1-REISESPEZIALIST

Grand Prix `96

Unser Programm 1996

GP Australien/Melbourne 10. März
Flugreise mit Qantas

GP Brasilien/Sao Paulo 31. März
Flugreise mit Varig

GP San Marino/Imola 5. Mai
Flug- und Busreise (5 Varianten) sowie Hotel- und Tribünenkartenvermittlung

GP Monaco/Monte Carlo 19. Mai
Flugreise (4 Varianten mit Lufthansa u. Air France) von allen großen deutschen Flughäfen. Busreise (5 Varianten). Hotel- und Tribünenkartenvermittlung

GP Spanien/Barcelona 2. Juni
Flugreise (3 Varianten), Busreise (3 Varianten), Hotelarrangement und Tribünenkartenvermittlung

GP Kanada/Montreal 16. Juni
Flugreise mit Lufthansa und Canadian (6 Varianten): Toronto-Niagarafälle-Montreal-New York; Toronto-Niagarafälle-Montreal; nur Montreal; Montreal-N.York

GP Frankreich/Magny-Cours 30. Juni
Nur Tribünenkartenvermittlung

GP Großbritannien/Silverstone 14. Juli
Flugreise und Tribünenkartenvermittlung

GP Deutschland/Hockenheim 28. Juli
Hotelarrangement und Tagesbusreise

GP Ungarn/Budapest 11. August
Flug- und Busreise sowie Hotelarrangement und Tribünenkartenvermittlung

GP Belgien/Francorchamps 25. August
Hotelarrangement (Steigenberger, Novotel und Ibis), Tagesbusreise und Tribünenkartenvermittlung

GP Italien/Monza 8. September
Flug- und Busreise (2 Varianten) sowie Tribünenkartenvermittlung

GP Portugal/Estoril 22. September
Flugreise (4 Varianten) von allen großen deutschen Flughäfen mit Lufthansa und TAP-Air Portugal (Hotels in Lissabon und Estoril/Küste). Hotelarrangement mit eigener Anreise und Tribünenkartenvermittlung

(Stand Oktober 1995. Änderungen vorbehalten)

Eintrittskartenvermittlung:

* **racing tours** ist der deutsche Agent für den Eintrittskartenverkauf verschiedener Grand Prix und kann Ihnen daher für viele Grand Prix beste Tribünenkarten vermitteln.

* **racing tours** deutscher Agent für die GOLDEN CARD * **Die beste F1- Karte, die es für Geld zu kaufen gibt** *
Die GOLDEN CARD bietet: 3 - Tage Boxenstraßenbesuch (täglich 45 Minuten) * 3 - Tage Tribünensitzplatz (++) * 3 - Tage VIP Parkplatz * 3 - Tage Getränke (Wein, Bier, Kaffee) * Firstclass - Mittagsmenü an allen 3 Tagen * *** Zugang zum **"Formula One Paddock Club"** *** TV-Monitore im GOLDEN CARD VIP-Zelt ***.

***

Bitte Detailinfo anfordern!

RACING TOURS REISE GMBH • Schillerstr. 82 • D-45768 Marl • Tel.: (023 65) 1 20 01 • Fax (023 65) 1 84 02

Formel-1-Weltmeisterschaft Endstand 1995

Fahrer-WM

		Brasilien	Argentinien	San Marino	Spanien	Monaco	Kanada	Frankreich	England	Deutschland	Ungarn	Belgien	Italien	Portugal	Europa	Pazifik	Japan	Australien	Endstand
1. Michael Schumacher	Benetton-Renault	10	4	–	10	10	2	10	–	10	–	10	–	6	10	10	10	–	102
2. Damon Hill	Williams-Renault	–	10	10	3	6	–	6	–	–	10	6	–	4	–	4	–	10	69
3. David Coulthard	Williams-Renault	6	–	3	–	–	–	4	4	6	6	–	–	10	4	6	–	–	49
4. Johnny Herbert	Benetton-Renault	–	3	–	6	3	–	–	10	3	3	–	10	–	2	1	4	–	45
5. Jean Alesi	Ferrari	2	6	6	–	–	10	2	6	–	–	–	–	2	6	2	–	–	42
6. Gerhard Berger	Ferrari	4	1	4	4	4	–	–	–	4	4	–	–	3	–	3	–	–	31
7. Mika Häkkinen	McLaren-Mercedes	3	–	2	–	–	–	–	–	–	–	–	6	–	–	–	6	–	17
8. Olivier Panis	Ligier-Mugen-Honda	–	–	–	1	–	3	–	3	–	1	–	–	–	–	–	2	6	16
9. Heinz-Harald Frentzen	Sauber-Ford	–	2	1	–	1	–	–	1	–	2	3	4	1	–	–	–	–	15
10. Mark Blundell	McLaren-Mercedes	1	–	–	–	2	–	–	2	–	–	2	3	–	–	–	–	3	13
11. Rubens Barrichello	Jordan-Peugeot	–	–	–	–	–	6	1	–	–	–	1	–	–	3	–	–	–	11
12. Eddie Irvine	Jordan-Peugeot	–	–	–	2	–	4	–	–	–	–	–	–	–	1	–	3	–	10
13. Martin Brundle	Ligier-Mugen-Honda	–	–	–	–	–	–	3	–	–	–	4	–	–	–	–	–	–	7
14. Gianni Morbidelli	Arrows-Hart	–	–	–	–	–	1	–	–	–	–	–	–	–	–	–	–	4	5
Mika Salo	Tyrrell-Yamaha	–	–	–	–	–	–	–	–	–	–	–	2	–	–	–	–	3	5
16. Jean-Christophe Boullion	Sauber-Ford	–	–	–	–	–	–	–	–	2	–	–	1	–	–	–	–	–	3
17. Pedro Lamy	Minardi-Ford	–	–	–	–	–	–	–	–	–	–	–	–	–	–	–	–	1	1
Aguri Suzuki	Ligier-Mugen-Honda	–	–	–	–	–	–	–	–	1	–	–	–	–	–	–	–	–	1

Konstrukteurs-WM

	Brasilien	Argentinien	San Marino	Spanien	Monaco	Kanada	Frankreich	England	Deutschland	Ungarn	Belgien	Italien	Portugal	Europa	Pazifik	Japan	Australien	Endstand
1. Benetton-Renault	*	7	-	16	13	2	10	10	13	3	10	10	6	12	11	14	–	137
2. Williams-Renault	*	10	13	3	6	–	10	4	6	16	6	–	14	4	10	–	10	112
3. Ferrari	6	7	10	4	4	10	2	6	4	4	–	–	5	6	5	–	–	73
4. McLaren-Mercedes	4	–	2	–	2	–	–	2	–	–	2	9	–	–	–	6	3	30
5. Ligier-Mugen-Honda	–	–	–	1	–	3	3	3	1	1	4	–	–	–	–	2	6	24
6. Jordan-Peugeot	–	–	–	2	–	10	1	–	–	–	1	–	–	4	–	3	–	21
7. Sauber-Ford	–	2	1	–	1	–	–	1	2	2	3	5	1	–	–	–	–	18
8. Arrows-Hart	–	–	–	–	–	1	–	–	–	–	–	–	–	–	–	–	4	5
Tyrrell-Yamaha	–	–	–	–	–	–	–	–	–	–	–	2	–	–	–	1	2	5
10. Minardi-Ford	–	–	–	–	–	–	–	–	–	–	–	–	–	–	–	–	1	1

Das Punkte-System in der Formel 1:
Der Sieger erhält 10 Punkte, der Zweite 6 Punkte, der Dritte 4 Punkte, der Vierte 3 Punkte, der Fünfte 2 Punkte, der Sechste 1 Punkt.
Die Teams erhalten die Punkte beider Fahrer.
*Beim Großen Preis von Brasilien erhielten die Teams Benetton und Williams keine Punkte, da das verwendete Benzin beanstandet wurde.

Wer fährt 1996 wo?

1995 hat sich das Fahrerkarussell gedreht wie schon lange nicht mehr. Auslöser war Weltmeister Michael Schumacher, der nach vier Jahren bei Benetton eine neue Herausforderung suchte.

Auf seinen Platz bei Benetton waren einige Piloten scharf. So spekulierte auch Heinz-Harald Frentzen auf das Weltmeister-Cockpit, doch Flavio Briatore holte sich den draufgängerischen Jean Alesi. Der brachte seinen Teamkollegen Berger gleich mit.

Als zweiter Fahrer neben dem Weltmeister war zunächst David Coulthard im Gespräch. Frank Williams hatte sich nämlich für den IndyCar-Champion Jacques Villeneuve neben Damon Hill entschieden. Der Schotte Coulthard landete dann allerdings bei McLaren. Stattdessen bekam der Ire Eddie Irvine den Zuschlag bei den Roten.

Völlig offen ist erfahrungsgemäß die Sitzverteilung bei den kleineren Teams. Dort gilt der Grundsatz: Wer die dickste Mitgift präsentiert, fährt das Auto, zumindest solange das Geld reicht. Simtek war 1995 der beste Beweis - es reichte nicht lange genug.

Drei neue Teams stehen in den Startlöchern für das Abenteuer Formel 1. Allerdings hat nur DAMS die Absicht, im neuen Jahr auch Rennen zu fahren. Ikuzawa und DOME wollen 1996 für Testzwecke nutzen.

Ferrari
Michael Schumacher, **Eddie Irvine**, Nicola Larini *

Benetton-Renault
Gerhard Berger, **Jean Alesi**

Williams-Renault
Damon Hill, **Jacques Villeneuve**

McLaren-Mercedes
Mika Häkkinen, **David Coulthard**, Jan Magnussen *

Jordan-Peugeot
Rubens Barrichello, **Martin Brundle**

Ligier-Mugen-Honda
Pedro Paulo Diniz?, Olivier Panis?, Emmanuel Collard?, Jos Verstappen?, Vincenzo Sospiri?

Sauber-Ford
Heinz-Harald Frentzen, Karl Wendlinger?, Mark Blundell?, Johnny Herbert?, Norberto Fontana *

Tyrrell-Yamaha
Mika Salo, Johnny Herbert?, Ukyo Katayama?, Andrea Montermini?, Gabriele Tarquini? *

Arrows
Jos Verstappen?, Gianni Morbidelli?, Takachiho Inoue?, Massimiliano Papis?

Forti
Pedro Paulo Diniz?, Roberto Moreno?, Franck Lagorce?, Vincenzo Sospiri?

Minardi
Luca Badoer?, Pedro Lamy?, Giancarlo Fisichella?

Pacific
Andrea Montermini?, Tarso Marques?

DAMS
Erik Comas?

Gefettete Namen: Fahrer mit festen Verträgen
* Als Testfahrer im Gespräch

1996 sitzen Alesi und Berger im Benetton-Cockpit

Formel-1-Kalender 1996

In der Saison 1996 finden auf jeden Fall nur 16 Läufe statt. Zwar stehen wie schon 1995 17 Termine zur Disposition, doch sind noch nicht alle Austragungen bestätigt.

Fest steht, daß die neue Saison da beginnt, wo die alte geendet hat: in Australien. Melbourne löst Adelaide als Austragungsort auf dem fünften Kontinent ab. Der Ort für den Saisonabschluß ist jedoch noch nicht vergeben. Mitte 95 war geplant, in Malaysia das letzte Rennen zu fahren. Da die Finanzierung der Umbauten nicht endgültig geklärt werden konnte, wurde Malaysia wieder aus dem Kalender gestrichen. Dort bemüht man sich allerdings, 1997 ein Formel-1-Rennen austragen zu können.

10. März	GP von Australien	Melbourne
31. März	GP von Brasilien	Interlagos
07. April	GP von Argentinien *	Buenos Aires
28. April	Termin vorgemerkt **	
05. Mai	GP von San Marino	Imola
19. Mai	GP von Monaco	Monte Carlo
02. Juni	GP von Spanien	Barcelona
16. Juni	GP von Kanada	Montreal
30. Juni	GP von Frankreich	Magny-Cours
14. Juli	GP von England	Silverstone
28. Juli	GP von Deutschland	Hockenheim
11. August	GP von Ungarn	Budapest
25. August	GP von Belgien	Spa-Francorchamps
08. September	GP von Italien	Monza
22. September	GP von Portugal	Estoril
06. Oktober	Termin vorgemerkt **	
13. Oktober	Termin vorgemerkt **	

* Lauf muß noch bestätigt werden.
** Daten für den Japan- und Pazifik-GP werden später bekanntgegeben.

IndyCar: Angriff der Newcomer

Jacques Villeneuve, Sohn des legendären Gilles Villeneuve, wird 1995 jüngster Indy-Champ aller Zeiten – und bekommt einen F1-Vertrag mit Williams-Renault. Penske-Mercedes sorgt für eine andere Sensation: Das Team verpaßt die Qualifikation zum Indy-500-Rennen.

Die Formel 1 der FIA und die Formel 1 Nordamerikas, die CART-Meisterschaft der IndyCars, rücken immer näher. Der Wechsel der Champions – 1993 Nigel Mansell von der Formel 1 zu den IndyCars und jetzt IndyCar-Champion Jacques Villeneuve in die Formel 1 – ist ein Indiz dafür. Aus einer Konkurrenzsituation wird ein kooperatives Nebeneinander.

Diese positive Entwicklung wollte sich Mercedes-Benz zunutze machen. Die Stuttgarter fahren inzwischen in beiden Serien. Der Schlüssel für den Einstieg als Motorenpartner bei McLaren hüben und bei Penske Racing drüben war die Beteiligung von Merce-

Was für die Formel 1 Monaco, ist für die IndyCar-Serie Long Beach in Kalifornien. Typisch für die Indy-Strecken sind

IndyCar - Championship Auto Racing Teams (CART)
755 West Big Beaver Road, Suite 800, Troy, Michigan 48084
Tel. 001-810-3628800, Fax 001-810-3628810

Serie

PPG IndyCar World Series • seit 1909 • PPG-IndyCar-Lizenz erforderlich • 17 Läufe • Preisgeld: US$24,3 Mio (incl. 7,7 Mio für Indianapolis) • Mindestalter 18 Jahre

Daten

Kohlefaser-Chassis • 2,65-Liter-Turbo-Motor • 730 PS bei ca. 13.000 U/min • Topseed 380 km/h • 6-Gang-Getriebe, bei Penske sequentiell

nmauern - für Formel-1-Piloten ungewohnt. Aber immer häufiger wechseln Piloten von der einen Serie in die andere

des an der Rennmotorenfirma Ilmor, die Mercedes-Triebwerke für beide Serien entwickelt und baut.

1995 war für die neue Formation Penske-Mercedes das erste Jahr bei den IndyCars. Die Kombination Marlboro/Penske/Mercedes galt als Elefantenhochzeit, als das Dream-Team der Szene. Dies umso mehr, als Penske-Ilmor im Vorjahr auch ohne Mercedes die Konkurrenz in Grund und Boden gefahren hatte. 12 von 16 Rennen gewannen die Mannen um den Perfektionisten Roger Penske. Seine Piloten Al Unser, Emerson Fittipaldi und Paul Tracy landeten gar den Hattrick: die Plätze eins, zwei und drei in der Meisterschaft.

Doch es kam alles anders. Penske-Mercedes begann die Saison ganz schwach, krebste über Monate im Mittelfeld

Obere Reihe (v.l.): Jimmy V
Buddy Lazier, Emerson Fitt
Fernandez, Eliseo Salazar,

Auch Al Unser jr. kann Penske-Mercedes nicht für das Indy-500-Rennen qualifizieren

Mercedes-Pleite in Indianapolis

Seit Penske und Mercedes-Benz, jeder für sich ein Gigant in seinem Metier, zusammengehen, gehören ihnen die Schlagzeilen beim größten Autorennen der Welt. 1994, nach dem erfolgreichen Coup mit dem Stockblockmotor, waren es die positiven, 1995 nach der Nichtqualifikation in Indianapolis die negativen. Das Drama im Mai 1995 war eine der größten sportlichen Sensationen in der Geschichte des Motorsports, unvergeßlich für jeden, der es miterlebt hat.

Das beste Team in der Geschichte des IndyCar-Sports hatte die Saison 1994 dominiert. 1995 rannten die Erfolggewohnten einen halben Monat lang gegen die Qualifikationshürde in Indianapolis an. Während die Spitzenautos Rundendurchschnitte über 230 Meilen pro Stunde erreichten und die Durchschnittsautos gut 225 mph aus dem Ärmel schüttelten, schafften die Penske-Mercedes weniger als 210 mph.

Am ersten Qualifikationstag war man enttäuscht, aber kämpferisch. Man wollte nicht wahr haben, daß der neue Penske so langsam war. Emerson Fittipaldi und Al Unser arbeiteten wie die Verrückten, waren fast ständig auf der Piste. Das Resultat: 218 mph. Irritation machte sich breit, bei Penske-Mercedes genauso wie bei der Konkurrenz. Keine Besserung am Qualifikationstag zwei.

Beim dritten Qualifying tauchte Emerson in einem Lola-Mercedes auf, den man von Bobby Rahal geliehen hatte. Al Unser arbeitete verbissen weiter mit dem Penske-Mercedes. Fittipaldi gelang immerhin ein Versuch mit 225 mph, der ihn für das Ende des Starterfeldes qualifiziert hätte.

Aber Roger Penske winkte ab, die hintere Position erschien ihm zu riskant. Mittlerweile sind 30 der 33 Startplätze vergeben. Selbst Lyn St. James, die 45jährige Dame, die nur dieses eine Rennen im Jahr fährt und einen Vorjahres-Lola bei Dick Simon gemietet hat, hatte sich locker ins Starterfeld geschossen. Nur die Penske-Mercedes schafften es nicht. Der Cut lag jetzt bei knapp 225 mph.

Am vierten und letzten Qualifikationstag saß auch Al Unser in einem Leih-Lola vom Rahal-Team. Zehn Autos kämpften um die letzten drei Startplätze. Von 11 bis 18 Uhr war die Piste frei für's Qualifying. In der Hitze des Tages ging keiner raus, alle warteten auf die letzten 60 oder 30 Minuten, wenn es etwas kühler sein würde. Die Spannung war unerträglich, beim Team Penske lagen die Nerven blank.

Dann nach 17 Uhr ging es Schlag auf Schlag. Al Unser schaffte nur 223 mph, keine Chance. Emerson Fittipaldi konnte die 225 mph vom Vortag nicht wiederholen. Fünf Minuten vor Ladenschluß saß er mit seinen 224,8 mph auf dem 33. und letzten Platz. Da kam Stefan Johansson auf einem 94er Reynard-Ford (auch er hatte seinen privaten Penske-Mercedes in letzter Minute verlassen). Mit 225,547 mph schoß er den großen Emmo aus dem Feld.

Sowohl bei Emerson Fittipaldi als auch bei Al Unser löste sich die Anspannung in Tränen, der weißhaarige Roger Penske bewahrte die Fassung, blieb in sympathischer Weise souverän. Sie alle haben eine neue Erfahrung gemacht: Der Sport schreibt Geschichten, die es eigentlich gar nicht gibt.

herum und zeigte erst gegen Ende eine gewisse Erholung. Die Vize-Meisterschaft für Al Unser war nicht mehr als ein Trostpflaster auf eine frustrierende Saison. Dabei zeigte Al Unser hervorragende fahrerische und kämpferische Qualitäten – wie übrigens auch sein Teamchef Roger Penske. Emerson Fittipaldi hingegen schien angesichts der technischen und sportlichen Probleme zu kapitulieren; er brachte kein Bein auf den Boden und endete als Elfter der Meisterschaft.

Wie konnte es zu diesem Einbruch bei jenem Team kommen, das als das beste der IndyCar-Szene gilt? Die Gründe sind vielfältig. Ausgangspunkt aller Probleme war das 95er Penske-Chassis, das sich als heikel erwies und zumindest auf den langen Ovalen den Reynards und Lolas krass unterlegen war. Der Mercedes Indy-V8, eine Neuentwicklung, produzierte nur eine konservative Leistung und dazu in der ersten Saisonhälfte jede Menge elektronische Probleme.

Im Mai erschütterte ein Erdbeben das Team der

Erdbeben für Penske-Mercedes

Stars: Nichtqualifikation beim Superrennen der Saison, den 500 Meilen von Indianapolis. Das ist, als ob Michael Schumacher und Damon Hill sich nicht für den Grand Prix von Monaco qualifizieren können, weil sie zu langsam sind.

Fassungslosigkeit und Tränen bei Emerson Fittipaldi und auch bei IndyCar-Champion und Indianapolis-Vorjahressieger Al Unser, große sportliche Haltung bei Roger Penske in dieser wohl schmerzlichsten Niederlage seines Lebens. „Vielleicht war unser Chassis schon im vorigen Jahr nicht so gut, und wir haben es nicht gemerkt, weil der bärenstarke Mercedes-Stockblockmotor uns leicht zum Sieg verholfen hat. Das hat uns möglicherweise zu stark in Sicherheit gewogen, was diese Saison betrifft. Wir waren leider nicht so vorbereitet, wie es dieses Rennen erfordert."

Das Schlimmste aber: Die bisher unfehlbare Mannschaft war verunsichert, hatte jedes Selbstvertrauen verloren. Die Zweifel am eigenen Chassis nagten bei jedem Rennen, es wurden Vergleichstests mit Konkurrenzwagen gemacht, ein Umstieg erwogen und dann wieder verworfen. Daß sie sich in dieser Saison noch zum Vizetitel durchgebissen hat, zeugt von der großen Moral der Penske-Mercedes-Truppe. Das gilt auch für den Mercedes-Motor in seiner ersten Saison. Platz zwei und drei in der Meisterschaft durch Al Unser auf Penske-Mercedes und Bobby Rahal auf Lola-Mercedes, außerdem Gil de Ferran auf Reynard-Mercedes als „Rookie of the Year" brachten am Ende noch ein vorzeigbares Ergebnis.

Es gibt aber auch Insider, die glauben: Die Mercedes-Kür mit dem Stockblockmotor in Indianapolis 1994 hat die Motorenschmiede zu viel Zeit und Kapazität gekostet, um für 1995 rechtzeitig einen neuen Rennmotor parat zu haben. Da mag was dran sein, wenn man bedenkt, daß Ilmor gleichzeitig noch einen neuen V 10-Motor für das Formel-1-Team von

ker Johnstone, Eddie Cheever, Al Unser jr., Stefan Johansson, Danny Sullivan, Bryan Herta, Hiro Matsushita, ere Reihe (v.l.): Mauricio Gugelmin, Bobby Rahal, Raul Boesel, Alessandro Zampedri, Michael Andretti, Adrian i, Andre Ribeiro

McLaren-Mercedes entwickeln mußte.

Da traf es das Starensemble doppelt hart, daß sich Penske-Mercedes 1995 einer verstärkten Konkurrenz gegenüber sah. Die Deklassierung im Vorjahr hatte bei allen Konkurrenten besondere

Reynard erste Klasse

Anstrengungen ausgelöst. Die britische Firma Reynard, erst vor zwei Jahren ins IndyCar-Geschäft eingestiegen, präsentierte ein erstklassiges Chassis. Auf Reynard gewann Jacques Villeneuve die 500 Meilen von Indianapolis und die Meisterschaft. Auch die Konstrukteurstrophäe ging an die britische Marke. Reynard ist heute das meistbenutzte Chassis bei den IndyCar-Teams, wobei den Fahrern die Schnelligkeit und Anpassung des Fahrzeugs an die unterschiedlichen Strecken ebenso gefällt wie den Technikern der gute Kundendienst von Reynard.

Genau den hatte man beim jahrelang dominierenden Chassis-Lieferanten Lola oft bemängelt. Das hing u. a. damit zusammen, daß Lola-Importeur Carl Haas über sein Newman/Haas-Team

Neues Material für Christian Fittipaldi in Indianapolis

Indianapolis 95: Jacques Villeneuve gewinnt die 500 Meil

Jacques Villeneuve – jüngster Indy-Champ

Die Rennkarriere des 24jährigen Kanadiers verläuft im Zeitraffer. Nicht weil er einen berühmten Namen trägt, sondern weil er so gut ist. Gerade ist er der jüngste IndyCar-Meister aller Zeiten geworden und er wäre gern noch ein Jährchen in dieser Serie geblieben. Aber die Angebote aus der Formel 1 wurden immer verlockender. Man will seinen berühmten Namen, aber auch sein überdurchschnittliches Talent. Als ihm ein Williams-Renault angeboten wurde, das beste Auto im Feld der Formel 1, ist er schwach geworden.

Wird er es schaffen in der Formel 1 oder wird er scheitern, wie Kollege Michael Andretti vor zwei Jahren? Wer Jacques kennt, ist optimistisch. Als Franco-Kanadier ist ihm europäische Lebensart geläufig. Als Youngster ist er schon in Europa und Japan gefahren, eine wichtige Voraussetzung für das Weltenbummlerleben der Formel 1. Und seine fahrerische Klasse steht außer Zweifel.

Dabei ist er im Rennwagen ein ganz anderer Typ als sein Vater Gilles, den die Ferraristi in Italien noch immer vergöttern. Gilles war ein spektakulärer Draufgänger, sein Fahrstil geprägt von Mut und Leidenschaft. Jacques ist cooler, berechnender. Wie viele Siegertypen hat er einen ausgeprägten Instinkt für die großen Momente im Rennen. Wenn es eng wird, macht er fast immer das Richtige, profitiert in kritischen Situationen eher, als daß er verliert – ganz im Gegenteil zu seinem künftigen Teamgefährten Damon Hill.

24 Jahre: Jacques Villeneuve

Auffällig für einen jungen Fahrer ist auch sein professionelles Auftreten. Im Fahrerlager sieht man ihn fast nie. Er sucht die Ruhe im Motorhome. Hier findet er die Konzentration, die er dann im Rennwagen ausspielt. Der Renningenieur lobt sein Talent bei der Abstimmung des Fahrzeugs. Das bestätigte auch die Williams-Mannschaft nach der kurzen Formel-1-Testfahrt in Silverstone. Wenn nicht alles täuscht, kommt hier einer, der in der Formel 1 nicht nur Mitläufer sein wird.

praktisch reinrassige Lola-Werkswagen einsetzt. Da argwöhnen natürlich manche, daß die Autos von Newman/Haas wohl ein wenig besser sind, als die der Kunden. Auf jeden Fall war der 95er Lola ein schnelles Auto, mit dem Michael Andretti, Paul Tracy oder auch Scott Pruett Rennen gewannen und sich in der Meisterschaft hoch plazierten.

Ähnlich die Situation im Motorenwettbewerb. Der Ford Indy-Motor, Dauerrivale des Ilmor-V8, bewies eine große Form sowohl in der Leistung als auch in der Zuverlässigkeit. Die Newman/Haas-Piloten Michael Andretti und Paul Tracy führten mit ihren Lola-Ford fast jedes Rennen an und verloren etliche nur durch eigenes Unvermögen. Anders Champion Jacques Villeneuve, der Ford-getrieben sowohl die Meisterschaft als auch die 500 Meilen von Indianapolis gewann.

Das Überraschungs-Triebwerk der Saison aber war der japanische Honda-Motor. 1994, in seinem ersten Einsatz-Jahr, war er noch an der Indianapolis-Qualifikation gescheitert und vom Rahal/Hogen-Team wegen Leistungsmangel mitten in der Saison ausgemustert worden. 1995 kehrte er als das stärkste IndyCar-Triebwerk zurück. Vor allem auf den großen Super-

Honda stärkstes Triebwerk

speedways dominierten Scott Goodyear und Andre Ribeiro vom Tasman-Honda-Team mit dem japanischen Triebwerk total. Scott Goodyear entging der prestige- und geldträchtige Sieg beim Indy 500 nur durch einen taktischen Fehler in der drittletzten von 200 Runden. Ein Drama nicht zuletzt für die Honda-Japaner, denen der Sieg alles bedeutet hätte. Aber auch so gilt der Honda-V8 als der Indy-Motor der Stunde. Die Mehrzahl der Spitzenteams steht für 1996 mit Honda in Verhandlungen.

Ein weiteres erfolgreiches Comeback feierte die Reifenmarke Firestone, allerdings nach einer Abstinenz von 27 Jahren. In den 50er und 60er Jahren war Firestone der populärste Reifen im IndyCar-Sport, aber dann überließ man aufgrund wirtschaftlicher Probleme das Feld dem Konkurrenten Goodyear. 1995 nun kehrte Firestone zurück mit dem Pat Patrick-Team und Scott Pruett. Scott Pruett gewann das Rennen in Michigan und beendete die Meisterschaft auf Platz sieben. Auf einigen Strecken waren seine Firestone-Reifen die schnellsten und man darf damit rechnen, daß 1996 wohl die Hälfte des IndyCar-Feldes die neuen Pneus benutzen wird.

Im Feld der IndyCar-Piloten schreitet der Generationswechsel zügig fort. Vorbei die Zeit, als 40- und 50-jährige Gentlemen das Gros des Feldes stellten. Mit Al Unser sen., A. J. Foyt und Mario Andretti ist die Mehrheit der

Altmeister abgetreten

lebenden Altmeister abgetreten. Der letzte von ihnen, Emerson Fittipaldi, erlebte 1995 ein Waterloo. Von den etablierten Champions sind Bobby Rahal, Al Unser jr. und Michael Andretti voll im Geschäft. Doch sie haben alle Hände voll zu tun, um sich der jungen Garde mit Jacques Villeneuve, Paul Tracy, Robby Gordon oder Gil

Alte Hasen unter sich: Paul Newman und Ex-Formel-1-Champion Jackie Stewart

Reynard-Ford. Der Franco-Kanadier steht 1995 viermal auf dem obersten Treppchen

SIEGERPODEST INDYCAR-SERIE 1995

MIAMI (USA)
1. Lauf - 05. März 1995

1. J. Villeneuve	Reynard-Ford
2. M. Gugelmin	Reynard-Ford
3. B. Rahal	Lola-Mercedes

SURFERS PARADISE (AUS)
2. Lauf - 19. März 1995

1. P. Tracy	Lola-Ford
2. B. Rahal	Lola-Mercedes
3. S. Pruett	Lola-Ford

PHOENIX (USA)
3. Lauf - 02. April 1995

1. R. Gordon	Reynard-Ford
2. Mi. Andretti	Lola-Ford
3. E. Fittipaldi	Penske-Mercedes

LONG BEACH (USA)
4. Lauf - 09. April 1995

1. A. Unser jr.	Penske-Mercedes
2. S. Pruett	Lola-Ford
3. T. Fabi	Reynard-Ford

NAZARETH (USA)
5. Lauf - 23. April 1995

1. E. Fittipaldi	Penske-Mercedes
2. J. Villeneuve	Reynard-Ford
3. St. Johansson	Penske-Mercedes

INDIANAPOLIS (USA)
6. Lauf - 28. Mai 1995

1. J. Villeneuve	Reynard-Ford
2. Chr. Fittipaldi	Reynard-Ford
3. B. Rahal	Lola-Mercedes

MILWAUKEE (USA)
7. Lauf - 04. Juni 1995

1. P. Tracy	Lola-Ford
2. A. Unser jr.	Penske-Mercedes
3. Mi. Andretti	Lola-Ford

DETROIT (USA)
8. Lauf - 11. Juni 1995

1. R. Gordon	Reynard-Ford
2. J. Vasser	Reynard-Ford
3. S. Pruett	Lola-Ford

PORTLAND (USA)
9. Lauf - 25. Juni 1995

1. J. Vasser	Reynard-Ford
2. B. Rahal	Lola-Mercedes
3. Mi. Andretti	Lola-Ford

ELKHART LAKE (USA)
10. Lauf - 09. Juli 1995

1. J. Villeneuve	Reynard-Ford
2. P. Tracy	Lola-Ford
3. J. Vasser	Reynard-Ford

TORONTO (CDN)
11. Lauf - 16. Juli 1995

1. Mi. Andretti	Lola-Ford
2. B. Rahal	Lola-Mercedes
3. J. Villeneuve	Reynard-Ford

CLEVELAND (USA)
12. Lauf - 23. Juli 1995

1. J. Villeneuve	Reynard-Ford
2. B. Herta	Reynard-Ford
3. J. Vasser	Reynard Ford

MICHIGAN (USA)
13. Lauf - 30. Juli 1995

1. S. Pruett	Lola-Ford
2. A. Unser jr.	Penske-Mercedes
3. Fernandez	Lola-Mercedes

MID-OHIO (USA)
14. Lauf - 13. August 1995

1. A. Unser jr.	Penske-Mercedes
2. P. Tracy	Lola-Ford
3. J. Villeneuve	Reynard-Ford

LOUDON (USA)
15. Lauf - 20. August 1995

1. A. Ribeiro	Reynard-Honda
2. Mi. Andretti	Lola-Ford
3. A. Unser jr.	Penske-Mercedes

VANCOUVER (CDN)
16. Lauf - 03. September 1995

1. A. Unser jr.	Penske-Mercedes
2. G. de Ferran	Reynard-Mercedes
3. R. Gordon	Reynard-Ford

MONTEREY (USA)
17. Lauf - 10. September 1995

1. G. de Ferran	Reynard-Mercedes
2. P. Tracy	Lola-Ford
3. M. Gugelmin	Reynard-Ford

Siegerehrung in Cleveland, Ohio

Endstand 1995

Fahrer	Auto	Punkte
1. Jacques Villeneuve (CDN)	Reynard-Ford	173
2. Al Unser jr. (USA)	Penske-Mercedes	140
3. Bobby Rahal (USA)	Lola-Mercedes	130
4. Michael Andretti (USA)	Lola-Ford	125
5. Robby Gordon (USA)	Reynard-Ford	122
6. Paul Tracy (CDN)	Lola-Ford	115
7. Scott Pruett (USA)	Lola-Ford	113
8. Jimmy Vasser (USA)	Reynard-Ford	96
9. Teo Fabi (I)	Reynard-Ford	83
10. Mauricio Gugelmin (BR)	Reynard-Ford	82

Chronik der Meister

Jahr	Fahrer	Punkte
1986	Bobby Rahal	179
1987	Bobby Rahal	188
1988	Denny Sullivan	182
1989	Emerson Fittipaldi	196
1990	Al Unser jr.	210
1991	Michael Andretti	234
1992	Bobby Rahal	196
1993	Nigel Mansell	191
1994	Al Unser jr.	225
1995	Jacques Villeneuve	173

de Ferran zu erwehren. Der auffälligste von ihnen ist Jacques Villeneuve, nicht nur weil er schon in seiner zweiten IndyCar-Saison den Titel gewann. Er ist intelligent, hochtalentiert und sehr professionell. Der Kanadier wollte die Meisterschaft 1995 und ging dieses Ziel so konsequent und konzentriert an, daß er bei Halbzeit schon wie der sichere Gewinner aussah. Erst als er in die

Villeneuve: Konzentrationsfehler

Verhandlungen mit verschiedenen Formel-1-Teams eintrat, war er nicht mehr hundertprozentig bei der Sache. Bei ihm und bei seinem Team schlichen sich Konzentrationsfehler ein und am Ende wurde es nochmal eng. Mit 24 Jahren ist der Kanadier der jüngste IndyCar-Champion der Geschichte und wer ihn kennt, hat keinen Zweifel daran, daß er auch in der Formel 1 seinen Weg machen wird.

Paul Tracy, das langjährige Talent, wechselt 1996 zurück von Newman/Haas zu Penske-Mercedes und soll dort endlich sein Meisterstück machen. Die Grundschnelligkeit hat der großgewachsene Kanadier, er darf nur nicht so viele Fehler machen. Im Gewinnen von Rennen hat er jedenfalls schon Routine.

Als Siegfahrer profiliert sich immer mehr der forsche Kalifornier Robby Gordon. Im Spitzenteam von Derek Walker hatte er 1995 Christian Fittipaldi zum Teamgefährten und er hatte den Ex-Formel-1-Piloten sicher im Griff. Dennoch bekommt der junge Fittipaldi 1996 das Cockpit von Paul Tracy bei Newman Haas – dort aber als Teamkollegen den routinierten Michael Andretti, vielleicht den schnellsten Mann der Liga. Mit Gil de Ferran ist ein weiterer Brasilianer ins Blickfeld gerückt. Im Reynard-Mercedes von Jim Hall-Racing wurde er vor

Weithin sichtbar: die Positionsanzeige in Indianapolis

Crash beim Indy-500-Rennen: Nach fliegendem Start kommt es in der ersten Kurve zur Kollision - bei 370 km/h

Die Teams 1995

A.J. Foyt Enterprises
Houston, Texas
Teameigner: A.J. Foyt
Teammanager: Tom Lemance
Fahrer: **Eddie Cheever, Fredrik Ekblom**
Fahrzeug/Motor: 1995 Lola Ford Cosworth

Arciero/Wells Racing
Anaheim, Californien
Teameigner: Frank Arciero
Teammanager: Barry Brooke
Fahrer: **Hiro Matsushita**
Fahrzeug/Motor: 1995 Reynard Ford Cosworth

Bettenhausen Motors
Indianapolis, Indiana
Teameigner: Tony Bettenhausen
Teammanager: Joe Ward
Fahrer: **Stefan Johansson**
Fahrzeug/Motor: 1994 Penske Mercedes

Chip Ganassi Racing Teams
Indianapolis, Indiana
Teameigner: Chip Ganassi
Teammanager: Tom Anderson
Fahrer: **Bryan Herta, Jimmy Vasser**
Fahrzeug/Motor: 1995 Lola Ford Cosworth

Comptech Racing
El Dorado Hills, Californien
Teameigner: Doug Peterson, Don Erb
Teammanager: Jonesy Morris
Fahrer: **Parker Johnstone**
Fahrzeug/Motor: 1995 Reynard Honda

Dick Simon Racing
Indianapolis, Indiana
Teameigner: Dick und Dianne Simon
Teammanager: Gilbert Lage
Fahrer: **Dean Hall, Lyn St. James, Eliseo Salazar, Carlos Gurrrero, Marco Greco**
Fahrzeug/Motor: 1995 Lola Ford Cosworth

Forsythe Racing
Indianapolis, Indiana
Teameigner: Gerald Forsythe
Teammanager: Tony Brunetti
Fahrer: **Teo Fabi**
Fahrzeug/Motor: 1995 Reynard Ford Cosworth

Galles Racing International
Albuquerque, New Mexiko
Teameigner: Rick Galles
Teammanager: Owen Snyder
Fahrer: **Adrian Fernandez**
Fahrzeug/Motor: 1995 Lola Mercedes

Hall Racing
Midland, Texas
Teameigner: Jim Hall
Teammanager: Gerald Davis
Fahrer: **Gil de Ferran**
Fahrzeug/Motor: 1995 Reynard Mercedes

Marlboro Team Penske
Reading, Pennsylvania
Teameigner: Roger Penske
Teammanager: Chuck Sprague
Fahrer: **Emerson Fittipaldi, Al Unser jr.**
Fahrzeug/Motor: 1995 Marlboro Penske Mercedes

Newman/Haas Racing
Lincolnshire, Illinois
Teameigner: P. Newman, Carl Haas
Teammanager: Lee White
Fahrer: **Michael Andretti, Paul Tracy**
Fahrz./Motor: 1995 Lola Ford Cos.

PacWest Racing Group
Indianapolis, Indiana
Teameigner: Bruce McCaw, Tom Armstrong, Wes Lematta, Dominic Dobson
Teammanager: John Anderson
Fahrer: **Danny Sullivan, Mauricio Gugelmin, Juan Manuel Fangio II**
Fahrzeug/Motor: 1995 Reynard Ford Cosworth

Patrick Racing
Indianapolis, Indiana
Teameigner: U.E. „Pat" Patrick
Teammanager: Steve Newey
Fahrer: **Scott Pruett**
Fahrzeug/Motor: 1995 Lola Ford Cosworth

Payton/Coyne Racing
Plainfield, Illinois
Teameigner: Walter Payton, Dale Coyne
Teammanager: Bernie Myers
Fahrer: **Alessandro Zampedri**
Fahrz./Motor: 1994 Lola Ford Cos.

Das Größte für jedes Team: Das Indy-500-Rennen

Project Indy
Indianapolis, Indiana
Teameigner: Andreas Leberle, Rainer Buchmann, Christian Danner
Teammanager: Andreas Leberle
Fahrer: **Christian Danner, Buddy Lazier, Mimmo Schiattarella**
Fahrzeug/Motor: 1994 Lola Ford Cosworth

Rahal/Hogan Racing
Hilliard, Ohio
Teameigner: Bobby Rahal, Carl Hogan
Teammanager: Tim Cindric
Fahrer: **Bobby Rahal, Raul Boesel**
Fahrzeug/Motor: 1995 Lola Mercedes

Tasman Motorsports Group
Hilliard, Ohio
Teameigner: Steve Horne, Jeffrey Eischen, Ben Dillon, Stanley Ross
Teammanager: Jeffrey Eischen
Fahrer: **Andre Ribeiro**
Fahrzeug/Motor: 1995 Reynard Honda

Team Green
Indianapolis, Indiana
Teameigner: Barry Green
Teammanager: Kim Green
Fahrer: **Jacques Villeneuve**
Fahrzeug/Motor: 1995 Reynard Ford Cosworth

Derrick Walker Racing
Indianapolis, Indiana
Teameigner: Derrick Walker
Teammanager: Dick Caron
Fahrer: **Robby Gordon, Christian Fittipaldi**
Fahrzeug/Motor: 1995 Reynard Ford Cosworth

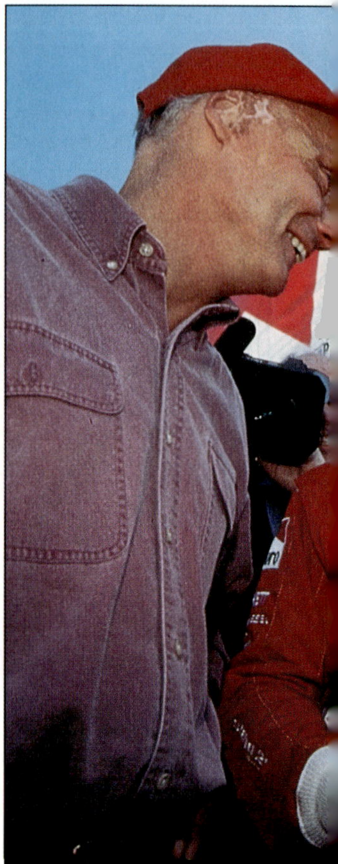
Formel 1 meets IndyCar. Niki

Pole-Position in Miami. Denn

…ıda, Emerson Fittipaldi und Al Unser jr. in Miami

…Michael Andretti später aus dem Rennen - die Dämpfer

Christian Fittipaldi „Rookie of the year" und beim letzten Rennen in Laguna Seca ließ er sich erstmals als Sieger feiern. Ihm winkt in naher Zukunft sicher ein Platz bei einem Topteam.

Auch 1995 boten die IndyCar-Rennen ein Maß an Spannung und Unterhaltungswert, wie es in der Formel 1 selten ist. In 17 Rennen gab es zehn verschiedene Sieger und mit Robby Gordon, Andre Ribeiro, Jimmy Vasser, Scott Pruett und Gil de Ferran kamen fünf Piloten aus dem zweiten Glied zu ihrem ersten Sieg. Die

Formel 1 dreifach so teuer

Qualität der Rennwagen ist gleichmäßiger, die Leistungsdichte viel größer als in der Formel 1. Dazu führt die häufig angewandte Pace-Car-Praxis oft zu drei bis vier fliegenden Starts innerhalb eines Rennens. Zieht man noch in Betracht, daß die Kosten für die Teams nur etwa ein Drittel von dem betragen, was in der Formel 1 aufgewendet wird, dann ist die „amerikanische Formel 1" eine interessante Alternative zum Pendant der FIA.

Nicht täuschen darf man sich über die Anforderungen an die Piloten. Bei den IndyCars ist das Anforderungsprofil eher größer. Sie fahren auf Straßenkursen, Stadtstrecken, 1,6 Kilometer langen Kurzovalen (Schnitt 275 km/h) und 4 Kilometer langen Superspeedways (Schnitt 375 km/h). Der Charakter der Rennstrecken variiert also extrem und das immer wieder in kurzer Folge. Diese Vielfalt der Streckencharaktere will das CART-Management unbedingt beibehalten, ganz besonders auch die Ovaltradition. Zur Zeit gibt es zwei Ovalpisten in Amerika (Kalifornien und Florida), eine weitere ist in Brasilien in der Planung.

Der Aufwärtstrend bei den Zuschauerzahlen und Fernsehratings hat sich auch 1995 fortgesetzt. Das Interesse von Spitzenfahrern aus aller Welt, insbesondere auch aus der Formel 1, wird immer größer. Im nächsten Jahr kommt mit Toyota eine weitere Weltfirma als Wettbewerber hinzu. Es könnte eitel Sonnenschein herrschen bei den IndyCars, aber seit zwei Jahren braut sich am Horizont eine dunkle Wolke zusammen: Tony George, der Präsident und Mitbesitzer des Indianapolis Motor Speedway, hat die Indy

Konkurrenzserie 1996?

Racing League (IRL) proklamiert, eine Konkurrenzserie zur CART-Meisterschaft für IndyCars. Auf ihr Programm hat die IRL die „Amerikanisierung" des IndyCar-Sports geschrieben: Sie will billigere Rennwagen mit mehr traditioneller Technik, mehr Ovalrennen, weniger Ausländer und mehr Amerikaner in den Cockpits.

Wie sie das anstellen wollen, ist weitgehend noch unklar. Für 1996 hat die IRL fünf Rennen angekündigt, davon zwei auf Strecken, die noch ausgebaut werden müssen. Dazu mangelt es bisher an Akteuren. Die CART-Teams haben der IRL fast unisono eine Absage erteilt. Noch sehen Tony George und seine Freunde eine Zielgruppe bei den IMSA- und NASCAR-Mannschaften. 1996 wird eine erste Antwort darauf geben, ob hier der erfolgreichen CART-Serie wirklich Gefahr droht. **M.J.**

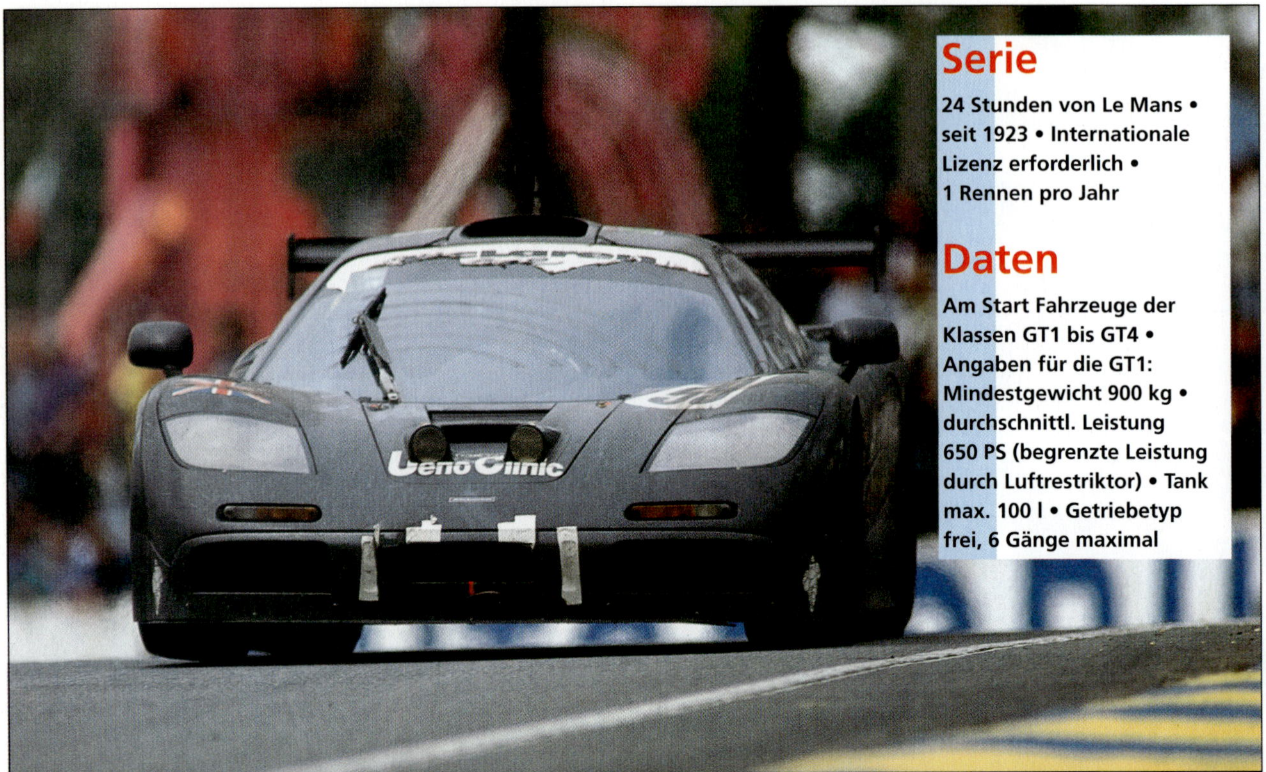

Erstmals dabei und gleich Sieger: Der 640 PS starke McLaren F1 GTR mit den Fahrern Dalmas, Lehto und Sekiya

Serie

24 Stunden von Le Mans • seit 1923 • Internationale Lizenz erforderlich • 1 Rennen pro Jahr

Daten

Am Start Fahrzeuge der Klassen GT1 bis GT4 • Angaben für die GT1: Mindestgewicht 900 kg • durchschnittl. Leistung 650 PS (begrenzte Leistung durch Luftrestriktor) • Tank max. 100 l • Getriebetyp frei, 6 Gänge maximal

McLaren siegt – mit BMW

In der Formel 1 sieht es 1995 schlecht aus für das erfolgverwöhnte Team aus dem englischen Woking. Aber der Supersportwagen McLaren F1 GTR dominiert alle Langstreckenrennen – auch die 24 Stunden von Le Mans. Im Rücken des Fahrers: ein 12-Zylinder von BMW.

Als Lokalmatador Yannick Dalmas nach 24 Stunden die Ziellinie passiert und die Siegerfaust durch die offene Tür seines McLaren in den wolkenverhangenen Himmel über Frankreich streckt, ist die Sensation perfekt. Kein Werks-Porsche, kein Ferrari, Honda, Nissan oder Toyota kann 1995 den Langstreckenklassiker gewinnen. Vielmehr triumphiert ein Auto, das vor dem 63. Le-Mans-Start allenfalls als Geheimfavorit gehandelt worden ist.

Was die hochgejubelte Traumehe in der Formel 1 zwischen dem Traditionsteam McLaren und Motorenpartner Mercedes nicht zu vollbringen vermag, führt ein McLaren mit BMW-Triebwerk bei den Sportwagen auf beeindruckende Weise vor. Der rund 640 PS starke McLaren F1 GTR beherrscht in diesem Jahr die GT-Weltserie names BPR nach Belieben und krönt die Saison mit dem Sieg in Le Mans. Im Gegensatz zum Millionenprogramm Formel 1 ist das GT-Engagement von McLaren eher ein Zufallsprodukt. Zwei interessierte Kunden haben Firmenboß Ron Dennis 1994 dazu überredet, von dem Supersportwagen F1 (Stückpreis 1,5 Millionen Mark) eine Rennversion zu bauen.

Neben Dalmas, der bereits 1992 und 1994 gewonnen hat, tragen sich der Finne JJ Lehto und der erfahrene Japaner Masanori Sekiya erstmals in die Siegerliste von Le Mans ein.

Trotz der hervorragenden Bilanz – vier der sieben Wunderwaffen aus der Dennis-Schmiede im englischen Woking landen unter den ersten Fünf – gibt es auch Mißstimmung im McLaren-Lager. Die Kundenteams, die '95 mit ihren F1 GTR in der BPR-Serie auftreten, sind nicht sonderlich glücklich, daß ausgerechnet beim Rennen des Jahres ein verkappter Werks-McLaren gewinnt.

Doch der schwarze McLaren siegt nicht wegen bevorzugter Behandlung, sondern wegen der größten Zuverlässigkeit. Eine defekte Kupplung zerstört die Träume der beiden Le-Mans-Gewinner Jochen Mass und John Nielsen sowie Thomas Bscher, dem Besitzer des Wagens. Danach führt der McLaren von Andy Wallace, Derek Bell und Sohn Justin Bell, bevor die gelb-grüne Flunder (im Besitz des Londoner Nobel-Kaufhauses Harrod´s) wegen Getriebesorgen auf Rang drei zurückfällt.

Rekordsieger Porsche erlebt bei dem Klassiker, der verregnet ist wie seit Jahrzehnten nicht mehr, ein Waterloo. Der zweite Rang von Andretti/Wollek/Hélary im Courage-Porsche ist da nur ein schwacher Trost. G.S.

„BPR" – Meisterschaft der Supersportwagen

Die „Global Kärcher Endurance GT"-Serie ist 1994 von Jürgen Barth, Patrick Peter und Stephane Rathel ins Leben gerufen worden. Gemäß den Anfangsbuchstaben ihrer Gründer werden sie im Debutjahr noch „BPR" genannt. 1995 hat sie sich unter dem neuen, nicht sehr griffigen Namen „Global Kärcher Endurance GT"-Serie zu einer der weltweit erfolgreichsten Rennserien entwickelt. Damit gibt es nach 20 Jahren wieder ein geeignetes Spielfeld für die Supersportwagen vom Schlage der Porsche, Ferrari, McLaren oder Jaguar. Der Saison-Höhepunkt der Rennen findet zweifellos in Le Mans statt. Jedoch zählt es nicht zur Global Kärcher Endurance GT-Serie.

Bei der Klasseneinteilung geht man in der BPR neue Wege und klassifiziert nach Leistungsgewicht. In der GT 1 (650 PS, 1.000 kg) treten die Supersportwagen wie Ferrari F40, McLaren F1 oder Porsche 911 Biturbo an. Neben den Klassen GT 2 (500 PS, 1.100 kg) und GT 4 (350 PS, 1.100 kg) glänzt die GT 3 (450 PS, 1.050 kg) mit dem größten Feld. Um PS-Auswüchse zu verhindern, sind in allen Klassen Air-Restriktoren mit unterschiedlichen Durchmessern vorgeschrieben.

Die Attraktivität der neuen Serie spiegelt sich im Teilnehmerfeld wider: Ex-Formel-1-Fahrer wie Olivier Grouillard, Pierre-Henri Raphanel, Jean-Pierre Jarier oder Alessandro Zanardi fahren gegen ehemalige Gruppe-C-Asse wie Andy Wallace, Christophe Bouchut oder Mauricio Sandro-Sala. Meist teilen sich bei den Vier-Stunden-Rennen zwei Piloten ein Auto.

Zum absolut dominierenden Auto der am fünften November im chinesischen Zhuhai zu Ende gegangenen Saison 1995 entwickelte sich der mit einem BMW-Zwölfzylinder-Motor bestens ausgestattete McLaren F1. Der Super-Sportwagen aus dem Hause des erfolgreichsten Formel-1-Teams der letzten zehn Jahre gewann bis auf Montlhéry und Anderstorp alle Rennen. Bereits in Nogaro sicherten sich der Däne John Nielsen und sein Partner Thomas Bscher im West-Competition-McLaren den Titel. Nielsen und dem vermögenden Bankier Bscher genügte ein zweiter Platz hinter dem Sieger-Duo Wallace/Grouillard zum Weltcup-Gesamtsieg.

Das Duo Nielsen/Bscher steht stellvertretend für einige andere Teams der BPR. Der eine, John Nielsen, ist ein Vollprofi, der ordentlich Gas gibt. Der andere, Thomas Bscher, ist Hobby-Rennfahrer, der den nötigen finanziellen Background hat. So bringt jeder das ein, woran es dem anderen mangelt – heraus kommt eine höchst schlagkräftige Paarung. Ein weiteres Beispiel für eine solche gelungene Aufgabenteilung: Der L'Oreal-Erbe Lindsay Owen-Jones hat sich Pierre-Henri Raphanel ins Auto geholt. Weil jedoch mittlerweile einige Teams, wie Harrod's-McLaren, es sich bequem leisten können, zwei Profis in ihren Wagen zu setzen, wird für die zahlungskräftigen Hobby-Piloten die Luft immer dünner – zumindest auf den vorderen Plätzen.

Hans-Joachim Stuck schafft im Porsche nur Rang sechs

Sieger nach 24 Stunden: Yannick Dalmas und JJ Lehto

Endstand 1995

Fahrer	Fahrzeug	Runden
1. Dalmas/Lehto/Sekiya	Mclaren F1 GTR	298 Rd.
2. Wollek/Andretti/Hélary	Courage-Porsche C34	1 Rd. zur.
3. Wallace/Bell/Bell	McLaren F1 GTR	2 Rd. zur.
4. Bellm/Sala/Blundell	McLaren F1 GTR	7 Rd. zur.
5. Giroix/Grouillard/Delétraz	McLaren F1 GTR	8 Rd. zur.
6. Stuck/Boutsen/Bouchut	Kremer-Porsche K8	9 Rd. zur.
7. Terada/Downing/Freon	Mazda DG-3	16 Rd. zur.
8. Takahashi/Tsuchiya/Iida	Honda NSX GT	23 Rd. zur.
9. Unser/Jelinski/Bertaggia	Callaway Corv. GT2	25 Rd. zur.
10. Fukuyama/Kondo/Kasuya	Nissan GT-R LM	27 Rd. zur.

Chronik der Meister

1990	Brundle/Nielsen/Cobb	Jaguar XJR12
1991	Gachot/Herbert/Weidler	Mazda 787 B
1992	Warwick/Dalmas/Blundell	Peugeot 905
1993	Brabham/Bouchut/Hélary	Peugeot 905
1994	Dalmas/Haywood/Baldi	Dauer-Porsche 962
1995	Dalmas/Lehto/Sekiya	McLaren F1 GTR

24-STUNDEN-RENNEN AM NÜRBURGRING

ADAC Nordrhein, Sportabteilung
50963 Köln
Tel. 0221-4727712, Fax 0221-447433

Bayern-Solo

Nervenkitzel beim Start: Geisterfahrer auf dem Nürburgring

Die Sieger: Burgstaller, Ravaglia und Duez

Rennen

Internat. ADAC 24-Stunden-Rennen auf dem Nürburgring • Strecke: Kombination Grand-Prix-Kurs und Nordschleife (25,3 km) • intern. C-Lizenz erf. • ab 18 Jahre • max. Fahrzeit am Stück pro Fahrer: 3 Stunden • Teambesetzung: 3 oder 4 Piloten

Daten

Elf Klassen (Super-Tourenwagen sowie je Gr. A und N in den Hubraumklassen: über 2.500 ccm, bis 2.500 ccm, bis 2.000 ccm, bis 1.600 ccm und bis 1.400 ccm) • 105 PS (Beispiel: Peugeot 106, Gruppe N bis 1.400 ccm) bis 340 PS (Beispiel: BMW M3, Gruppe A über 2.500 ccm) • Topspeed: 195 bis 300 km/h

Das 24-Stunden-Rennen am Nürburgring leidet auch '95 unter der Abwesenheit großer Namen. Die im vergangenen Jahr mit dem Ausschluß der Porsche angedachte Wende hin zu den Klasse-2-Super-Tourenwagen funktioniert auch in diesem Jahr nicht. Wieder ist es lediglich BMW, die Super-Tourenwagen in die Eifel entsenden. Bereits im Training gehen die ersten beiden Startplätze an die zwei vom Bigazzi-Team eingesetzten Werks-BMW: Ravaglia/Burgstaller/Duez stehen auf der Pole, es folgen Winkelhock/Müller/Kox. Bis Sonntag früh, 8.25 Uhr, liegen beide BMW in Front. Dann schmeißt Joachim Winkelhock sein Auto am Pflanzgarten in die Leitplanken. Damit ist der Weg frei für Ravaglia/Burgstaller/Duez, die im Ziel satte acht Runden Vorsprung auf die Zweitplazierten haben. Kein Glück haben die sogenannten „Dream-Teams", ebenfalls BMW-Werksautos: Der Wagen von Rallye-Star Rauno Aaltonen, Gerhard Schüler, Günter Steckkönig und Altstar Hubert Hahne ist Sonntag, 10.15 Uhr, aus dem Rennen. Das Auto von TV-Kommentator Rainer Braun, Altstar Hans Heyer, Rallye-As Klaus Fritzinger und Heiner Weiss fällt zuvor mit Motorschaden aus.

Von den beiden Werks-Volvo 850 (Gr. A bis 2.500 ccm) sehen nur Wlazik/Thierfelder/Middendorf als Klassen-Vierte das Ziel. Opel-DTM-Entwickler Volker Strycek wird in seinem Saab 900 T nach etlichen Defekten als 101. und Letzter gewertet.

Endstand 1995

Fahrer	Auto	Runden
1. Ravaglia/Burgstaller/Duez (I/D/B)	BMW 320	129 Runden
2. Scheld/Widmann/Jeleniowski (D)	BMW M3	8 Rdn zur.
3. Hermann/Kather/Vahsen (D)	Ford Esc. Cos.	9 Rdn zur.
4. Picard/Renger/Haupt/Gassen (D)	BMW M3	9 Rdn zur.
5. Brenauer/Buhk/Brauss/Weber (D)	BMW M3	11 Rdn zur.
6. Davidson/Duerden/Neam (GB)	BMW M3	12 Rdn zur.
7. Savelsbergh/Munding/Adorf (D)	Opel Astra	12 Rdn zur.
8. Drössinger/Bermes/Krauskopf/Hölzl (D)	Honda Civic	12 Rdn zur.
9. Rumpfkeil/Riemer/Hebler (D)	Opel Astra	12 Rdn zur.
10. Savelsbergh/Hahne/Hahne (D)	Opel Astra	12 Rdn zur.

Chronik der Sieger

1989	Ravaglia/Pirro/Giroix	(BMW M3)
1990	Winkelhock/Heger/Schmickler	(BMW M3)
1991	Winkelhock/Nissen/Hahne	(BMW M3)
1992	Danner/Duez/Martin/Cecotto	(BMW M3)
1993	Azevedo/Konrad/Wirdheim	(Porsche Carrera)
1994	Wlazik/Katthöfer/Rosterg	(BMW M3)
1995	Ravaglia/Burgstaller/Duez	(BMW 320)

I.S.O. Interserie-Organisation e.V.
Am Spitzen Morgen 10, 55452 Laubenheim/Nahe
Tel. 06704-1464, Fax 06704-2527

High-Score

Variationen zum Thema von Stirling (58) und Careca: In der Interserie fahren die unterschiedlichsten Rennwagen

Serie

Interserie Coupe 1995 • seit 1970 • Intern. B-Lizenz erf. • 6 Rennen • Preisgeld pro Rennen DM 30.000 zzgl. Reisekosten-Zuschüsse • ab 18 Jahre • Kosten pro Auto und Saison: DM 50.000 –DM 500.000

Daten

Ein- oder zweisitzige Sportwagen mit Aluminium oder Kohlefaser-Monocoque, freistehende Räder nicht erlaubt • immer mehr ehemalige Formel-1-, Formel-3000- oder amerikanische IndyCar-Autos mit Kotflügeln am Start • seit 1995 drei Divisionen (zuvor zwei), Einteilung nach Gewicht, Hubraum, Turbolader, jedoch am Ende nur ein Meister • Getriebe frei wählbar

Chronik der Meister

1990 Bernd Schneider (D)
1991 Bernd Schneider (D)
1992 Manuel Reuter (D)
1993 Giovanni Lavaggi (I)
1994 Johan Rajamäki (S)
1995 Walter Lechner (A)

Die Interserie-Saison 1995 wird erstmals in drei Divisionen ausgefahren. Das kann sich bereits im nächsten Jahr erneut ändern – es wird diskutiert, wieder auf zwei Divisionen zurückzugehen. In Sachen Spannung läßt die Saison '95 nichts zu wünschen übrig. Beispiel Donington: Die ersten Drei liegen im Ziel gerade mal 77 Hundertstel Sekunden auseinander.

Der Meister '95 fährt in der Division 2: Walter Lechner läßt zwar das Rennen in Enna auf Sizilien aus, gewinnt jedoch in den verbleibenden fünf Veranstaltungen jeweils beide Läufe. Weil in der Interserie eine Veranstaltung als Streichresultat herhalten muß, bleibt Lechner trotz seiner Enna-Abwesenheit die maximale Punktzahl pro Saison (100) und damit der Titel.

Altmeister Karl-Heinz Becker, früher mit einem Lola in Sportwagen-Serien unterwegs, fährt mit seinem Formel-1-Minardi auf den zweiten Rang in der Interserie-Gesamtwertung.

Anders als im Vorjahr bleibt die Interserie 1995 von schweren Unfällen verschont. Nicht selbverständlich, wird doch mit nahezu reinrassigen Formel-1- und IndyCar-Autos auf Strekken gefahren, die die Formel 1 aus Sicherheitsgründen seit Jahrzehnten meidet.

Walter Lechner
Die zweite österreichische Rennlegende neben Dieter Quester. Seine Söhne Walter (österreichischer Meister im Kart) und Robert (Siege in der Formel Ford) machen es dem Vater nach, der außer Rennfahrer auch Teambesitzer, Eigentümer einer Rennfahrerschule sowie Automobilclub-Präsident ist. Arbeitete früher im Wiener Hotel Sacher.

Endstand 1995

Name	Auto	Division	Punkte
1. Walter Lechner (A)	Horag-Lola-VAG-Can Am	Div. 2	100
2. Karl-Heinz Becker (D)	Minardi-Cosworth-F1-CanAm	Div. 1	82,5
3. Wolfgang Widmann (D)	LolaT92/50-Audi-CanAm	Div. 2	74,5
4. Robbie Stirling (CDN)	Lola JuddV10	Div. 3	63,5
5. Helmut Bross (D)	Spice-Cosworth	Div. 3	62
6. Ranieri Randaccio (I)	Fondmetal-Cosworth-F1-CanAm	Div. 1	61
7. „Frederico Careca" (A)	HSB-Penske-Buick-IndyCar-CanAm	Div. 1	47,5
8. Günter Gebhardt (A)	Lola T92/50-Audi-CanAm	Div. 2	38,5
9. Josef Binder (CH)	Argo-Alfa	Div. 3	38,5
10. Johan Rajamäki (S)	Footwork-JuddV10-F1-CanAm	Div. 1	34,5

Einsame Spitze

Welch ein Gegensatz zum letzten Jahr: Während 1994 vier Fahrer die Titelentscheidung bis zum Finallauf offenhielten, dominiert 1995 ein einziger Fahrer die Serie. Der Italiener Vincenzo Sospiri ist einfach eine Klasse für sich und degradiert die Konkurrenz zu Statisten. Leider endet die Saison tragisch: Beim letzten Rennen gibt es einen tödlichen Unfall.

Die erste Saisonhälfte gestaltet sich zu einem Alleingang des englischen Supernova-Teams und dessen Fahrer Vincenzo Sospiri. Beim Saisonauftakt auf dem britischen Grand-Prix-Kurs von Silverstone kann zwar noch der F3000-Debutant Ricardo Rosset den Sieg vor dem erfahrenen Sospiri einfahren. Doch ab dem zweiten Rennen auf dem Catalunya-Circuit bei Barcelona führt Sospiri bis zum Saisonende die Meisterschaftstabelle an.

Obwohl in Barcelona „nur" aus der dritten Reihe gestartet – im Training hat er einen Motorpatzer gehabt – führt Vincenzo Sospiri das Feld schon nach der Hälfte der Distanz an. Für den Iren Dino Morelli ist die F3000-Saison vorzeitig beendet: Bei einem High-Speed-Unfall, das Bremssystem war kollabiert, zieht sich Morelli schwere Beinbrüche und Schnittwunden zu und wird erst gegen Saisonende wieder ganz genesen sein.

Auf dem Stadtkurs von Pau fährt Sospiri einen weiteren, nie gefährdeten Start-Ziel-Sieg heraus, obwohl er pausenlos unter Druck von Allan McNish steht.

Nach siebenwöchiger Sommerpause begibt sich der F3000-Troß in Richtung Sizilien. Auf dem Autodromo Pergusa steht der vierte Wertungsdurchgang an. Der Außenseiter Kenny Bräck setzt

Serie

Formel-3000-Europameisterschaft • besteht seit 1985 • Formel-3000-Superlizenz erforderlich. • 9 Läufe • Mindestalter 18 Jahre

Daten

Kohlefasermonocoque, mit Flügeln vorn und hinten • Mindestgewicht 540 kg • Motoren: verschiedene Marken, u.a. Cosworth und Judd • 3.000 ccm • 480 PS • Höchstgeschwindigkeit 305 km/h • 5-Gang-Getriebe • Autopreis: DM 300.000 (ohne Motor)

1996 neues Reglement! Siehe Seite 147

In Pau fährt Vincenzo Sospiri einen nie gefährdeten Start-Ziel-Sieg heraus. Die Saison läuft fabelhaft für den Italiene

im Training die Maßstäbe und holt sich die Pole vor

„Ich bin zu verhalten gefahren"

Ricardo Rosset. Meisterschaftsleader Vincenzo Sospiri steht nur auf dem achten Rang, „weil ich zu verhalten gefahren bin".

Sein Teampartner Ricardo Rosset gewinnt das Startduell gegen Kenny Bräck, der sich sofort in den Windschatten hängt, aber dennoch langsam an Boden verliert. Als an Bräcks Reynard die Vorderradaufhängung bricht, ist Ricardo Rosset schon „auf Lichtjahre" entschwunden. Doch auf dem Ehrenplatz hinter Rosset läuft Vincenzo Sospiri ein, nachdem er sich aus allen Querelen des Rennens geschickt herausgehalten hat.

In Hockenheim, im Rahmen des GP Deutschland, wird endlich die Dominanz des Supernova-Teams gebrochen. Vincenzo Sospiri und Ricardo Rosset sind an diesem Wochenende nur Statisten. Guillaume Gomez holt sich die Pole-Position, doch schon nach einer Runde fällt er auf den dritten Platz zurück, und nur mit Mühe gelingt es ihm, diese Position vor Emmanuel Clerico ins

…h fünf Jahren in der Formel 3000 der gerechte Lohn

Team-Boss Sears, Sospiri und Team-Besitzer Saruhashi

Kurzportrait: Vincenzo Sospiri

Der Italiener Vincenzo Sospiri aus Forli wird in die Geschichte dieser Formel-3000-Meisterschaft eingehen als derjenige Fahrer, der am längsten dem Titelgewinn hinterherlief. Der 29jährige ist deshalb durchaus etwas frustriert: „Schließlich fuhr ich schon mit Leuten wie Damon Hill und Heinz-Harald Frentzen in der Formel 3000. Und guck' Dir an, wo die heute alle sind..."

Nach unzählbaren Erfolgen im italienischen Kartsport packte Sospiri seine Koffer und siedelte nach England um. Dort fuhr er in der Formel Ford und der Formel-Opel-Lotus. Auch in der Formel 3 konnte er mehrfach siegen.

Das genügte dem jetzigen Formel-1-Rennstallbesitzer Eddie Jordan, Sospiri 1989 eine Chance in der Formel 3000 zu geben. Doch das Sponsorgeld reichte nicht für weitere Einsätze. 1991 gab es einen erneuten Anlauf in Richtung F3000-Titel mit dem Barclay-Jordan-Team. Sospiri war damals Teampartner von Damon Hill, aber die beiden wurden keine Freunde. Erst recht nicht, als Sospiri Hill im südfranzösischen Nogaro durch einen Abschuß um die Titelchance brachte.

Nach einem einjährigen Formel-3-Intermezzo in Italien ging er für weitere drei Jahre in die Formel 3000. Doch erst 1995 lief für den Italinier alles glatt und wie am Schnürchen: Seit dem zweiten Saisonrennen in Barcelona ließ sich Vincenzo Sospiri nicht mehr die Tabellenführung entreißen und holte sich den verdienten Titel.

Seine Pläne: „Für das nächste Jahr, 1996, lautet die Marschrichtung Formel 1. Ich stehe in Verhandlungen mit Arrows, Tyrrell und Sauber. Aber ich werde mich nicht in zeitraubende Verhandlungen oder Sponsorsuche hineindrängen lassen. Wenn es mit der Formel 1 nicht klappt, dann gehe ich halt nach Amerika und fahre dort IndyCar."

Ziel zu retten. Der Sieg geht an das britische Nordic-Team und dessen Fahrer Marc Goossens, der damit nach dreijähriger Durststrekke Lola Cars Ltd. wieder einen Sieg bescheren kann.

Dagegen läuft es für Vincenzo Sospiri beim nächsten Lauf im belgischen Spa-Francorchamps wieder hervorragend. Er holt sich schon nach vier Runden die Führung von Marc Goossens, der gegen Rennende nach einem Fahrfehler aufgibt. Christophe Bouchut belegt den zweiten Platz. Er ist die Sensation schlechthin: Vom zehnten Startplatz ins Rennen gegangen, steigert sich der Franzose von Runde zu Runde.

Beim vorletzten Rennen der laufenden Saison sichert sich Vincenzo Sospiri vorzeitig den Titel, obwohl er das Rennen auf dem punktelosen 7. Platz beendet – eine schwere Grippe macht ihm zu schaffen. Mann des Rennens im portugiesischen Estoril ist der junge Brasilianer Tarso Marques, der von

Trauriges Finale

der Pole-Position ein fehlerfreies Rennen fährt und vor Emmanuel Clerico den Zielstrich kreuzt.

Beim Finale im französischen Magny-Cours holt sich Kenny Bräck die Pole-Position knapp vor Tarso Marques, Allan McNish, Christophe Bouchut und Marc Goossens. Der neue Titelträger Sospiri steht nur auf dem 9. Startplatz. Kenny Bräck zieht vom Start weg einsam seine Runden und holt sich einen nie gefährdeten Start-Ziel-Sieg, seinen ersten Formel-3000-Sieg überhaupt.

In der letzten Runde geschieht die Katastrophe: In der Adelaide-Haarnadel versucht Marco Campos ein Ausbremsmanöver auf den F3000-Neuling Thomas Biagi. Eigentlich geht es um nichts. Campos liegt bis dahin an zehnter Stelle und will sich auf den neunten Platz verbessern. Bei der Aktion berührt der Lola des Brasilianers das linke Hinterrad des Reynard von Biagi. Der blaue Draco-Motorsport-Lola steigt auf wie eine Rakete, überschlägt sich mehrmals in der Luft und kracht gegen einen Beton-Begrenzungswall, bevor er sich im Kiesbett noch einige Male überschlägt. Marco Campos erliegt zwei Tage später seinen schweren Kopfverletzungen. Er ist der erste Fahrer, der in der zehnjährigen Historie der Formel-3000-Europameisterschaft sein Leben lassen muß. W.M.

Der Start aus der dritten Reihe in Spanien ist für Sospiri (8

DAMS-Teamkollegen Marques und Gomez kommen sich beim Anfahren der ersten Ku

: zum Titel. Nach Barcelona fährt Sospiri Siege in Serie ein

französischen Pau zu nahe – ein Fall für die Versicherung

Endstand 1995

	Fahrer	Auto	Punkte
1.	Vincenzo Sospiri (I)	Reynard 95D-Cosworth	42
2.	Ricardo Rosset (BR)	Reynard 95D-Cosworth	29
3.	Marc Goossens (B)	Lola T95/50-Cosworth	24
	Kenny Bräck (S)	Reynard 95D-Judd-Zytek	24
5.	Tarso Marques (BR)	Reynard 95D-Cosworth	15
	Emmanuel Clerico (F)	Reynard 95D-Cosworth	15
7.	Allan McNish (GB)	Reynard 95D-Cosworth	11
8.	Guillaume Gomez (F)	Reynard 95D-Cosworth	8
9.	Christian Pescatori (I)	Reynard 95D-Cosworth	7
10.	Christophe Bouchut (F)	Lola T95/50-Cosworth	6
	Jean-Philippe Belloc (F)	Reynard 95D-Cosworth	6
12.	Jerome Policand (F)	Lola T95/50-Cosworth	4
13.	Marco Campos (BR)	Lola T95/50-Cosworth	3
14.	Fabrizio de Simone (I)	Reynard 95D-Judd-Zytek	2
	Marcos Gueiros (BR)	Reynard 95D-Judd-Zytek	2
16.	Didier Cottaz (F)	Reynard 95D-Cosworth	1
	Christophe Tinseau (F)	Reynard 95D-Judd-Zytek	1

Chronik der Meister

1985 Christian Danner (D)
1986 Ivan Capelli (I)
1987 Stefano Modena (I)
1988 Roberto Moreno (BR)
1989 Jean Alesi (F)
1990 Erik Comas (F)
1991 Christian Fittipaldi (BR)
1992 Luca Badoer (I)
1993 Olivier Panis (F)
1994 „Jules" Boullion (F)
1995 Vincenzo Sospiri (I)

Renntermine 1996

24. März:	Hockenheim (D)
12. Mai:	Nürburgring (D)
27. Mai:	Pau (F)
13. Juli:	Pergusa (I)
27. Juli:	Hockenheim (D)
18. Aug.:	Donington (GB)
24. Aug.:	Spa (B)
15. Sept.:	Magny-Cours (F)
29. Sept.:	Mugello (I)

Vorläufiger Terminkalender

1996 Einheitsformel

Die Namensänderung bleibt aus: Auch in Zukunft heißt die Meisterschaft Formel 3000. Viele hätten sich stattdessen den Namen Formel 2 gewünscht. Ansonsten wird 1996 vieles anders. Es gibt ein völlig neues Reglement. Die zweitstärkste Formel-Klasse wird eine Einheitsformel mit einem Chassis, einem Motor und einem Reifenhersteller.

Jedes Team wird nun den neuen Lola F3000 mit Judd-Zytek-Motor einsetzen und mit Avon-Pneus ausgestattet. Damit soll die Kosteneskalation eingedämmt und noch größere Chancengleichheit unter den Formel-3000-Teams erreicht werden.

Dr. Helmut Marko, österreichischer Rennstallbesitzer, plant ein Formel-3000-Comeback mit seinem Team. Jörg Müller soll ins Cockpit. Schon vor vier Jahren hatte sich Marko mit Karl Wendlinger in der Formel 3000 engagiert.

Für Deutschland ist 1996 die Formel 3000 hoch attraktiv: Die FIA hat drei Läufe an deutsche Rennstrecken vergeben.

Formel Fight

Ralf Schumacher und der Argentinier Norberto Fontana liefern sich 1995 den Zweikampf der Saison. Sieger Fontana, schon 1995 Testfahrer bei Sauber, hofft auf einen F-1-Vertrag.

Keine Frage, wer die Deutsche Formel-3-Meisterschaft gewinnt, ist für „höhere Aufgaben" vorbestimmt! 1995 ist dies Norberto Fontana. Auf den ehrgeizigen Argentinier, mit der auch für Rennfahrer idealen Figur eines Jockeys, ist die Formel-1-Szene noch während dessen Formel-3-Zeit aufmerksam geworden: Der Schweizer Formel-1-Rennstall von Peter Sauber hat den Hoffnungsträger als Testpiloten verpflichtet. Wann der amtierende Deutsche Formel-3-Meister seinen ersten Grand Prix bestreiten wird, ist nur noch eine Frage der Zeit.

Während für den 20jährigen Fontana, den seine argentinischen Landsleute schon jetzt frenetisch als Nachfolger des legendären Juan-Manuel Fangio feiern, die Formel-3-Lehrzeit mit Glanz und Gloria zu Ende geht, verläßt der gleichaltrige Ralf Schumacher die Szene mit gesenktem Haupt. Weder die Tips seines Bruders Michael, noch die Top-Betreuung im Opel-Team-WTS, das von Willi Weber, dem Manager der beiden Schumacher-Brüder, geleitet wird, versetzen „Schumi II" in die Lage, Fontana 1995

Sieben contra fünf, das Duell der Saison. Die Nummer 5 – Michael Schumachers jünge

Serie

Intern. Deutsche Formel-3-Meisterschaft • seit 1950 (Formel Junior), seit 1975 in jetziger Form • Internationale Bewerber- und Fahrerlizenz Stufe B • 16 Läufe an 8 Wochenenden • Preisgelder in Höhe von DM 250.000 • Mindestalter 18 Jahre

Daten

Kohlefasermonocoque, Chassishersteller: Dallara, vorn und hinten verstellbare Flügel • Mindestgewicht 455 kg • Zweiliter-Vierzylinder-Motor mit ca. 180 PS, Topspeed 270 km/h • Katalysator-Technik • 5-Gang-Renngetriebe verschiedener Hersteller • Autopreis: etwa DM 160.000-230.000

uder Ralf – gilt anfangs als klarer Favorit. Doch Norberto Fontana (7) kann sich am Ende klar durchsetzen

vom Siegkurs abzubringen. Dabei heißt der große Favorit am Saisonbeginn Ralf Schumacher. Nur wenige Beobachter glauben daran, daß der Kerpener einen ernsthaften Gegner in seinem zweiten Formel-3-Jahr finden wird. Doch schon beim Saisonstart steigt ein kleiner, bescheidener Mann kometenhaft empor: Norberto Fontana gewinnt im Dallara 395 Opel des Schweizer KMS Teams im Handstreich vier Rennen in Folge – die Konkurrenz ist geschockt! Allen voran Ralf Schumacher, der nun zum Konter ansetzt. Durch einen Sieg und einen zweiten Platz im Schatten der monumentalen Steintribüne am Norisring und zwei Siege auf der Flugplatzpiste im norddeutschen Diepholz kann Schumacher wieder Fuß fassen: der Zweikampf bekommt neuen Zündstoff. Schließlich kann das Energiebündel aus Argentinien die Meisterschaft für sich entscheiden. Zwei Fontana-Siege am Nürburgring, zwei Fontana-Siege in Singen,

Eklat für Ralf Schumacher

zwei Fontana-Siege in Magny-Cours - die Sache ist gelaufen. Beim Saisonfinale in Hockenheim endet der Zweikampf, der die Formel-3-Saison geprägt und beherrscht hat, schließlich im

Massenkarambolage in Diepholz. Trotz des spektakulärer

Siegerehrung in Zandvoort: Schumacher und Fontana

Kleiner Mann ganz groß

Norberto Fontana, 162 cm groß, 61 kg schwer, ehrgeizig, furchtlos, egoistisch, siegeshungrig – wie geschaffen für die Grand-Prix-Szene! Norberto wird am 20.01.1975 im argentinischen Arrecifes als jüngster Sohn mittelständischer Eltern geboren. Seine kleine Heimatstadt liebt den früheren Meßdiener so sehr, daß man Feste veranstaltet, um aus deren Erlös die Motorsport-Karriere Fontanas zu fördern. Schon mit acht Jahren fährt Norberto im Kart, mit 16 ist er Argentinischer Meister und mit 18 Jahren zieht er ins ferne Europa, um sein Glück zu machen. „Ich mußte alle Freunde und meine Familie verlassen, das fiel mir sehr schwer. Ich war einsam und habe mich mit Ayrton Senna als Vorbild, der auch als Südamerikaner nach Europa ging, nur auf das Rennfahren konzentriert", blickt der Deutsche Formel-3-Meister 1995 zurück. Der Einsatz, menschlich wie sportlich, hat sich für Norberto Fontana gelohnt – schon jetzt besitzt er einen Testvertrag im Formel-1-Team Sauber-Ford. Und wer ihn '95 in der Formel 3 genauer beobachtet hat, der ahnt: Das Energiebündel aus Argentinien wird seinen Weg machen!

Eklat für Ralf Schumacher. Beim Versuch, seinen Dallara 395 Opel nach einem Dreher wieder in Fahrtrichtung zu bringen, agiert er überstürzt und kracht in den Monoposto des Österreichers Alexander Wurz. Die Sportkommissare reagieren prompt: Schumacher wird nicht nur disqualifiziert, sondern vom sonntägigen Finallauf, dem 16. Rennen der Meisterschaft, ausgeschlossen. Zudem muß er sein ungestümes Fahrverhalten vor der deutschen Automobil-Sporthoheit ONS vertreten. Das Duell Fontana-Schumacher endet schließlich recht deutlich für den Argentinier. 256 Punkte stehen in der Schlußabrechnung auf seinem Konto, während der Deutsche sich mit 171 Punkten und dem Vizetitel begnügen muß.

Die Formel-3-Meisterschaft in Deutschland, deren

Neuer Kronprinz für 1996

international hoher Stellenwert durch die Teilnahme von Piloten aus elf Nationen unterstrichen wird, bringt bereits zum Saisonende '95 ihren neuen Kronprinzen für das kommende Jahr hervor. Jarno Trulli, Italiener und Kartweltmeister mit einem Outfit, das frappierend an den unvergessenen Ayrton Senna erinnert, liefert einen

hs direkt nach dem Start geht das Rennen weiter

Tim Bergmeister jagt im F3V-B-Cup auf den 2. Platz

B-Cup - keine zweite Wahl

High-Tech und professionelle Arbeit führen auch in der Deutschen Formel-3-Meisterschaft zu enormen Kosten. So reicht die Kalkulation der Top-Teams für eine Saison – inklusive der drei internationalen Rennen in Monaco, Zandvoort und Macau – an die Millionen-Grenze heran. Ein Budget, das sicherlich nicht einfach zu beschaffen ist. Die Formel-3-Vereinigung (F3V) gibt jedoch auch Neueinsteigern eine Chance in der höchsten deutschen Formel-Rennserie. In der internen Wertung „F3V-B-Cup" werden ausschließlich Vorjahres-Fahrzeuge zugelassen und die Kosten dadurch enorm gesenkt. Der Däne Jakob Sund holte sich in dieser Wertung mit 73 Punkten den Titel 1995. Hinter ihm kamen die beiden Deutschen Tim Bergmeister (71 Punkte) und Wolf Henzler (64 Punkte) ins Saisonziel. Während Sund und Bergmeister eher unscheinbar und durch eifriges Punktesammeln ans Ziel kamen, beeindruckte Henzler durch seine Kaltschnäuzigkeit und großen Kampfeswillen. Der 20jährige aus Nürtingen bei Stuttgart sicherte sich nicht nur die meisten Siege (5), sondern auch die aufmerksamen Blicke vieler Teamchefs.

Endstand 1995
F3V-B-Cup

Name/Wohnort	Wagen	Pkte
1. J. Sund/Slagelse (DK), 23 Jahre	Dallara-Opel	73
2. T. Bergmeister/Langenfeld (D), 20 J.	Dallara-Opel	71
3. W. Henzler/Nürtingen (D), 20 J.	Dallara Opel	64
4. F. Krämer/Neckarsulm (D), 27 J.	Dallara-Opel	28
5. J. Stureson/Knislinge (S), 22 J.	Dallara-Opel	27
6. T. Kluck/Adenau (D), 23 J.	Dallara-Opel	25
7. S. Zani/Amsterdam (NL), 25 J.	Dallara-Fiat	22
8. J. Trulli/Francarilla al Mare (I), 21 J.	Dallara-Opel	18
9. S. Widmann/Unter-Flockenbach (D), 20 J.	Dallara-Opel	17
10. M. Friesacher/Anif(A), 20 J.	Dallara-Fiat	15

Gruppenbild am Norisring. Piloten aus elf Nationen hoffen darauf, über die angesehene Deutsche Formel 3 den Sprung

Der kurioseste Unfall der Saison: Alexander Wurz wird auf der Berliner Avus vom Safety-Car gerammt

Königsklasse zu schaffen

Endstand 1995

Internationale Deutsche Meisterschaft Formel 3

	Name/Wohnort	Alter	Wagen	Punkte
1.	Norberto Fontana/Arrecifes (RA)	20 Jahre	Dallara-Opel	256
2.	Ralf Schumacher/Kerpen (D)	20 Jahre	Dallara-Opel	171
3.	Massimiliano Angelelli/Monaco (MC)	28 Jahre	Dallara-Opel	140
4.	Jarno Trulli/Francarilla al Mare (I)	21 Jahre	Dallara-Opel	95
5.	Pedro Couceiro/Lissabon (P)	25 Jahre	Dallara-Fiat	85
6.	Alexander Wurz/Perchtoldsdorf (A)	21 Jahre	Dallara-Opel	74
7.	Tom Coronel/Haarlem (NL)	23 Jahre	Dallara-Opel	73
8.	Rui Aguas/Vilamoura (P)	23 Jahre	Dallara-Opel	61
9.	Arnd Meier/Hannover (D)	22 Jahre	Dallara-Fiat	60
10.	Philipp Peter/Figino-Casoro (I)	26 Jahre	Dallara-Fiat	47

Ralf Schumacher mit seinem Manager Willi Weber und Bruder Michael in Monaco

beeindruckenden Einstand in der Formel-3-Szene. Der krönende Abschluß folgt mit einem Doppelsieg beim Saisonfinale.

Der Saisonverlauf 1995 hat eines deutlich unterstrichen: Die Luft ist äußerst dünn in der höchsten deutschen Formel-Rennserie. Während sich an der Spitze nur wenige Talente tummeln, ist die Liste der Enttäuschten ziemlich lang. Ob Massimiliano Angelelli, der seine sechsjährige Formel-3-Karriere eigentlich mit dem Titel abschließen wollte, ob Alexander Wurz, der sich nach seinem Vorjahres-Vizetitel in diesem Jahr mehr ausgerechnet hatte oder ob Pedro Couceiro, der mit der Startnummer 1 des Vorjahres-Meisters Jörg Müller antrat - sie alle haben ihr Ziel nicht erreicht. Nur vier Piloten teilen sich die 16 Siege: Fontana (10), Schumacher (3), Trulli (2) und Angelelli (1). Sämtliche Triumphe sind mit dem rund 180 PS starken 2-Liter-Aggregat von Opel erreicht worden, Fiat hat keine ernsthafte Chance und taucht somit in der Tabelle erst an fünfter Stelle mit Couceiro auf. Im Chassisbereich ist seit Jahren die italienische Konstruktion von Dallara konkurrenzlos.

Es zeigt sich in allen Bereichen: Wer in der Deutschen F3-Meisterschaft bestehen will muß mehr sein als durchschnittlich – schließlich werden hier die Formel-1-Champions von morgen ausgebildet. Die Karriere von Michael Schumacher, dem Deutschen Formel-3-Meister von 1990, ist dafür der beste Beweis. Manager Willi Weber plant für Ralf Schumacher 1996 entweder einen Einsatz in der ITC oder in der Formel 3000 mit einem eigenen Team. H.P.D

Chronik der B-Meister

Jahr	Fahrer
1990	Franz Binder (A)
1991	Mathias Arlt (D)
1992	Christian Abt (D)
1993	Patrick Bernhardt (D)
1994	Arnd Meier (D)
1995	Jakob Sund (DK)

Chronik der Meister

Jahr	Fahrer
1975	Ernst Maring (D)
1976	Bertram Schäfer (D)
1977	Peter Scharmann (A)
1978	Bertram Schäfer (D)
1979	Michael Korten (D)
1980	Frank Jelinski (D)
1981	Frank Jelinski (D)
1982	John Nielsen (DK)
1983	Franz Konrad (A)
1984	Kurt Thiim (DK)
1985	Volker Weidler (D)
1986	Kris Nissen (DK)
1987	Bernd Schneider (D)
1988	Joachim Winkelhock (D)
1989	Karl Wendlinger (A)
1990	Michael Schumacher (D)
1991	Tom Kristensen (DK)
1992	Pedro Lamy (P)
1993	Jos Verstappen (NL)
1994	Jörg Müller (D)
1995	Norberto Fontana (ARG)

Doller Däne

Die Formel Opel Euroserie wird im Zweikampf entschieden: Der Portugiese Manuel Giao und der farbige Däne Jason Watt sind die beiden großen Kontrahenten, die in der Saison 1995 den Ton angeben. Am Ende hat Watt die Nase vorne: Ein Sieg beim Saisonfinale im irischen Mondello Park sichert ihm den Meistertitel. Es ist sein siebter Sieg im 15. Rennen, womit er den bisherigen Rekord von Rubens Barrichello (sechs Siege) überbietet.

Eine Vorentscheidung im Titelkampf fällt beim Rennen auf dem Nürburgring Anfang Juli: Sieger Giao wird nachträglich disqualifiziert, weil er nach einem Rennabbruch nicht aus eigener Kraft an die Boxen zurückgekommen ist. Den Sieg erbt Watt, der in sieben von acht verbleibenden Saisonrennen vor Giao ins Ziel kommt. Das beste Resultat eines Deutschen schafft Jörg Bergmeister mit Rang 3 in Mugello.

Beim Titelkampf in der **Deutschen Formel Opel** scheitert Bergmeister knapp: Beim letzten Rennen auf der Berliner Avus gewinnt er zwar, doch Rang 2 reicht dem Österreicher Walter Thimler zum Titelgewinn. Bergmeister, dessen Bruder Tim in der Formel-3-DM fährt, bleibt die Ehre der meisten Saisonsiege (4) vorbehalten. Hinter dem Schweizer Peter Honegger wird Patrick Simon als Gesamt-Vierter zweitbester Deutscher in der Deutschen Opel Challenge.

Serie

Formel Opel Euroserie und Deutsche Formel Opel Challenge • seit 1988 • internationale C-Lizenz erforderlich • 15 Rennen in der Formel Opel Euroserie, zehn in der Deutschen Formel Opel Challenge • Preisgeld: 90.000 DM Euroserie (plus 100.000 DM für Reisekostenerstattung), 80.000 DM Challenge • Mindestalter: 17 Jahre (Challenge), 16 Jahre (Euroserie) • Kosten pro Auto und Saison (inclusive Tests): 300.000 DM in der Formel Opel Euroserie, 120.000 DM in der Deutschen Formel Opel Challenge.

Daten

Einheitschassis mit Aluminium-Monocoque • verstellbare Front- und Heckspoiler • Gewicht 498 kg • Opel-2-Liter-Vierzylinder-Motor mit 16 Ventilen und 158 PS • Verdicht. 10,5:1 • max. Drehmoment 210 Nm bei 4700 U/min • Bosch-Einspritzung • Katalysator • Hewland 5-Gang-Renngetriebe • spez. Kopf- und Nackenschutz • Höchstgeschwindigkeit ca.260 km/h • 0-100 km/h in 4,5 Sek.

Jörg Bergmeister beim Finall

Endstand 1995

Formel Opel Euroserie

Fahrer	Land	Punkte
1. Jason Watt	Dänemark	211
2. Manuel Giao	Portugal	185
3. Donny Crevels	Niederlande	148
4. Richard Westbrook	Großbritannien	128
5. André Couto	Portugal	109
6. Louis F. Uva	Brasilien	89
7. Ricardo Teodosio	Portugal	65
8. Tim Coronel	Niederlande	59
9. Filippo Franconi	Italien	51
10. Jörg Bergmeister	Deutschland	38

Endstand 1995

Deutsche Formel Opel Challenge

Fahrer	Land	Punkte
1. Walter Thimler	Österreich	124
2. Jörg Bergmeister	Deutschland	122
3. Peter Honegger	Schweiz	98
4. Patrick Simon	Deutschland	71
5. J. Hainbach	Deutschland	66
6. S. Mordillo	Frankreich	66
7. Mario Hilgert	Deutschland	46
8. J. Johnson	Norwegen	43
9. A. Schussler	Deutschland	35
10. P. Sager	Österreich	29

Jason Watt

25jähriger Däne. Erst Kart-WM, 1993 britische Formel Vauxhall, dann 1994 britische Formel Ford 1800 (Meister GB, Festival-Sieger). 1996 nach guten Tests im BSR-Team in der F3-DM oder bei Opel in der DTM.

Walter Thimler

26jähriger Österreicher, lebt heute in Wien. Thimler war 1994 österreichischer Staatsmeister im Kart und zweiter im Formel Opel East-Cup. Mit drei Siegen, zwei zweiten Plätzen und zwei dritten Plätzen konnte er sich 1995 den Meistertitel der deutschen Formel Opel Challenge sichern.

EFDA SA, Mr. Daniel Partel
2, rue Jean Jaures, L-1836 Luxemburg
Tel. 00352-446464, Fax 00352-455683

der Avus. Trotz seines Sieges reicht es nicht zum Titel. Den kann sich Walter Thimler mit dem zweiten Platz sichern

Chronik der Meister
(Formel Opel Euroserie)

1988 Mika Häkkinen (SF)
1989 Peter Kox (NL)
1990 Rubens Barrichello (BR)
1991 Pedro Lamy (P)
1992 Gareth Rees (GB)
1993 Patrick Crinelli (I)
1994 Marco Campos (BR)
1995 Jason Watt (DK)

Chronik der Meister
(Deutsche Formel Opel Challenge)

1989 Jörg Müller (D)
1990 Michael Krumm (D)
1991 Marco Mankonen (FIN)
1992 Helmut Schwitalla (D)
1993 Johnny Hauser (CH)
1994 Ralf Goral (D)
1995 Walter Thimler (A)

Der Zweikampf, der die Euroserie 1995 bestimmt: Manuel Giao und Jason Watt (5)

Deutsche Renault AG, Abteilung Motorsport
Kölner Weg 6-10, 50321 Brühl
Tel. 02232-73271, Fax 02232-73559

Was lange währt...

Ronny Melkus nimmt die Verfolgung auf. Doch „Drucki" kann sich am Ende behaupten

Serie

ONS-Formel-Renault-Cup • seit 1991 in D • A-Klasse (ab 18 J., intern. C-Lizenz erf.) und B-Klasse (ab 16 J., ONS-Junior-Lizenz erf.) • 9 Rennen • Preisgeld: 650.000 DM • Kosten pro Auto und Saison ca. 150.000 DM.

Daten

Rohrrahmen-Chassis versch. Hersteller • Mindestgewicht 455 kg • A-Klasse: 2-Liter-Vierzyl.-Motor mit acht Ventilen • 160 PS • Fünf-Gang-Hewland-Renngetriebe • Topspeed 240 km/h • B-Klasse: 1,8-Liter-Vierzyl.-Motor mit acht Ventilen • 135 PS • Topspeed 220 km/h, Serien-5-Gang-Getriebe • Autopreis (A-Klasse): ca. 70.000 DM.

Chronik der Meister

1991 Joachim Beule (D)
1992 Thomas Wöhrle (D)
1993 Arnd Meier (D)
1994 Marcel Tiemann (D)
1995 Ralf Druckenmüller (A-Klasse)
Timo Scheider (B-Klasse)

Es wird auch langsam Zeit: Schon seit der Premiere der Formel Renault in Deutschland 1991 ist Ralf Drukkenmüller in dieser Nachwuchs-Formel engagiert. 1995 endlich reicht es zum Gesamtsieg. Mit sechs Siegen in neun Rennen stellt er den Saisonrekord von Christian Menzel aus dem Jahr 1993 ein und steht bereits vor dem Finalrennen auf dem Hockenheimring als neuer Meister fest. Am nächsten kommt Druckenmüller dabei Ronny Melkus (hms-Team). Ein vierter Platz beim Saisonfinale sichert Melkus schließlich den Vize-Titel. Bestplazierter B-Fahrer ist Timo Scheider.

Äußerst trübe verläuft das Jahr für den Titelfavoriten Sascha Bert: Fünf Nuller werfen den Zakspeed-Piloten in der Gesamtwertung weit zurück.

Wie bereits der Clio-Cup läuft auch die Formel Renault in diesem Jahr zu großer Popularität auf – im Schnitt stehen neben 13 A-Autos (2 Liter Hubraum) ein sattes Feld von 25 B-Fahrzeugen (1,8 Liter) am Start. Der Rekord wird beim GP der Tourenwagen am Nürburgring erreicht: 39 Formel Renault-Treter reisen an. Für 1996 wird die Einschreibegrenze von 40 auf 50 angehoben.

Endstand 1995

	Fahrer	Auto	Punkte
1.	Ralf Druckenmüller (D)	Ermolli	345
2.	Ronny Melkus (D)	Tatuus	256
3.	Timo Rumpfkeil (D)	Alpa	247
4.	Marco Dauser (D)	van Diemen	220
	Yves Olivier (B)	van Diemen	220
6.	Timo Scheider (D)	van Diemen	183
7.	Jeffrey van Hooydonk(B)	van Diemen	159
8.	Thomas Mutsch (D)	Martini	142
9.	Jens Winkelhock (D)	Tatuus	136
	Sascha Bert (D)	Tatuus	136

Ralf Druckenmüller (A-Klasse)

25 Jahre, gelernter Kfz-Mechaniker aus Mendig in der Eifel. Fuhr für das MCH-Team Target. In der deutschen Formel Renault ein Mann der ersten Stunde - seit 1991 dabei. War zuvor Formel-Ford-Meister 1990.

Timo Scheider (B-Klasse)

16jähriger Schüler aus Braubach bei Koblenz, bisher diverse Erfolge im Kart-Sport, fuhr für Team Target aus Stuttgart.

Ford-Werke AG, Motorsport NH/VMW
Henry-Ford-Str. 1, 50725 Köln
Tel. 0221-9017183, Fax 0221-9012987

Nicks große Nummer

Pierre Kaffer auf seinem Weg zum Titel. In der nationalen Wertung kann er sich gegen Nick Heidfeld durchsetzen

Serie

Formel Ford ZETEC-Cup • seit 1966 in England • int. C-Lizenz erf. • sieben Rennen ZETEC-Cup Deutschland (int. Penthouse-Wertung: 13 Rennen) • Preisgeld: 16.000 Mark pro Rennen (nat. und Penthouse-Wertung zusammen) und zusätzliche Sach- und Geldpreise • Mindestalter: 16 Jahre • Saisonkosten ca. 120.000 DM (13 Rennen).

Daten

Stahl-Rohrrahmen-Chassis versch. Hersteller • Mindestgewicht 515 kg (incl. Fahrer) • 1,8-Liter-ZETEC-Motor aus dem Ford Escort • 4 Zylinder, 16 Ventile • 140 PS • Topspeed: 220 km/h • Hewland-4-Gang-Renngetriebe • Autopreis: 55.000 DM

Chronik der Meister

1990 Ralf Druckenmüller (D)
1991 Christian Fischer (CH)
1992 Alexander Wurz (A)
1993 Klaus Graf (D)
1994 Mario Hilgert (D)
1995 Pierre Kaffer (D/nat.)
Nick Heidfeld (D/Penthouse)

Die älteste Nachwuchs-Rennformel der Welt wird ihrem Ruf als Talentschmiede auch 1995 gerecht – der Formel Ford Zetec-Cup bietet erneut dramatische Rennen. An der Spitze bestimmen Nick Heidfeld und Pierre Kaffer das Geschehen. Heidfeld läuft vor allem in der zweiten Saisonhälfte zu großer Form auf und holt damit den Titel in der internationalen Penthouse-Wertung. Sein großer Konkurrent Pierre Kaffer sichert sich die nationale Wertung. Mit Tomas Enge tut sich 1995 endlich wieder ein schneller Formel-Pilot aus dem Osten hervor. Der van-Diemen-Pilot startet hervorragend in die Saison. Vier Null-Punkte-Ergebnisse in der zweiten Saisonhälfte werfen den Tschechen jedoch weit zurück. Zum Shooting-Star im Formel Ford Zetec-Cup 1995 wird der Sohn von Österreichs Rennlegende Walter Lechner: Robert Lechner fährt in seiner ersten kompletten Rennsaison zwei Siege in Hockenheim und Zandvoort und Platz 4 in der ÖMV-Wertung heraus.

1996 wird auch im Formel Ford Zetec-Cup auf Slick-Reifen umgestellt. Zudem hoffen die Organisatoren auf üppigere Starterfelder – 1995 gab´s zwar Klasse, nicht immer aber Masse.

Endstand 1995

Penthouse-Wertung

	Fahrer	Auto	Punkte
1.	Nick Heidfeld (D)	van Diemen	346
2.	Pierre Kaffer (D)	Swift	336
3.	Tomas Enge (CZ)	van Diemen	266
4.	Robert Lechner (A)	van Diemen	245,5
5.	Kenneth Kristensen (DK)	van Diemen	229
6.	Thomas Reinert (CH)	Swift	210,5
7.	Osmunde Dolischka (A)	van Diemen	197,5
8.	Erich Weber (A)	van Diemen	177
9.	Mario Detmers (A)	van Diemen	164
10.	Jürgen Gaugel (D)	van Diemen	156

Nationale Wertung

	Fahrer	Auto	Punkte
1.	Pierre Kaffer (D)	Swift	202,5
2.	Nick Heidfeld (D)	van Diemen	169
3.	Ralf Dekarski (D)	van Diemen	165,5
4.	Sven Fischer (D)	van Diemen	124
5.	Jakob Jensen (DK)	van Diemen	123,5

Nick Heidfeld (Penthouse-Wertung)
18 Jahre, kommt aus Mönchengladbach, macht nächstes Jahr Abitur, 1994 bereits Meister in der 1600er Klasse, wird von Werner Heinz (u.a. Henry Maske, Bernd Schneider und Frank Biela) gemanagt.

König Motorsport GmbH, Werner Aichinger
Postfach 610127, 70308 Stuttgart
Tel. 0711-3169595, Fax 3169505

King of Känguruhs

Sechs von neun Rennen gewinnt der Australier Richard Lee McLeod und holt damit souverän den Meistertitel

Serie

AvD-Formel-König-Youngster-Cup • seit 1988 • ONS-Junior-Lizenz oder intern. C-Lizenz • neun Rennen • Preisgeld: DM 100.000 (incl. Sachpreise) • Mindestalter: 16 Jahre • Kosten pro Auto und Saison: ca. DM 70.000

Daten

Einheitschassis mit Gitterrohrrahmen • einstellbare Front- und Heckspoiler • VW Polo-Motor, 1.300 ccm, 4 Zyl., 115 PS • Topspeed: 210 km/h • 4 Gang-Hewland-Getriebe • ab '96: Neues Chassis mit höhergezogenen Cockpitwänden, Radaufhängung in Formel-3-Technik, Motor/Getriebe-Einheit unverändert • Autopreis: DM 45.000

Erstmals in der achtjährigen Geschichte der AvD-Formel-König wird die Serie von einem ausländischen Fahrer gewonnen: Der Australier Richard Lee McLeod entscheidet sechs der neun Rennen für sich und steht damit bereits vor dem Finallauf auf dem Hockenheimring als neuer Gesamtsieger fest. Ganz nebenbei gewinnt der schnelle Mann aus dem Land der Känguruhs auch noch die U22-Wertung.

Souverän sichert sich Thomas Mühlenz den zweiten Platz in der Gesamtwertung. Nach dem Sieg beim Saisonauftakt in Zolder fährt Mühlenz im Verlauf der Saison zu vier zweiten Plätzen. Die verbleibenden zwei Saisonsiege reißt sich der im Frühjahr 16 Jahre alt gewordene Jörg Boller unter den Nagel. In der Endabrechnung reicht es für Boller, dessen Vater einst mit einem Ford Escort in der Rennsport-Meisterschaft unterwegs war, jedoch nur zum fünften Gesamtrang.

Erstmals seit Bestehen der Serie nimmt 1995 keine einzige Dame an einem Formel-König-Rennen teil. Für 1996 freilich liegt bereits eine Nennung vor. Dann wird auch ein Formel-3-Team seine Formel-König-Abteilung eröffnen: G+M-Motorsport von Teamchef Siggi Müller plant für 1996 den Einstieg.

Richard Lee McLeod
Australier, 22 Jahre, kam '94 nach Deutschland. War in seiner Heimat dreifacher Kart-Meister, führte Formel König 1995 seit dem ersten Saisonrennen an, steigt 1996 in die Formel Renault auf.

Endstand 1995

Fahrer	Stadt	Punkte
1. Richard Lee McLeod	Brisbane (AUS)	169
2. Thomas Mühlenz	Köln (D)	144
3. Mark Thelen	Düsseldorf (D)	126
4. Thilo Winkler	Weinstadt (D)	111
5. Jörg Boller	Langgöns (D)	108
6. Markus Speer	Bad Soden (D)	63
7. Dominic Jöst	Abtsteinbach (D)	55
8. Tobias Merklinger	Walldorf (D)	52
9. Timo Conrad	Kornwestheim (D)	50
10. Marco Stipp	Herford (D)	42

Chronik der Meister

1988 Michael Schumacher (D)
1989 Thomas Winkelhock (D)
1990 Heribert Füngeling (D)
1991 Dirk Kisters (D)
1992 Marian Hamprecht (D)
1993 Jörg Bergmeister (D)
1994 Bernd Friedrich (D)
1995 Richard L. McLeod (AUS)

ADAC Sportabteilung
Am Westpark 8, 81373 München
Tel. 089-76762655, Fax 089-76762891

Der Gewinnus-Typ

Fahrer-Hatz: Tobias Schlesinger hat die Konkurrenten Alexander Müller und Matthias Wolf im Nacken

Serie

BMW-ADAC-Formel Junior • seit 1991 • Internationale C-Lizenz oder ONS-Junior-Lizenz erforderlich • 8 Rennen • Preisgeld: 150.000 DM • Mindestalter: 16 Jahre • Kosten pro Auto und Saison: 150.000 DM.

Daten

Einheitschassis mit Monocoque aus Kohlefaser • Gewicht 370 kg • Höchstgeschwindigkeit ca. 210 km/h • Motor aus der BMW K1 • 4 Zylinder-4 Takt • bisher 987 ccm, ab '96 neuer K1-Motor mit 1100 ccm • 100 PS, 5-Gang-Motorrad-Motor, sequentiell (in einer Reihe), kein Rückwärtsgang (ab 1996 eventuell mit Rückwärtsgang) • Autopreis: ca. 50.000 DM.

Wie bereits in den vorangegangenen vier Jahren ihres Bestehens wird die Formel Junior auch in diesem Jahr von einem Piloten des ADAC Südbayern dominiert: Der Münchner Dominik Schwager fährt nach einem vierten Platz zum Saisonauftakt in Zolder vier Siege in Folge ein, setzt auf der Berliner Avus noch einen obendrauf – und sichert sich damit ein Rennen vor Saisonende den Titel. Da hat auch Matthias Wolf keine Chance: Für den von Schumacher-Manager Willi Weber betreuten Ex-Kart-WM-Piloten reicht es mit vier zweiten Plätzen, einem dritten und einem sechsten Platz lediglich zum zweiten Platz. Schwager und Wolf fahren übrigens im Gewinnus-Team. Für Teamchef Kurt Gewinnus ist es der dritte Formel Junior-Titel in Folge. Der Aufsteiger der Saison wird in der Endabrechnung Dritter: Alexander Müller holt sich in seinem ersten Jahr zwei Siege.

Für 1996 sind Neuerungen vorgesehen: Ein BMW-K1-Motor mit nun 1100 ccm ist bereits beschlossene Sache – was eine A- (1100 ccm) und eine B-Klasse (bisherige 987 ccm-Autos) bedeuten würde. Ein anderes Getriebe (mit Rückwärtsgang) und ein neues Chassis sind ebenfalls geplant.

Endstand 1995

	Fahrer	Wohnort	Punkte
1.	Dominik Schwager	Eisenhofen	139
2.	Matthias Wolf	Gerlingen	103
3.	Alexander Müller	Rees	93
4.	Erik Schwarz	Kaisersesch	89
5.	Tobias Schlesinger	Calden	81
6.	Rolando Marzano	Coldrerio (CH)	56
7.	Michael Huber	Penzberg	51
8.	Daniel Hornung	Bremen	37
9.	Jens Denker	Bocholt	35
10.	Kai Felske	Braunschweig	33

Dominik Schwager

1989 bis 1992 Pop-Kart (1992: 15. Platz bei der Junioren-Weltmeisterschaft). 1993: Sieger beim Basislehrgang der BMW ADAC-Rennfahrerschule. 1994 war Schwager Gesamt-Siebter in der Formel Junior. Er ist 19 Jahre alt, macht nächstes Jahr Abitur, fährt gerne Snowboard.

Chronik der Meister

1991 Christian Abt (D)
1992 Alexander Grau (D)
1993 Ralf Kalaschek (D)
1994 Richard Kopp (D)
1995 Dominik Schwager (D)

ONS GmbH
Waidmannstr. 47, 60596 Frankfurt am Main
Tel. 069-6330070, Fax 069-63300730

Zitterpartie

Auf den Spuren Michael Schumachers: Timo Bernhard ist am Ende der Saison Deutscher Meister der Junioren

Serien

Ab 1996: DKM Formel A mit 100 ccm, DKM Formel C mit 125 ccm und DKM Junioren • Nationale Kart-Lizenz erforderlich • Mindestalter 16 Jahre (A und C) bzw. 14 Jahre (Junioren) • Zwölf Rennen bei sechs Veranstaltungen • Kosten: ca. DM 100.000 (Formel A und C), DM 80.000 (Junioren)

Daten

Stets 1-Zylinder-2-Takt-Motoren • Hubraum: DKM Formel A: 100 ccm, DKM C: 125 ccm • 6-Gang-Getriebe • DKM Junioren: 100 ccm, Fliehkraftkupplung • Höchstgeschwindigkeit: 170 km/h • Leistung: 45 PS (C) • 30 PS (A), 22 PS (Junioren) • Gewicht Kart plus Fahrer: 165 kg (C), 145 kg (A), vermutlich 125 kg (Junioren) • Kosten pro Kart: bis etwa DM 13.000

Das höchste deutsche Kart-Prädikat DKM (Deutsche Kart-Meisterschaft) erlebt 1995 ein unschönes Ende: Thomas Jäger ist beim Saisonauftakt in Kerpen mit angeblich illegalem Sprit ertappt worden. Die Berufungsverhandlung zieht sich bis nach Saisonende hin – und mit ihr die Meisterschaftsentscheidung. Denn der in der Gesamtwertung führende Alexander Zwelbar fliegt beim Saisonfinale in Jüterborg zweimal von der Strecke und muß darum noch bis zur ONS-Berufungsverhandlung um seinen Titel zittern. Erst danach darf er aufatmen: Jägers Berufung wird abgewiesen, Zwelbar ist Meister.

Der Trend im Kartsport geht unterdessen zu immer steiferen Chassis', zu zwei kleinen statt einer großen Bremsscheibe sowie zu immer leiseren Motoren (ab 1996 neu: Einheitsklasse „Futura" mit nur 92 statt 96 Dezibel).

Dank Michael Schumacher boomt der Kartsport wie noch nie. Die Zahl der ONS-Kart-Lizenzen ist sprunghaft gestiegen, die Fahrerlager platzen aus allen Nähten – Geld spielt dabei scheinbar keine Rolle: Tuner werden per Flugzeug eingeflogen, und wo man vor wenigen Jahren mit einem VW-Bus anrückte, steht heute ein Service-Truck.

Endstand 1995

Fahrer	Kart	Punkte
1. Alexander Zwelbar (D)	KZH-Mach 1	174
2. Thomas Jäger (D)	KZH-Swiss-Hutless	137
3. Richard Orphan (D)	Comer-Haase	110
4. Alexander Weis (D)	It. System-Jolly	107
5. Elran Nijenhuis (NL)	Comer-Haase	100
6. Andreas Feichtner (D)	KZH-Swiss-Hutless	91
7. Michael Bellmann (D)	Rotax-Swiss-Hutless	87
8. Sven Heidfeld (D)	Parilla-CRG	74
9. Jochen Peter (D)	CRG-CRG	67
10. Michael Becker (D)	Rotax-CMP	67

Alexander Zwelbar

Gymnasiast aus Donaueschingen, Vater Leopold in den 60er und 70er Jahren Europa- und Deutscher Meister, betreut heute den Sohn. Alexander fuhr wie sein großer Kontrahent KZH-Motoren, jedoch als Werksfahrer und nicht wie Jäger als Kunde.

Chronik der Meister

1991 Jörg Seidel (D)
1992 Gerwin Schweizer (D)
1993 Gerhard Lindinger (D)
1994 Gerhard Lindinger (D)
1995 Alexander Zwelbar (D)

Kartsport boomt

Noch nie gab es in Deutschland einen solchen Run auf die Kartbahnen wie im Jahre 1995. Seit Michael Schumacher immer wieder versichert: „Kartfahren ist die beste Schule für Rennfahrer!“ wollen es alle mal probieren. Und dabei stellen auch Leute ohne Sportambitionen fest: Es macht einfach Spaß.

Ende 1995 gibt es in der Bundesrepublik fast 100 Kartstrecken. Ein Drittel davon sind Outdoor-Bahnen, zwei Drittel jedoch Indoor-Kart-Bahnen. Hier werden dem Fahrspaß keine Grenzen vom Wetter gesetzt. Die Karts werden nicht mit Benzin angetrieben, sondern mit Gas, es gibt auch schon welche mit Elektroantrieb.

Viele Fans reisen mit eigenen Karts an, die meisten aber leihen sich ein Gefährt, um ein paar Runden zu drehen. Der Preis liegt bei etwa 15 – 20 DM für 10 Minuten.

Zu den Besitzern mehrerer Hallen-Kartbahnen gehört der STW-Fahrer Hans-Joachim Stuck, ebenso sein Rennfahrerkollege Frank Jelinek. Um sportlich weiterzukommen, muß man sich allerdings einem Outdoor-Kartclub anschließen. Aufnahmeanträge gibt es beim

ADAC, Sportabteilung
Am Westpark 8
81373 München
Tel. 089-76762655
Fax 76762891,

beim **AvD**
Lyoner Str. 16
60528 Frankfurt a.M.
Tel 069-6606255
Fax 6606210, oder direkt bei der **ONS**
Waidmannstr. 47
60596 Frankfurt a.M.
Tel. 069-6330070
Fax 63300730.

Michael in action: Auch für ihn begann die Rennfahrer-Karriere auf der Kartbahn

Die üblichen Aufnahmegebühren entsprechen durchaus den Gebühren eines vornehmen Tennisclubs: Für 900 Mark kann man Mitglied im Club „Graf Berghe von Trips“ werden, der auf Rolf Schumachers Bahn in Kerpen trainiert.

Übrigens: Wie wichtig der Einstieg über den Kartsport für die Karriere des Formel-1-Doppelweltmeisters war, wird ausführlich im RTL-Buch „Michael Schumacher – Leben für die 1“ geschildert. Michaels Weggefährten von damals erzählen aus den frühen Jahren des heute 26jährigen Kerpeners. Und nicht nur das: Sein Manager Willi Weber, Benetton-Chef Flavio Briatore – und Michael selbst – nehmen den Faden auf und erzählen weiter: Michaels Leben, von der Kindheit bis zum zweiten Weltmeistertitel. Das Buch, zum Saisonende 1995 aktualisiert, kostet DM 39,80. ISBN 3-613-30315-9

Die aktualisierte Schumacher-Biographie von RTL

Wie hier in Hockenheim dominiert Mercedes über die gesamte Saison '95 sowohl die DTM als auch die neugeschaf

Tourenwagen

rnational Touring Car Series (ITC). Zu komplizierte Technik beschert Alfa Romeo und Opel 1995 zahlreiche Ausfälle

Doppelte Sternfahrt

Auch in anderen europäischen Ländern wächst die Fangemeinde der Klasse-1-Tourenwagen. Deshalb bekam die DTM 1995 eine Schwester mit internationalem Flair: die ITC. Sie soll zu einer Weltmeisterschaft ausgebaut werden. Das Interesse an dieser Serie ist enorm: 1995 kamen 850.000 Zuschauer an die Rennstrecken der DTM und ITC.

Ende der Durststrecke: 1995 ist das Jahr des Saarländers Bernd Schneider. Er hat das zuverlässigste Auto, beherrscht

„Mami, der Bernd Schneider hat genau so Zähne wie ich und muß keine Spange tragen – der ist toll." Kindermund tut Wahrheit kund – der Steppke im Fahrerlager beim Finale in Hokkenheim hat recht: Mercedes-Pilot Bernd Schneider, kein Kandidat für Zahnpasta-Werbung, ist als Fahrer wirklich toll. Der gelernte Stahlbetonbauer hat 1995 auf stabilem Grund gebaut.

Das Tragwerk ist eine Kombination aus fahrerischem Können und – trotz einer miserablen 94er Saison – ungebrochener Energie des Saarländers. Als sich diese Stärken mit einem ganz hervorragenden AMG-Mercedes und ebensolchen Bridgestone-Reifen vereinigen, münden sie in den Gewinn gleich beider Meistertitel. Mit fünf Siegen in 14 Läufen wird Schneider Deutscher Tourenwagen-Meister. Mit sechs Siegen in zehn Läufen gewinnt er die International Touring Car Series, kurz ITC. Das wird ihm so schnell keiner nachmachen.

Vor ihm hat´s noch keiner gekonnt, denn die ITC wurde zum ersten Mal ausgeschrieben. Sie ist die im April geborene, internationale Schwester der DTM, deren Blutsverwandtschaft durch den Einsatz derselben Autos – zehn Alfa, elf Mercedes, sechs Opel – und identisches Prozedere mit Top-Qualifying und zwei getrennt gewerteten Rennen unverkennbar ist. Nach jahrelangen Ankündigungen ist mit dem Segen der FIA der erste Schritt zu einer Klasse-1-Tourenwagen-Weltmeisterschaft getan worden. 1995 sind Läufe in Mugello (I), Donington (GB), Magny-Cours (F), Estoril (P) und aufregende Stadtrennen in Helsinki (FIN) angesetzt.

„Unser neues Auto ist ein echtes Sahneteil, in dem viel Liebe steckt", formuliert Mercedes-Sportchef Norbert Haug vor Saisonbeginn.

Mercedes startet bestens

„Wenn alles gut geht, können wir vorne mitmischen."

Bei Mercedes geht von Anfang an alles gut. Bernd

ITR Internationale Tourenwagenrennen e.V.
Postfach 1151, D-89336 Leipheim
Tel. 08221-72065, Fax 08221-7862

…uverän – und wird am Ende Meister sowohl in der DTM als auch in der ITC

Mercedes-Fahrer haben 1995 gut lachen: Franchitti, Schneider, Thiim und Magnussen

Serien

Deutsche Tourenwagen-Meisterschaft (DTM) seit 1984 und International Touring Car Series (ITC) seit 1995 • DTM: 14 Läufe bei sieben Veranstaltungen • ITC: zehn Läufe bei fünf Veranstaltungen • Internationale A-, B- oder C-Lizenz mit besonderer Qualifikation

Daten

Seit 1993 gilt das einzigartige und freizügige Klasse-1-Reglement – die Tourenwagen haben außer der Silhouette kaum noch etwas mit Serienautos gemein • Die Autos müssen aus einer Modellreihe stammen, von der innerhalb eines Jahres mindestens 25.000 Ex. produziert worden sind. Sie müssen wenigstens 4,3 Meter lang sein • Der Motor darf höchstens sechs Zyl. und 2,5 Liter Hubraum haben • Seit 1995 ist die Drehzahl der Motoren auf max. 12.000 U/min begrenzt

Im Gespräch mit Bernd Schneider

Bernd Schneider, geboren am 20. Juli 1964 in Saarbrücken und mittlerweile mit seiner Ehefrau Nicole in Monte Carlo zu Hause, begann seine Karriere klassisch im Kartsport, feierte Erfolge in der Formel Ford, wurde 1987 Deutscher Formel-3-Meister, startete 1988 und '89 mit Zakspeed in der Formel 1 und anschließend in der Sportwagen-Weltmeisterschaft. Die DTM war für ihn zunächst Beiwerk. In den Jahren 1986 bis '89 fuhr er sporadisch für Ford, 1991 erstmals für Mercedes. Seit 1992 hat er bei den Stuttgartern und in der DTM seinen festen Platz. Nach zwei dritten Rängen – 1992 und '93 – erlebte er im vergangenen Jahr eine Durststrecke, die auf dem zehnten Meisterschaftsplatz endete. 1995 hat er alles nachgeholt: Mit fünf Siegen in 14 Läufen wurde er Deutscher Tourenwagen-Meister, mit sechs Siegen in zehn Läufen hat er die International Touring Car Series (ITC) gewonnen.

Jeder weiß, was der Titel „Deutscher Tourenwagenmeister" bedeutet. Aber nicht jeder kann sich etwas unter einem „ITC-Champion" vorstellen – noch nicht. Wieviel bedeutet Ihnen der ITC-Titel?

Sehr viel. Zum ersten Mal wurde ein Titel in der Klasse 1 international ausgeschrieben – es ist toll, der Premieren-Sieger zu sein. Abgesehen davon, bin ich gerade in der glücklichen Lage, mir nicht überlegen zu müssen, welcher Titel der wichtigere ist.

1994 machte das Wort vom „Tapferen Schneiderlein" die Runde. 14 Ausfälle in 20 Rennen – haben Sie je an sich gezweifelt?

Nein. Die Saison war zwar nicht einfach, aber deswegen nicht schlecht. Daß ich oft ausgefallen bin, ist eine Seite. Die andere ist, daß ich ungezwungen auftrumpfen und auffallen konnte. Ich wußte ja schon früh, daß ich nicht Meister werden würde. Außerdem haben die Defekte, mit denen ich stehengeblieben bin, Klaus Ludwig und meine anderen Mercedes-Kollegen vielleicht vor dem ein oder anderen Ausfall bewahrt. Das sah alles von außen viel schlimmer aus, als ich das empfunden habe. Das Team war happy mit mir, und das ist das Wichtigste.

Hat sich Ihre Rolle bei AMG und Mercedes durch den Weggang von Klaus Ludwig verändert?

Im Team selbst hat sich nichts verändert. Viele Partner sind die gleichen geblieben, auch die Arbeit wird noch gleich verteilt. Nur: Früher war Klaus der Gejagte und ich einer der Jäger. Jetzt bin ich der Gejagte. Eigentlich ist es immer besser, Jäger zu sein – man hat weniger zu verlieren.

Haben Sie mit der Stärke der Formel-3-Bengels Dario Franchitti und Jan Magnussen gerechnet?

Nach den ersten Tests, ja. Ich habe auch ein gutes Verhältnis zu den beiden. Eigentlich hatte ich bei AMG immer ein gutes Verhältnis zu meinen Teamkollegen – das war bei Klaus und Roland Asch nicht anders. AMG hat wohl ein gutes Händchen damit, die Leute zusammenzubringen. Man muß sich ja nicht gegenseitig lieben, aber ohne Probleme miteinander klarkommen. An Dario schätze ich, daß er sehr gut erzogen ist. Er hat ausgesprochen gute Manieren, weiß sich immer richtig zu verhalten und zu verkaufen – und das mit 22 Jahren.

Können Sie die Stärke von Mercedes und die Schwächen von Alfa Romeo und Opel in der Saison 1995 auf den Punkt bringen?

Unsere Stärke war sicher, daß wir schon beim ersten Rennen mit sieben Autos angetreten sind, die auf Anhieb sehr, sehr gut funktionierten. Die Technik stimmte hervorragend, die Autos waren von Anfang an gut, zuverlässig und dabei schneller als der 94er Mercedes. Wir hatten nur wenig Probleme mit unseren Wagen, während die anderen mit halben Baustellen nach Hockenheim kamen. Wären die gleich komplett sortiert gewesen, hätten wir es sicherlich schwerer gehabt. In dieser professionellen Klasse holt man in der laufenden Saison kaum noch auf, was am Anfang gefehlt hat. Man muß ja ständig weiterentwickeln. Und das machen auch die, die sowieso schon vorn sind, und so bleibt man immer einen Schritt zurück. **H.H.**

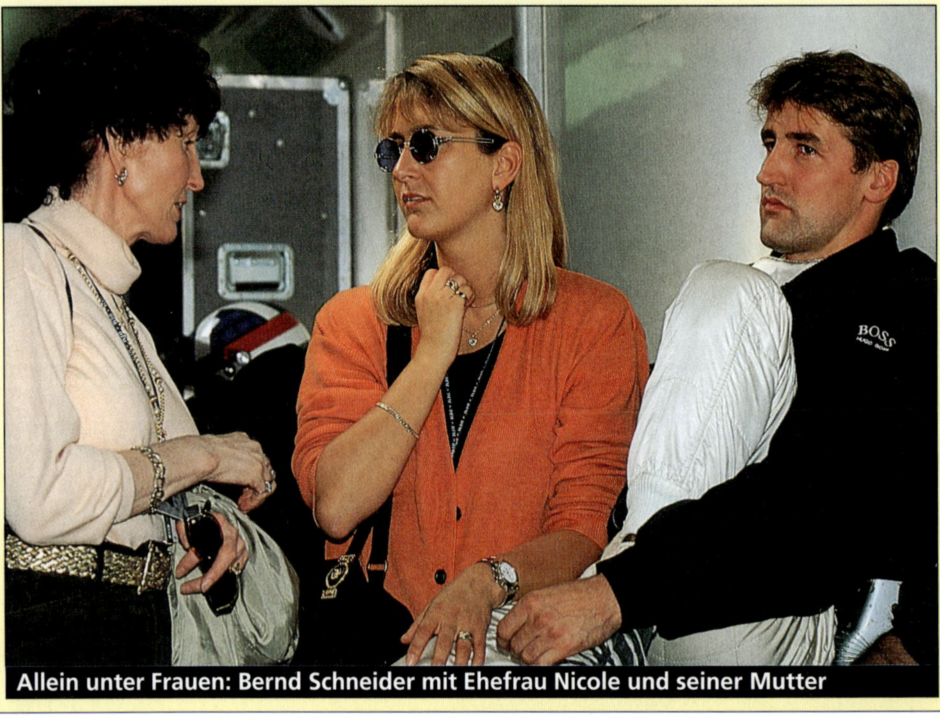

Allein unter Frauen: Bernd Schneider mit Ehefrau Nicole und seiner Mutter

Schneider gewinnt beim Auftakt beide Läufe, fährt die schnellsten Rennrunden und das – wenn überhaupt – höchstens gefährdet von seinen Markenkollegen.

Bald ist klar, daß die Antwort auf die Favoritenfrage nicht nur in der Schnelligkeit der Autos liegt. Sie hat maßgeblich mit der Zuverlässigkeit der komplexeren Technik zu tun, die auch Raum für Bedienungsfehler bietet. Irgendwie weht immer ein frischer Wind Menschlichkeit durch die High-Tech-Szene, wenn Ingenieure kleinlaut zugeben, daß sie die verkehrten Daten in das Elektronik-Herz programmiert haben. Oder wenn Fahrer sich die Haare raufen, weil sie unterwegs aus Versehen etwas so Wichtiges wie das ABS oder die Hydraulikpumpe abgeschaltet haben.

In der Addition verbucht Mercedes acht DTM- und ebensoviele ITC-Siege, Alfa drei DTM- und zwei ITC-Erfolge, und Opel zieht beim Finale in Hockenheim zum guten Schluß auch noch mit zwei Triumphen in die Statistik ein.

Zu Gewinnern der Saison werden neben Schneider die beiden Mercedes-Junioren Dario Franchitti und Jan Magnussen. Die beiden Bengels werden im Laufe der Saison gerade einmal 22 Jahre alt. Norbert Haug hat

Franchitti: „Das glaub' ich nicht!"

sie frisch aus der Formel 3 angeworben. Für Franchitti, den smarten Schotten mit dem italienischen Namen aus der Generation seiner Großeltern, ist sein Mercedes-Vertrag eine bedeutende Überraschung gewesen. „Das glaub´ ich nicht!", entfährt es ihm, als man ihm zuträgt, Herr Haug habe um seinen Rückruf ersucht. Als der frischverpflichtete Junior dann zehn Tage vor dem ersten Einsatz beim Testen einen der kostbaren Neuaufbauten verschrottet, ist es am Sportchef, ein „Das glaub´ ich nicht!" loszuwerden. Und als Dario beim Saisonauftakt auf die Pole-Position fährt, können die zwei das einmütig nicht glauben. Jan Magnussen überzeugt so, daß er beim Formel-1-Lauf in Aida sogar den frischoperierten

Haug macht Nägel mit Köpfen

Mika Häkkinen im McLaren ersetzen darf – und auf den zehnten Platz fährt.

Nach dem aufsehenerregenden Wechsel von Klaus Ludwig ins Opel-Lager zum neuen Team Rosberg macht Haug Nägel mit Köpfen. Er unterzieht seine Riege einer ebenso drastischen wie erfolgreichen Verjüngungskur. Der Schotte lohnt das mit einem Sieg in Mugello, sieben weiteren Podestplätze und drei Pole-Positions. Jan Magnussen gewinnt in Estoril, steht fünf weitere Male auf dem Podium und schnappt Franchitti in Magny-Cours

Der Däne Jan Magnussen beim Ausritt ins Ländle. Bernd Schneider hält den Kurs

Prominenz von AvD, Dekra, der Autoindustrie und Politik auf dem Hockenheimring

Die Teams 1995

WERKSTEAMS MERCEDES

D2-Privat-Team AMG Mercedes — **Gegründet 1967**
Daimlerstraße 1, 71563 Affalterbach — DTM seit 1988
Tel. 07144-3020, Fax 07144-302120
Teamchef: Hans Werner Aufrecht
Teammanager: Hans-Jürgen Mattheis
Teammitglieder: 25
Fahrer: **Bernd Schneider, Dario Franchitti**
Fahrzeug: AMG Mercedes C-Klasse
Größte Erfolge **DTM 1995**: Meister mit Schneider, fünf Siege mit Schneider (zwei in Hockenheim, Norisring, zwei auf dem Nürburgring), drei 2. Plätze mit Franchitti (Norisring, Diepholz, Singen).
ITC: ITC-Meister mit Schneider, sieben Siege mit Schneider (Mugello, zwei in Donington, Estoril, zwei in Magny-Cours) und Franchitti (Mugello), drei 2. Plätze mit Schneider (Estoril) und Franchitti (zwei in Donington)

UPS-Tabac Original-Sonax-Team AMG Mercedes
Daten siehe D2 Privat Team AMG Mercedes
Fahrer: **Jörg van Ommen, Jan Magnussen**
Größte Erfolge **DTM 1995**: Zweiter der DTM mit van Ommen. Drei 2. Plätze mit van Ommen (zwei in Hockenheim) und Magnussen (Singen), drei 3. Plätze mit van Ommen (Norisring, Diepholz, Hockenheim).
ITC: Ein Sieg mit Magnussen (Estoril), drei 2. Plätze mit Magnussen (Helsinki, Estoril, Magny-Cours)

ProMarkt AMG Mercedes Team Zakspeed — **Gegründet 1968**
Brohltalstraße, 56651 Niederzissen — DTM seit 1987
Tel. 02636-8790, Fax 02636-87923
Teamchef: Peter Zakowski
Teammanager: Peter Kayser
Teammitglieder: 22
Fahrer: **Kurt Thiim, Alexander Grau**
Fahrzeug: AMG Mercedes C-Klasse
Größte Erfolge **DTM 1995**: Drei Siege mit Thiim (Avus, zwei in Singen), zwei 2. Plätze mit Grau (Avus, Nürburgring).
ITC: Zwei 3. Plätze mit Thiim (Donington) und Grau (Helsinki)

Mercedes-Benz Original-Teile AMG Team Zakspeed
Daten siehe ProMarkt AMG Mercedes Team Zakspeed
Teammitglieder: 9
Fahrerin: **Ellen Lohr**
Fahrzeug: AMG Mercedes C-Klasse

WERKSTEAMS ALFA ROMEO

Alfa Corse 2 — **Gegründet 1995**
Via Enrico Fermi 7, I-20019 Settimo Milanese — DTM seit 1995
Tel. 0039-2-33561, Fax 0039-2-33501102
Teamchef: Giorgio Pianta
Teammanagerin: Monica Bregoli Sipsz
Teammitglieder: 25
Fahrer: **Gianni Giudici, Stig Amthor, Giancarlo Fisichella, Michele Alboreto, Phillip Gach**
Fahrzeug: Alfa Romeo 155 V6 TI
Größter Erfolg **ITC**: Ein 2. Platz mit Fisichella (Mugello)

Euroteam — **Gegründet 1984**
Via delle Industrie 10/11, I-2020 Arese/Milano — DTM seit 1995
Tel. 0039-2-93581743, Fax 0039-2-93581731
Teamchef und Teammanager: Gabriele Seresina
Teammitglieder: 30
Fahrer: **Stefano Modena, Michael Bartels**
Fahrzeug: Alfa Romeo 155 V6 TI
Größte Erfolge **DTM 1995**: Zwei Siege mit Bartels (zwei in Diepholz).
ITC: Ein 2. Platz mit Modena (Helsinki)

Martini Racing - Alfa Corse — **Gegründet 1992**
Via Enrico Fermi 7, I-20019 Settimo Milanese — DTM seit 1993
Tel. 0039-2-33561, Fax 0039-2-33501102
Teamchef: Giorgio Pianta
Teammanager: Claudio Chierici
Teammitglieder: 27
Fahrer: **Alessandro Nannini, Nicola Larini**
Fahrzeug: Alfa Romeo 155 V6 TI
Größte Erfolge **DTM 1995**: Zwei 2. Plätze mit Larini (Diepholz, Nürburgring). **ITC**: Ein Sieg mit Larini (Helsinki), ein 2. Platz mit Larini (Mugello)

Schübel Engineering — **Gegründet 1984**
Hammerwerkstraße 24-26, 90592 Schwarzenbruck — DTM seit 1992
Tel. 09128-99150, Fax 09128-991515
Teamchef: Horst Schübel, Teammanager: Didier Debae
Teammitglieder: 35
Fahrer: **Christian Danner, Michele Alboreto, Gabriele Tarquini, Fabrizio Giovanardi**
Fahrzeug: Alfa Romeo 155 V6/95
Größte Erfolge **DTM 1995**: Ein Sieg mit Danner (Norisring). **ITC**: Ein Sieg mit Danner (Helsinki)

WERKSTEAMS OPEL

Opel Team Rosberg — **Gegründet 1994**
Nachtweide 35, 67433 Neustadt a.d. Weinstraße — DTM seit 1995
Tel. 06321-9140, Fax 06321-914205
Teamchef: Arno Zensen
Teammanager: Manfred Fitzgerald
Teammitglieder: 30
Fahrer: **Keke Rosberg, Klaus Ludwig**
Fahrzeug: Opel Calibra V6
Größte Erfolge **DTM 1995**: Dritter der DTM mit Ludwig, zwei Siege mit Ludwig (Hockenheim), einen 2. Platz mit Ludwig (Norisring). **ITC**: Ein 3. Platz mit Ludwig (Magny-Cours)

Opel Team Joest — **Gegründet 1972**
Bahnstraße 14, 69483 Wald-Michelbach — DTM seit 1993
Tel. 06207-94200, Fax 06207-1800
Teamchef: Reinhold Joest
Teammanager: Ralf Jüttner
Teammitglieder: 45
Fahrer: **Manuel Reuter, Yannick Dalmas, JJ Lehto, Ni Amorim**
Fahrzeug: Opel Calibra V6
Größte Erfolge **DTM 1995**: Ein 2. Platz mit Reuter (Hockenheim). **ITC**: Ein 2. Platz mit Reuter (Magny-Cours)

SEMI-TEAMS

AMG Mercedes Team Ruch Motorsport — **Gegründet 1989**
Provinzstraße 119a, 13409 Berlin-Reinickendorf — DTM seit 1988
Tel. 030-4923073, Fax 030-4921267
Teamchef: Gerd Ruch
Teammanager: Eberhard Katz
Teammitglieder: 9
Fahrer: **Gerd Ruch**
Fahrzeug: AMG-Mercedes C 180 1994

Daim AMG Mercedes Team Zakspeed
Daten siehe ProMarkt AMG Mercedes Team Zakspeed
Teammitglieder: 7
Fahrer: **Louis Krages**

Point S AMG Mercedes Team Persson Motorsport — **Gegründet 1993**
In den Gerlen 19, 66131 Ensheim — DTM seit 1993
Tel. 06893-6092, Fax 06893-3523
Teamchef: Ingmar Persson
Teammanager: Ingmar Persson
Teammitglieder: 15
Fahrer: **Bernd Mayländer**
Fahrzeug: AMG-Mercedes C-Klasse

Bei den ITC-Läufen in Estoril dominiert Mercedes klar: Doppelsieg im ersten, dreifacher Sieg im zweiten Lauf

die ITC-Vizemeisterschaft vor der Nase weg. Obendrein schlägt der kleine Däne alle Erwartungen in Sachen physischer Rehabilitation. Nach einem Motorroller-Unfall in der Peripherie des Norisrings steht er mit einem operierten Schien-Wadenbeinbruch samt einem 20 Zentimeter langen Nagel im rechten Bein vier Wochen später in Diepholz schon wieder am Start: „Ich brems' halt mit links."

Bei so viel Mumm zollt auch Jans Teamkollege Respekt: „Da fragt man sich wirklich, ob man mit 33 Jahren vielleicht schon alt ist", meint scherzhaft Jörg van Ommen, bei dem Magnussen viel lernen kann. Mit 174 Starts ist van Ommen dienstältester DTM-Pilot. Er wird – wie bereits 1994 – DTM-Vizemeister. Allerdings fährt er 1995 keinen knatschgelben Zakspeed-Mercedes mehr, sondern eine dunkelbraune C-Klasse bei AMG.

Unterdessen geben sich Kurt Thiim und der 22jähri-

Probleme bei Zakspeed

ge Alexander Grau, der viermal auf dem Podium steht, bei dem Traditionsteam aus Niederzissen alle Mühe, sind aber trotz des fröhlichen Gelb manchmal traurig. Irgendwie wollen Fahrwerk und Reifen nie so gut zusammenpassen wie sie das bei AMG tun. Die Kombination von härterem Mercedes-Fahrwerk und steifer gewordenen Michelin-Pneus erweist sich bei der Abstimmung immer wieder als hartnäckig. Zudem ist es mit dem Glück bei Zakspeed nicht allzu weit her. Gleich beim Auftakt geht das Top-Qualifying für Thiim „ganz besissen" in die Hose – kein Benzindruck, der Däne kommt nicht aus der Box. Dafür fährt er beim nächsten Einsatz auf der Avus in Berlin auf die Pole-Position und erringt dort auch seinen ersten von drei Saisonsiegen – die nächsten zwei folgen in Singen.

Apropos Avus – sie wird zum Alptraum mit vier Starts und einem zweiten Rennen,

Alptraum Avus

das zum unvollendeten gerät. Der erste Versuch geht schief, nachdem sich DTM-Rookie Fisichella vor der Spitzkehre, wo die Autos von rund 270 auf 40 km/h zusammengestaucht werden, waghalsig an Nannini vorbeibremsen will.

SIEGERPODEST DTM 1995

HOCKENHEIM

1. Lauf - 23. April 1995

1. B. Schneider (Mercedes), 40.45,07 Min.
2. J. v. Ommen (Mercedes), 7,16 Sek. zur.
3. D. Franchitti (Mercedes) 12,86 Sek. zur.

2. Lauf - 23. April 1995

1. B. Schneider (Mercedes), 40.36,94 Min.
2. J. v. Ommen (Mercedes), 26,01 Sek. zur.
3. K. Ludwig (Opel), 41,75 Sek. zurück

AVUS IN BERLIN

1. Lauf - 7. Mai 1995

1. K. Thiim (Mercedes), 31.52,40 Min.
2. A. Grau (Mercedes), 4,40 Sek. zurück
3. A. Nannini (Alfa), 9,19 Sek. zurück

2. Lauf - 7. Mai 1995 *

1. K. Thiim (Mercedes), 18.39,56 Min.
2. S. Modena (Alfa), 1,68 Sek. zurück
3. C. Danner (Alfa), 2,97 Sek. zurück

NORISRING

1. Lauf - 25. Juni 1995

1. C. Danner (Alfa), 40.24,09 Min.
2. K. Ludwig (Opel), 6.79 Sek. zurück
3. A. Nannini (Alfa), 17,51 Sek. zurück

2. Lauf - 25. Juni 1995

1. B. Schneider (Mercedes), 37.49,34 Min.
2. D. Franchitti (Mercedes), 17,80 Sek. zur.
3. J. v. Ommen (Mercedes), 20,65 Sek. zur.

DIEPHOLZ

1. Lauf - 23. Juli 1995

1. M. Bartels (Alfa), 37.54,11 Min.
2. D. Franchitti (Mercedes), 1.06 Sek. zur.
3. N. Larini (Alfa), 1.30 Sek. zurück

2. Lauf - 23. Juli 1995

1. M. Bartels (Alfa), 37.40,72 Min.
2. N. Larini (Alfa), 0,31 Sek. zurück
3. J. van Ommen (Mercedes), 9,35 Sek.

NÜRBURGRING

1. Lauf - 20. August 1995

1. B. Schneider (Mercedes), 39.18,08 Min.
2. N. Larini (Alfa), 2.53 Min.
3. A. Grau (Mercedes), 7,76 Min.

2. Lauf - 20. August 1995

1. B. Schneider (Mercedes), 39.01,63 Min.
2. A. Grau (Mercedes), 0,48 Sek.
3. N. Larini (Alfa), 2,50 Sek.

SINGEN

1. Lauf - 17. September 1995

1. K. Thiim (Mercedes), 46.40,61 Min.
2. D. Franchitti (Mercedes), 0,51 Sek. zur.
3. N. Larini (Alfa), 13,67 Sek. zurück

2. Lauf - 17. September 1995

1. K. Thiim (Mercedes), 36.14,12 Min.
2. J. Magnussen (Mercedes), 1,39 Sek. zur.
3. B. Schneider (Mercedes), 7,11 sec zur.

HOCKENHEIM

1. Lauf - 15. Oktober 1995

1. K. Ludwig (Opel), 32.51,62 Min.
2. M. Reuter (Opel), 0,36 Sek. zurück
3. U. Alzen (Mercedes), 4,61 Sek. zurück

2. Lauf - 15. Oktober 1995

1. K. Ludwig (Opel), 32.43,70 Min.
2. U. Alzen (Mercedes), 3,86 Sek. zurück
3. J. v. Ommen (Mercedes), 6.35 Sek. zur.

* Ergebnis ohne Punkte, weniger als 50 Prozent der Renndistanz zurückgelegt

Das Punktesystem in der DTM und ITC

Meisterschaftspunkte erhalten die zehn erstplazierten Fahrer eines jeden Rennens. Die beiden Läufe eines Wochenendes werden getrennt gewertet. Es gibt keine Streichresultate.

Für die Markenwertung wird nach dem selben System gepunktet. Jedoch wird bei jedem Rennen nur das bestplazierte Auto jedes Herstellers gewertet.

Für Plazierungen unter den ersten Fünf werden folgende Punkte und Zusatzgewichte verteilt:

1. Platz	20 Punkte	15 kg
2. Platz	15 Punkte	12 kg
3. Platz	12 Punkte	9 kg
4. Platz	10 Punkte	6 kg
5. Platz	8 Punkte	3 kg
6. Platz	6 Punkte	

Falls sich das Plazierungsgewicht auf 50 Kilogramm addiert hat, erfolgt keine weitere Belastung. Das Plazierungsgewicht wird erst reduziert, wenn ein Fahrer bei einem darauffolgenden Rennen nicht unter den ersten Sechs ins Ziel kommt. Das Gewicht reduziert sich nach dem Schlüssel:

7. Platz	4 Punkte	3 kg
8. Platz	3 Punkte	6 kg
9. Platz	2 Punkte	9 kg
10. Platz	1 Punkt	12 kg
ab 11. Platz		15 kg

SIEGERPODEST ITC 1995

MUGELLO (I)

1. Lauf - 21. Mai 1995

1. B. Schneider (Mercedes), 37.39,67 Min.
2. N. Larini (Alfa), 5,43 Sek. zurück
3. J. Magnussen (Merc.), 14,46 Sek. zur.

2. Lauf - 21. Mai 1995

1. D. Franchitti (Mercedes), 37.27,74 Min.
2. G. Fisichella (Alfa), 1,00 Sek. zurück
3. B. Schneider (Mercedes), 1,68 Sek. zur.

HELSINKI (FIN)

1. Lauf - 4. Juni 1995

1. C. Danner (Alfa), 52.21,07 Min.
2. S. Modena (Alfa), 6,94 Sek. zurück
3. JJ Lehto (Opel), 13,02 Sek. zurück

2. Lauf - 4. Juni 1995

1. N. Larini (Alfa), 53.56,31 Min.
2. J. Magnussen (Merc.), 11,61 Sek. zur.
3. A. Grau (Mercedes), 14,08 Sek. zurück

DONINGTON (GB)

1. Lauf - 9. Juli 1995

1. B. Schneider (Mercedes), 42.06,19 Min.
2. D. Franchitti (Mercedes), 1,69 Sek. zur.
3. K. Thiim (Mercedes), 6,86 Sek. zurück

2. Lauf - 9. Juli 1995

1. B. Schneider (Mercedes), 38.59,27 Min.
2. D. Franchitti (Merc.), 0,60 Sek. zurück
3. J. v. Ommen (Mercedes), 5,44 Sek. zur.

ESTORIL (P)

1. Lauf - 6. August 1995

1. B. Schneider (Mercedes), 40.30,52 Min.
2. J. Magnussen (Merc.), 2,43 Sek. zur.
3. N. Larini (Alfa), 4,67 Sek. zurück

2. Lauf - 6. August 1995

1. J. Magnussen (Merc.), 40.01,65 Min.
2. B. Schneider (Mercedes), 2,20 Sek.
3. D. Franchitti (Mercedes), 3,21 Sek.

MAGNY COURS (F)

1. Lauf - 8. Oktober 1995

1. B. Schneider (Mercedes), 36.42,14 Min.
2. J. Magnussen (Merc.), 14,26 Sek. zur.
3. K. Ludwig (Mercedes), 14,63 Sek. zur.

2. Lauf - 8. Oktober 1995

1. B. Schneider (Mercedes), 39.41,71 Min.
2. M. Reuter (Opel), 5,66 Sek. zurück
3. J. van Ommen (Merc.), 6,23 Sek. zur.

Auf Zak-speed: A. Grau

Waren nicht immer das Gelbe vom Ei: Die Wagen des Traditionsteams Zakspeed

Nach gelöster Verstopfung und Neustart geht das erste Rennen immerhin über die Bühne, wenngleich mit einigen weiteren Un- und Ausfällen sowie einem nur unzureichend erklärbaren Rammstoß Larinis ins Heck des führenden Thiim.

Der zweite Avus-Lauf muß abgebrochen werden, weil Nanninis Alfa infolge einer Auseinandersetzung Feuer gefangen hat. Alessandro entkommt zur allgemeinen Erleichterung ohne jede Blessur.

Beim vierten Start ist die Aufstellung deutlich ausgedünnt. Während Thiim zum vierten Mal an diesem Sonntag im Mai auf und davon stürmt, sieht sich Larini vom schlechter beschleunigenden

Kettenreaktion bei 230 km/h

Rosberg aufgehalten. Er zieht etwas in die Mitte, was Danner gleichzeitig von der anderen Seite aus tut. Die beiden Alfa berühren sich und lösen bei Tempo 230 km/h eine Kettenreaktion aus. Rosbergs Calibra wird herumgerissen und schlägt in die Mauer sowie in Danners Auto ein. Dahinter fahren die Autos ineinander wie bei Nebel auf der Autobahn. Daß an diesem Wochenende kein Fahrer verletzt wird, kann einerseits dem hohen

Tatort Avus: Viermal wird der erste Lauf gestartet, der zweite ganz abgebrochen

Regeln erster Klasse

Im Jahr '92 wurde grundlegend über das DTM-Reglement diskutiert. Mit dem wachsenden Engagement der Werke zeigte die „Klassenlose Gesellschaft" mit den ausgleichenden Handicaps doch die eine oder andere Schwäche. Der neue Weg führte dann in die „Einklassen-Gesellschaft". Die Eckdaten des 1993 eingeführten und weltweit einzigartigen Klasse-1-Reglements: Die Autos müssen aus einer Modellreihe stammen, von der in zwölf aufeinanderfolgenden Monaten mindestens 25.000 Exemplare produziert worden sind, und sie müssen wenigstens 4,3 Meter lang sein. Der Motor darf aus einem anderen Modell des Herstellers stammen und höchstens 2,5 Liter Hubraum und sechs Zylinder haben, wobei gegenüber dem Basismotor maximal zwei Zylinder entfernt oder hinzugefügt werden dürfen. 1995 wurde eine Drehzahlbegrenzung auf 12.000 U/min eingeführt, und im Laufe der Saison einigten sich die Hersteller auf ein einheitliches Fahrzeuggewicht von 1.040 Kilogramm. Unter dem Strich ergeben sich für den Tourenwagensport einzigartige technische Freiheiten. Von findigen Ingenieuren wurden sie in Leistung, Traktion und aufwendige Neukonstruktionen zugunsten der Servicefreundlichkeit umgesetzt, weshalb z.B. ein Klasse-1-Motor schon mal in weniger als zehn Minuten gewechselt wird. Neben der Freistellung von Fahrwerk, Getriebe und Kraftübertragung erlaubt das Regelwerk den Einsatz edler Materialen wie Kohlefaser, Magnesium oder Titan. Außerdem zulässig: Die Umstrukturierung der Karosserie-Segmente – etwa Kotflügel und Motorhauben in einem Stück – oder Aerodynamik-Weiterentwicklungen, zu denen neben der ausgeklügelten Gestaltung von Luftein- und -auslässen auch ein glatter Unterboden gehört, der den Anpressdruck des Fahrzeugs verbessert und höhere Kurvengeschwindigkeiten ermöglicht. Verbindlicher Standard sind hingegen weiterhin die Verwendung von bleifreiem Kraftstoff, geregelte Dreiwege-Katalysatoren, eine Lärmbegrenzung der Abgasanlage auf 98 db(A) und für die bis zu 300 km/h schnellen Tourenwagen eine maximale Reifenbreite von nur zehn Zoll.

Technik, die begeistert: Druckluftwagenheber

ITC in Helsinki - der Tag für Alfa: Zwei Siege durch Christi

nner und Nicola Larini

Sicherheitsstandard der Klasse-1-Fahrzeuge gutgeschrieben werden, andererseits wird klar: Ohne Glück hätte das Schlimmste passieren können.

Einer, der so etwas nicht vergißt, ist Klaus Ludwig. Als er beim Saisonabschluß im nächtlichen Fahrerlager von Hockenheim gerade seine Meisterwürde an Bernd

Ohne Kratzer die Saison bestanden

Schneider weitergegeben hat, hebt er noch zu einer kurzen Rede an, um dabei dankbar daran zu erinnern, „daß wir alle ohne jeden Kratzer durch die Saison gekommen sind" und daß alles dafür getan werde, damit das so bleibt. Diese im Protokoll nicht vorgesehenen Worte bringen zwar das Timing der musikalischen Untermalung beim traditionellen Feuerwerk durcheinander, werden aber mit mächtig Applaus bedacht.

Überhaupt hat den Roisdorfer in der abgelaufenen Saison keiner mehr ausgepfiffen, ganz im Gegenteil. „Die Opel-Fans haben mir wirklich viel Freude gemacht", gibt er zu. Der Titelverteidiger hat eine harte Saison – Opel auch. Zwar bergen die Calibra zahllose kluge technische Lösungen, aber sie halten nicht über die Distanz. Die Rüsselsheimer avancieren zum „Trainingsweltmeister". Sitzungen wie etwa freie Trainings oder Warm-ups haben sie regelmäßig mit Bestmarken im Griff, erleben aber viele Pleiten, wenn es ernst wird.

Zwar steht Ludwig nach seinem ersten Einsatz im Opel Calibra als Dritter auf dem Siegerpodest, aber die über 40 Sekunden, die er dabei hinter der Zeit des Siegers zurückbleibt, bleiben monatelang symptomatisch für die Rüsselsheimer.

Opel-Neuzugang JJ Lehto bescheinigt Rosberg und Ludwig im neugegründeten Opel-Team Rosberg zu Saisonbeginn: „Was die Grandpas hier leisten, ist gigantisch." Aber das frischgeschlüpfte Dream-Team hat mit Startschwierigkeiten zu kämpfen, wenngleich es in Sachen Marketing und Outfit neuen Glanz ins Fahrerlager bringt. Rosberg selbst, der Formel-1-Weltmeister von 1982, verbringt keine glückliche Saison. Ein Stimmungstief kann bei den

Rosberg tritt zurück

Nürburgring-Rennen im August verzeichnet werden. Der Finne verkündet kurz vor dem Start in aller Knappheit seinen Rücktritt zum Saisonende. „Die entscheidenden Punkte waren weder Altersschwäche noch Frustration, das sind zwei von 150 Gründen", kommentiert er seinen

Der Macher

Am 11. Juli 1986 tagten einige Herren in dem Frühstückszimmer des – damals noch existierenden – Sporthotels „Tribüne" am Nürburgring und gründeten die Dachorganisation „Internationale Tourenwagen-Rennen e.V." (ITR). AMG-Chef Hans-Werner Aufrecht übernahm den ersten Vorsitz und führt ihn bis heute. Der Zusammenschluß der beteiligten Automobilhersteller, die seither gemeinsam über Fortgang und Vermarktung der DTM bestimmen, mauserte sich von einer kleinen Interessengemeinschaft zu einem modernen Dienstleister mit Umsätzen in zweistelliger Millionenhöhe. Der Name Hans Werner Aufrecht ist mit dem Aufstieg von ITR und DTM verbunden wie kein zweiter. Wer den 56jährigen als Bernie Ecclestone der DTM grüßt, hat vielleicht nicht den schlechtesten Gesprächseinstieg gefunden. Gleichzeitig ist der Schwabe Firmenchef von AMG in Affalterbach, dem größten Mercedes-Veredler mit rund 400 Mitarbeitern und einem Jahresumsatz von 120 Millionen Mark. Auch im gleichnamigen Rennstall ist Aufrecht der Boss und kann sich über mangelnden Erfolg nicht beklagen: 1992 und 1994 errang das AMG-Team den Meistertitel in der DTM, 1995 erneut und diesmal sogar gekrönt vom Titelgewinn in der neugeschaffenen ITC.

Zwei Größen der DTM und ITC: Rosberg und Aufrecht

Saisonstart in Hockenheim: JJ Lehto zerlegt seinen Opel Calibra im Training

Enttäuschender Saisonstart

Klaus Ludwigs Calibra in Flammen. Opel hat zu Anfang der Saison mit vielen technischen Widerständen zu kämp

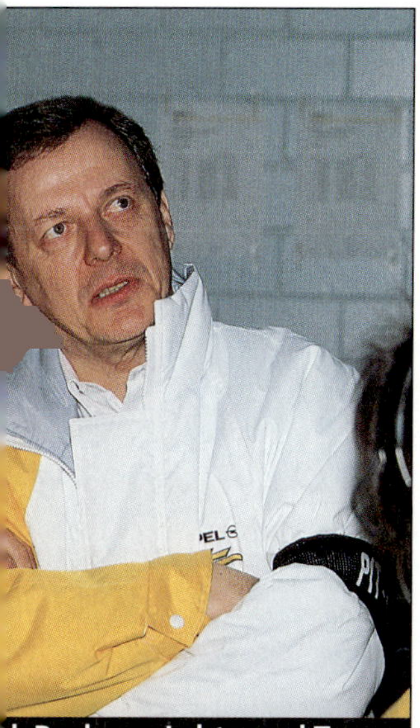

l: Rosberg, Lehto und Treser

Geschäftskontakte: Frank Williams und Klaus Ludwig

Ende entschädigt Ludwigs Doppelsieg in Hockenheim für die Strapazen der Saison

Entschluß. Bei aller Trauer um den Verlust seiner spektakulären Drifts bleiben zwei Trostpflaster: Erstens wird er der Szene mit seinem Team und als Fahrer-Manager erhalten bleiben, und zweitens hörte man ihn sagen, daß sein Rennstall marketingmäßig nur mit zwei Stars funktionieren könne. Deshalb sind jetzt alle sehr neugierig und verdächtigen jeden großen Rennfahrernamen als künftigen Rosberg-Piloten – von Nigel Mansell bis Alain Prost.

Auch die Joest-Box wird lange von Fortuna gemieden wie die Pest. Katastrophal das Avus-Wochenende: Reuter wird in die Kollision beim ersten Start verwickelt, Lehto von Bartels touchiert, Ni Amorim fällt mit defektem Vorderachsantrieb aus, Ludwig mit gebrochener Kardanwelle, Rosbergs Calibra endet im Massencrash. Im italienischen Mugello erleben die Rüsselsheimer den

Opel steigt auf wie Phönix aus der Asche

nächsten Nackenschlag. Beim zweiten Lauf sieht kein einziger Opel die Zielflagge.

Umso überraschender steigt die Marke mit dem Blitz zum Saisonende auf wie Phönix aus der Asche. Beim ITC-Finale im französischen Magny Cours steht Ludwig zum dritten Mal in dieser Saison auf dem Podium, und Manuel Reuter leistet ihm als Zweiter des zweiten Rennens Gesellschaft. Den größten Coup landen die beiden beim DTM-Finale in Hokkenheim. 126.000 Menschen und unzählige an den Fernsehbildschirmen reiben sich die Augen, als sie Zeuge eines Ludwig-Doppelsieges werden. Reuter holt sich erneut den zweiten Platz. Der-

Klaus Ludwig hat die Opel-Fans schätzen gelernt: „Sie haben mir viel Freude gemacht", sagt er am Saisonende

Alfa-Romeo-Pilot: Nicola Larini - DTM-Meister 1993

Doppelsieg in Diepholz: Michael Bartels hat gut lachen

art rührende Szenen hatte man lange nicht gesehen. Teamchefs liegen sich in den Armen, Ingenieure und Mechaniker tanzen miteinander durch die Boxen. „Wir haben immer daran geglaubt", spricht Walter Treser mit belegter Stimme in die Kameras. Der Opel-Sportchef hat recht behalten.

Unheimlich recht behält auch Alfa Romeo-Sportchef Giorgio Pianta – mehr als ihm lieb ist. Eigentlich haben die Mailänder nach der

Alfa hat Probleme

mißlungenen Titelverteidigung im Vorjahr auf Rache gesonnen. Doch die Probleme fangen bereits bei der Saisonvorbereitung an – ein Testunfall von Nicola Larini zerstörte den Prototypen.

Die Trainingsergebnisse zum Auftaktrennen sind wahrhaft miserabel: Fisichella im 95er Alfa 155 Step-1-Version landet als bester seiner Farbe auf Rang sechs, Larini mit der modernen Step-2-Variante auf Platz elf und Nannini nicht einmal unter den Top 15. Pianta ringt sich zu einer erfrischend offenen, aber inhaltlich traurigen Erklärung durch: „Es gibt viele Probleme mit dem neuen Auto." Der kleine weißhaarige Mann, der irgendwie immer wie eine der knuddeligen Figuren aus der Zeichenfeder von Janosch wirkt, analysiert selbstkritisch: „Wir hatten uns vorgenommen, das Reglement auszureizen. Damit scheinen wir uns zuviel zugemutet zu haben."

Eine Riege mit viel Formel-1-Erfahrung ist für Alfa verpflichtet worden. Larini, Nannini, Danner und Michele Alboreto bringen in der

Technik mit Tücken

Zwei Marken mit Allradantrieb gegen eine mit Hinterradantrieb, dazu je ein Rennen auf Strecken wie der Avus, dem Kleinen Kurs von Hockenheim und dem eckigen Alemannenring von Singen. Das hätte den Allradlern von Alfa Romeo und Opel Gelegenheit verschaffen müssen, dank ihrer besseren Traktion aus den Kurven heraus ein paar Siege einzufahren. Dann auf den anderen Kursen ordentlich gepunktet, und Mercedes hätte keine Chance gehabt. Doch sind derlei Prognosen recht schnell Makulatur.

Opel wollte sich nach der Lernsaison '94 mit dem weiterentwickelten Calibra gut in Szene setzen. Aber eine gute Aerodynamik in Verbindung mit schlechten Ergebnissen bei den Topspeed-Messungen entlarvten das von Cosworth bearbeitete Triebwerk als zu schwach. Geht man von ca. 500 PS bei Mercedes und Alfa aus, dürfte die Grenze für Opel bei 450 PS gelegen haben. Zudem war die zentrale Kraftverteilungs-Einheit über zwei Drittel der Saison hinweg ein Schwachpunkt. Die geniale Zusammenfassung von Vorderachs- und Mitteldifferential, Sechsganggetriebe, Kupplung, Vorderachsantrieb und Öltank in nur einem Gehäuse wurde von der britischen Firma X-trac auf zeitweilig unakzeptablem Qualitätsniveau geliefert. Zusätzlich verkomplizierte eine aufwendige Zentralhydraulik (geliefert vom Formel-1-Rennstall Williams) die Autos. Erst bei den letzten Rennen in Magny-Cours und Hockenheim blieben die Calibra standhaft.

Das war Alfa Romeo selbst dann noch nicht vergönnt – die Allrad-155 V6 der Italiener litten in diesem Jahr an Fehlern, die man ihnen nach dem perfekten DTM-Einstieg 1993 nicht zugetraut hätte. Fünf Motorschäden allein im Schübel-Team (bei zwei Autos) am Finalwochenende in Hokkenheim waren ebenso symptomatisch, wie der Auftritt von Nicola Larini und Alessandro Nannini in Magny-Cours: Kurz nach dem Start scheiterten sie an Getriebedefekten.

Zu Saisonbeginn hatte Alfa Romeo eine Einteilung des einzusetzenden Wagenmaterials vorgenommen: bewährte 94er Autos, weiterentwickelte 95er-Versionen (Step 1) und als schärfste Speerspitze gegen die Konkurrenz die Step-2-Versionen. Die Elektronik für das Motormanagemement, ABS und Differentialsteuerung, stammte von drei unterschiedlichen Zulieferern, womit der Streß vorprogrammiert war. Nach frustrierendem Saisonbeginn steckte man zurück und arbeitete sich partiell wieder nach vorne: Bei einigen Rennen zur Saisonmitte waren keine zwei identischen Alfa Romeo 155 aufzufinden. Es gab bei Motoren und Getrieben (sequentiell, mit H-Schaltung oder Halbautomatik) fast alle mathematisch möglichen Kreuzungen aus Step-1-, Step-2- und 94er-Versionen. Und als die Alfa-Fans bei der Einführung der pneumatischen Ventilsteuerung in den Werks-Mercedes stolz den Finger hoben („hat Alfa natürlich längst"), mußten sie kurz darauf registrieren, daß auch da mysteriöse Druckverluste aus dem Fortschritt einen Ausfallgrund machten. Von den drei Marken hat Alfa Romeo während des Winters sicherlich das größte Arbeitspensum vor sich.

Mercedes hatte sich während der Rennpause gut auf die Saison vorbereitet und die C-Klasse-Renner ohne spektakuläre Technologie-Sprünge weiterentwickelt. Die Autos waren vor allem im Fahrwerk straffer und damit Monoposto-ähnlicher geworden. Ein technisches Highlight war die komplikationslose Umstellung des Fuhrparks in der zweiten Saisonhälfte auf pneumatische Ventilsteuerung: Druckluft sorgt hier präziser für schnelles Öffnen und Schließen der Ventile als die herkömmliche Ventiltriebs-Mechanik. Angesichts der auf 12.000 Touren limitierten Drehzahlen ist der Gewinn an Top-Leistung im Vergleich zur Formel 1, wo man bis 17.000 dreht, gering. Der Zugewinn liegt wohl im Durchzugsvermögen, was die Mercedes als Ausgleich zur Preisgabe des Gewichtsvorteils auch gut gebrauchen konnten. So galt auch nach der Aufhebung des 40-Kilo-Bonus für Nicht-Allradler unverändert: Hinterradantrieb sättigt das Punktekonto ohne Nebenwirkungen.

Die Stärken der Mercedes lagen vor allem in mittelschnellen und schnellen Kurven, ein Hinweis auf die Güte des Fahrwerks und der Aerodynamik. Als Zugabe spendierten die Techniker in den letzten Rennen noch eine flexible Gewichtsverteilung: Ein Ballastgewicht wurde als bewegliche Masse elektronisch-hydraulisch nach hinten bewegt, wenn Traktion gefragt war, und es wanderte Richtung Wagenmitte, wenn man es dichter am Schwerpunkt haben wollte. **F.W.**

Mit bis zu 80 Grad Celsius Hitze sind die DTM-Cockpits ein heißer Arbeitsplatz

Alessandro Nannini kommt 1995 nur auf den 11. Rang

Bartels auf dem Norisring. Sieger Danner ist längst durch

Hat Sorgen: Alfa-Sportchef Pianta auf der Avus, Berlin

Addition nicht weniger als 421 Grand Prix zusammen. Auch Bartels ist schon im Formel 1 unterwegs gewesen und Fisichella immerhin Minardi-Testpilot. Nach Problemen mit der Kraftübertragung und einer Flut von Motordefekten folgt in Mugello mit zweiten Plätzen für Larini und Fisichella der erste Lichtblick. „Alfa schließt auf", heißt es. Dann ist es in Helsinki Christian Danner, der für den ersten Alfa-Sieg sorgt, ehe es ihm Larini – wegen übertriebenem Kampfeinsatz mit einer Verwarnung

Der glücklichste Mensch Nürnbergs

belegt – im zweiten turbulenten Rennen auf den finnischen Hafenstraßen nachtut.

Mit Sieg Nummer zwei macht Danner seinen Teamchef Horst Schübel drei Wochen später zum glücklichsten Menschen Nürnbergs. Der Mann aus Schwarzenbruck vergießt Freudentränen beim Schübel-Heimrennen – als ob es nicht schon naß genug gewesen wäre. Bei ungewisser Witterung hat Danner alles auf eine Karte gesetzt, Slicks aufziehen lassen und richtig gepokert. Damit dürfte sich der Münchener, der – größtenteils materialbedingt – auch mit

Michele Alboreto demotiviert

vielen häßlichen Plazierungen im zweistelligen Bereich vorlieb nehmen muß, auch einen Vertrag für 1996 verdient haben.

Während Larini und Nannini ebenfalls als weiterhin willkommen gelten, scheint es schwer vorstellbar, daß Michele Alboreto noch einmal Motivation für eine DTM/ITC-Saison aufbringt. Der Formel-1-WM-Zweite von 1985 kommt als großer, stolzer Mann in die Tourenwagen-Szene, der allseits mit viel Ehrfurcht behandelt wird. Aber mit einem siebten Platz als einziges einstelliges Resultat bei zehn Ausfällen macht der Italiener bald einen gebrochenen Eindruck.

„Unser Highlight war der Doppelsieg in Diepholz. Dort waren wir so stark wie sonst leider nie mehr“, bekennt Pianta. Es ist Michael Bartels, der mit der Pole-Position und Siegen in beiden Rennen dafür sorgt. Eine sechsjährige Durststrecke geht für den Plettenberger – in der Boulevard-Presse schon lange nur noch als „Steffi Grafs Freund, der Rennfahrer“ geführt – zu Ende. Zuletzt hat er 1989 bei einem Gaststart in der französischen Formel 3 zuoberst auf dem Siegerpodest gestanden.

Der Erfolg bleibt jedoch ein Zwischenhoch. Beim ITC-Showdown in Magny-Cours, als mit Larini vor Nannini in der ersten Startreihe endlich einmal wieder italienisch gesprochen wird, schlägt die Unerbittlichkeit dieses hochtechnisierten Sports zu – schon vor der ersten Kurve bringen Getriebeprobleme beiden das Aus. „Unser Auto ist noch wie ein Siebenmonatsbaby, das noch ein bißchen im Brutkasten bleiben muß“, formuliert Pianta einen Vergleich mit dem richtigen Leben – alle fünf Alfa-Siege sind mit der Evo-94-Version herausgefahren worden. H.H.

Bernd Schneider siegt auch beim ITC-Lauf in Mugello

1996: ITC killt DTM

Nach den guten Erfolgen der DTM/ITC-Läufe in fünf europäischen Ländern ist für 1996 geplant, die Klasse-1-Tourenwagenmeisterschaft zu einer Weltmeisterschaft auszubauen. Voraussetzung ist laut FIA-Reglement, daß die Läufe in mindestens acht verschiedenen Ländern ausgetragen werden. Die Beteiligten haben an der Internationalisierung großes Interesse, weil sie ihre Autos weltweit vermarkten. FIA-Vizepräsident Bernie Ecclestone, Chef der Formel 1, hat ebenfalls großes Interesse. „Wenn er die vielen Besucher bei der DTM sieht“, witzelte ein Insider, „bekommt er Dollarzeichen in den Augen.“ Die Deutsche Tourenwagen-Meisterschaft wird es ab1996 nicht mehr geben.
Am 19. Oktober 1995 beschloß die FIA den neuen Namen für die Klasse-1-Tourenwagen-Weltmeisterschaft:

International Touring Car Championship (ITC)

Außerdem wurden die vorläufigen Austragungsorte für 1996 bekanntgegeben:

24. März	Hockenheim	D
14. April	Suzuka	J
12. Mai	Nürburgring	D
26. Mai	Estoril	P
9. Juni	Helsinki	FIN
23. Juni	Norisring	D
7. Juli	Diepholz	D
21. Juli	Rio de Janeiro	BRAS
18. Aug.	Donington	GB
1. Sept.	Nürburgring	D
15. Sept.	offen, wahrsch. Spa oder Magny Cours	(B) (F)
29. Sept.	Mugello	I
6. Okt.	Hockenheim	D

Der Terminkalender ist vorläufig.

Endstand DTM

	Fahrer	Geburtsdatum	Fahrzeug	Punkte
1.	Bernd Schneider (D)	20.07.64	AMG Mercedes C-Klasse	138
2.	Jörg van Ommen (D)	27.09.62	AMG Mercedes C-Klasse	113
3.	Klaus Ludwig (D)	05.10.49	Opel Calibra V6	80
4.	Kurt Thiim (DK)	03.08.58	AMG Mercedes C-Klasse	78
5.	Dario Franchitti (GB)	19.05.73	AMG Mercedes C-Klasse	74
6.	Nicola Larini (I)	19.03.64	Alfa Romeo 155 V6 TI	71
7.	Alexander Grau (D)	17.02.73	AMG Mercedes C-Klasse	68
8.	Jan Magnussen (DK)	04.06.73	AMG Mercedes C-Klasse	49
9.	Christian Danner (D)	04.04.58	Alfa Romeo 155 V6 TI	48
10.	Michael Bartels (D)	08.03.68	Alfa Romeo 155 V6 TI	47
11.	Alessandro Nannini (I)	07.07.59	Alfa Romeo 155 V6 TI	44
12.	Manuel Reuter (D)	06.12.61	Opel Calibra V6	39
13.	JJ Lehto (FIN)	31.01.66	Opel Calibra V6	36
14.	Uwe Alzen (D)	18.08.67	AMG Mercedes C-Klasse	34
15.	Giancarlo Fisichella (I)	14.01.73	Alfa Romeo 155 V6 TI	30
16.	Stefano Modena (I)	12.05.63	Alfa Romeo 155 V6 TI	26
17.	Ellen Lohr (D)	12.04.65	AMG Mercedes C-Klasse	18
18.	Yannick Dalmas (F)	28.07.61	Opel Calibra V6	17
	Keke Rosberg (FIN)	06.12.48	Opel Calibra V6	17
20.	Bernd Mayländer (D)	29.05.71	AMG Mercedes C-Klasse	12
21.	Ni Amorim (P)	01.04.63	Opel Calibra V6	5
22.	Michele Alboreto (I)	23.12.56	Alfa Romeo 155 V6 TI	4
23.	Louis Krages (D)	02.08.49	AMG Mercedes C-Klasse	3
24.	Stig Amthor (D)	01.03.70	Alfa Romeo 155 V6 TI	1

Endstand ITC

	Fahrer	Geburtsdatum	Fahrzeug	Punkte
1.	Bernd Schneider (D)	20.07.64	AMG Mercedes C-Klasse	155
2.	Jan Magnussen (DK)	04.06.73	AMG Mercedes C-Klasse	83
3.	Dario Franchitti (GB)	19.05.73	AMG Mercedes C-Klasse	80
4.	Nicola Larini (I)	19.03.64	Alfa Romeo 155 V6 TI	59
5.	Manuel Reuter (F)	06.12.61	Opel Calibra V6	50
	Jörg van Ommen (D)	27.09.62	AMG Mercedes C-Klasse	50
7.	Stefano Modena (I)	12.05.63	Alfa Romeo 155 V6 TI	49
8.	Kurt Thiim (DK)	03.08.58	AMG Mercedes C-Klasse	45
9.	Alexander Grau (D)	17.02.73	AMG Mercedes C-Klasse	39
10.	Giancarlo Fisichella (I)	14.01.73	Alfa Romeo 155 V6 TI	37
11.	Uwe Alzen (D)	18.08.67	AMG Mercedes C-Klasse	26
	JJ Lehto (FIN)	31.01.66	Opel Calibra V6	26
13.	Christian Danner (D)	04.04.58	Alfa Romeo 155 V6 TI	22
14.	Klaus Ludwig (D)	05.10.49	Opel Calibra V6	21
15.	Alessandro Nannini (I)	07.07.59	Alfa Romeo 155 V6 TI	17
16.	Yannick Dalmas (F)	28.07.61	Opel Calibra V6	15
17.	Ellen Lohr (D)	12.04.65	AMG Mercedes C-Klasse	13
18.	Gianni Giudici (I)	10.03.46	Alfa Romeo 155 V6 TI	9
19.	Bernd Mayländer (D)	29.05.71	AMG Mercedes C-KLasse	8
20.	Keke Rosberg (FIN)	06.12.48	Opel Calibra V6	3
21.	Philippe Gache (F)	31.05.62	Alfa Romeo 155 V6 TI	1
	Markku Alén (FIN)	15.02.51	Alfa Romeo 155 V6 TI	1
	Stig Amthor (D)	01.03.70	Alfa Romeo 155 V6 TI	1

Markenwertung DTM

1. Mercedes-Benz	224 Punkte
2. Alfa Romeo	150 Punkte
3. Opel	107 Punkte

Markenwertung ITC

1. Mercedes-Benz	183 Punkte
2. Alfa Romeo	114 Punkte
3. Opel	62 Punkte

Ewige DTM-Statistik (1984 bis 1995)

Chronik der DTM-Meister

1984	Volker Strycek (D)	BMW
1985	Per Stureson (S)	Volvo
1986	Kurt Thiim (DK)	Rover
1987	Eric van de Poele (B)	BMW
1988	Klaus Ludwig (D)	Ford
1989	Roberto Ravaglia (I)	BMW
1990	Hans-Joachim Stuck (D)	Audi
1991	Frank Biela (D)	Audi
1992	Klaus Ludwig (D)	AMG
1993	Nicola Larini (I)	Alfa
1994	Klaus Ludwig (D)	Mercedes
1995	Bernd Schneider (D)	Mercedes

Die erfolgreichsten Fahrer nach Siegen

	Fahrer	Siege
1.	Klaus Ludwig (D)	30
2.	Kurt Thiim (DK)	18
3.	Johnny Cecotto (VEN)	14
	Nicola Larini (I)	14
	Bernd Schneider (D)	14
6.	Hans-Joachim Stuck (D)	11
7.	Steve Soper (GB)	9
8.	Armin Hahne (D)	7
	Harald Grohs (D)	7
	Frank Biela (D)	7

Die erfolgreichsten Hersteller

	Marke	Siege
1.	Mercedes	67
2.	BMW	48
3.	Ford	30
4.	Alfa Romeo	26
5.	Audi	17
6.	Rover	6
7.	Volvo	5
8.	Opel	2
9.	Chevrolet	1

Letzte Meldung

Zakspeed zu Opel

Das erfolgreichste Team im deutschen Tourenwagensport (111 Siege) wechselt die Wagen: Zakspeed, seit 1991 Mercedes-Team, wird 1996 als drittes Team – neben Joest und Rosberg – für Opel fahren.
Noch offen ist, welche Fahrer in der nächsten Saison '96 die acht Klasse-1-Calibra pilotieren werden.

Serie

D1 ADAC Super-Touren-Wagen Cup (STW), seit 1994 • Internationale A-, B- oder C-Lizenz erforderlich • 8 Veranstaltungen • Preisgeld (nur für Privatfahrer) pro Lauf DM 25.000, am Jahresende DM 100.000 • Mindestalter 18 Jahre

Daten

Stark modifizierte Serienwagen, nach FIA-Klasse-2-Reglement • Fahrzeug muß in der FIA-Gruppe A homologiert sein • Motor aus laufender Produktion • vom Basismodell müssen mind. 25.000 Exemplare pro Jahr gebaut werden • maximal 2.000 ccm • max. 6 Zylinder • Drehzahlbegrenzung bei 8.500 U/min • geregelter Katalysator • Getriebe verschiedener Hersteller • max. 6 Gänge plus Rückwärtsgang • Reihen-Schaltschema (sequentielle Schaltung) • Preis für das Auto ca. DM 350.000

Joachim Winkelhock auf dem Weg nach oben. Nach hartem Titelkampf mit Audi-Pilot Frank Biela und dem Teamkolle

ADAC, Bereich Jugend und Sport, Helmut Maas
Am Westpark 8, 81373 München
Tel. 089-76762437, Fax 089-76762891

r Kox hat Winkelhock am Ende einen knappen Vorsprung

Kopf an Kopf

Der ADAC-Tourenwagen-Cup hat seit 1995 einen neuen Namen: STW. In der Klasse-2-Meisterschaft sorgen BMW und Audi, Winkelhock und Biela für Spannung bis zum letzten Lauf.

Wenn man den Mann von der Straße fragen würde, was er sich unter einem Super-Tourenwagen vorstelle, dann käme ihm wohl am ehesten Ludwigs Opel Calibra, Schneiders Mercedes oder Nanninis Alfa in den Sinn. „Sind echt geil, diese Dinger", würde er sinngemäß vorschwärmen, „diese Form, dieser Sound – das sind Super-Tourenwagen."

Hier irrt der Laie. Denn was in Deutschland durchaus super sein mag, nämlich die Klasse-1-DTM bzw. ITC, gilt nicht für die ganze Welt. Als Super-Tourenwagen, oder Super Touring, so die offizielle Bezeichnung, klassifiziert die FIA seit 1995 die im Rennsport weltweit zugelassenen Zweiliterautos. Und da es sie seit 1994 auch in Deutschland gibt, gelten paradoxerweise die im direkten Vergleich weniger attraktiven Zweiliter als Super-Tourenwagen.

Der ADAC als Ausrichter der deutschen Zweiliter-Rennserie gerät deswegen keineswegs in eine Identitätskrise. Im Gegenteil: Aus dem ADAC Tourenwagencup ist 1995 der D1-Super-Touren-Wagen-Cup geworden, kurz STW-Cup. Und was der STW zeigt, verdient durchaus das Prädikat super. In jeder Beziehung.

Mit dem Namen hat der ADAC auch den Austragungsmodus geändert. Es bleibt zwar bei acht Veranstaltungen, doch besteht jede aus zwei Rennen: Dem sogenannten STW-Sprint über 60 Kilometer, dessen Zieleinlauf dann die Startaufstellung zum STW-Rennen über 100 Kilometer ergibt. Die Wertigkeit der beiden Einzelläufe ergibt sich aus der Punktevergabe: Im Sprint winken dem Sieger 20 Zähler, dem Zweiten 19, dem Dritten 18 und so weiter, bis hinunter zum Zwanzigsten. Im Hauptrennen kassiert der Erste das Dreifache, der Zweite und Dritte je zehn

Start frei: Asch, Winkelhock, Hahne, Biela und Maassen

Punkte weniger, und auch hier winkt dem Zwanzigsten noch ein Zähler. „Wir wollen damit bewirken, daß auch die Leistungen im Mittelfeld anständig belohnt werden. Daher lehnen wir unser Punktesystem an das der amerikanischen NASCAR-Serie an" – so der neu engagierte STW-Serien-Manager Jochen Neerpasch, einst Rennleiter bei Ford, BMW und Sauber-Mercedes und maßgeblich am Formel-1-Einstieg von Michael Schumacher beteiligt.

Waren es 1994 im Schnitt 15 bis 18 Teilnehmer, so schafft es der STW-Cup in seinem zweiten Jahr beinahe auf das Doppelte. Jedenfalls hat weltweit nur Japan – dank eines Sonderreglements – größere Zweiliterfelder vorzuweisen als Deutschland. Dazu trägt einerseits das erweiterte Engagement der Hersteller bei, andererseits das verstärkte Interesse von Privatiers. Viele von ihnen können sich die exotische DTM aus finanziellen Gründen nicht mehr leisten. Und weil der ADAC das Preisgeld 1995 in der Höhe von 25.000 DM pro Lauf und 100.000 DM für die Jahresendwertung ausschließlich den Privatteams zukommen läßt, bleibt das Echo nicht aus.

Die Teams

Audi, um die Hersteller in alphabetischer Reihenfolge aufzulisten, bildet 1995 mit Frank Biela im französischen ROC-Team die Speerspitze. Als Teamkollegin erhält er die flotte Architektur-Studentin Tamara Vidali aus Italien. Die Signorina schafft während der Saison nicht nur den Abschluß mit Diplom, sondern auch manchen Mann, dem sie den Hintern ihres Autos zeigt. Ihr Highlight ist der dritte Platz in Hockenheim. Das AZK-Team Schneider bildet die zweite Audi-Mannschaft. Hinter dem Team stecken das Audi-Zentrum Koblenz und Udo Schneider Motorsport. Hans-Joachim Stuck, der letztjährige SMS-Pilot, und Altfrid Heger, der wie Schneider bisher in BMW-Diensten stand und 1994 das Rennen auf dem Österreichring gewann, sind die beiden Fahrer.

Das Aufsehenerregendste bei Audi ist jedoch weder die blonde Tamara noch sonstwer, sondern der komplett neu entwickelte Audi A4. „Mit Ausnahme des Lenkrads", verrät ein Audi-Techniker, „ist nichts vom letztjährigen Modell übernommen worden."

Audi A4 komplett neu entwickelt

BMW hat da weniger Neues entgegenzuhalten, obwohl auch die 95er Autos auf der Basis des neuen 3er BMW weiterentwickelt wurden. Für das meiste Aufsehen sorgt die Rückkehr des einst in der DTM siegreichen Schnitzer-Teams nach Deutschland. Nach dem Gewinn der hartumkämpften Britischen Tourenwagen-Meisterschaft 1993 und der FIA Asia Pacific Championship im Vorjahr kehrt das Team aus Freilassing mit Joachim Winkelhock in die Heimat zurück. Dafür wird das BMW-Motorsport-Team von Günther Warthofer, der mit Johnny Cecotto 1994 den ADAC Tourenwagencup gewann, nach England abkommandiert. Ein Auftrag, der notabene von Mißerfolg begleitet war. Teamkollege von Winkelhock bei Schnit-

Die Frauen im Feld: Claudia Hürtgen und Tamara Vidali

Winkelhock hat die Audi-Verfolger Biela und Stuck im Na

mel-3-Champion '94: Jörg Müller

Gindorf und Kräling in Hockenheim

Teamkollegen: Heger und Stuck

mer-Freude bei Ford: Roland Asch holt auf dem Nürburgring im Sprint den ersten, im Rennen den zweiten Platz

Die Teams 1995

WERKSTEAMS AUDI

AZK Team Schneider — gegründet 1995
Industriestr. 23, 42929 Wermelskirchen
Tel. 02196-3846, Fax 02196-81491
Teamchef: Udo Schneider
Teammanager: Lothar Christen
Teammitglieder: 20
Fahrer: **Altfrid Heger, Hans-Joachim Stuck**
Fahrzeug: Audi A4
Erfolge (STW): 1995 drei zweite Plätze mit Stuck (Spa, Hockenheim) und Heger (Zolder)

Racing Organisation Course (ROC) — gegründet 1973
Ci du Mont Blanc, F-74100 Annemasse
Tel. 0033-50-373283, Fax 0033-50-378645
Teamchef: Fred Stalder
Teammanager:Heinz Lehmann
Teammitglieder: 20
Fahrer: **Frank Biela, Tamara Vidali**
Fahrzeug: Audi A4
Erfolge (STW): 1995 drei Siege mit Biela (Zolder, Österreichring, Hockenheim), Gesamt-Dritter STW-Cup mit Biela, ein dritter Platz mit Vidali (Hockenheim)

WERKSTEAMS BMW

BMW Team Bigazzi — gegründet 1988
Via di Fugnano 20, I-53037 San Gimignano
Tel. 0039-577-942121, Fax 0039-577-942009
Teamchef: Gabriele Raffanelli
Teammanager: Gabriele Raffanelli
Teammitglieder: 26
Fahrer: **Alexander Burgstaller, Roberto Ravaglia**
Fahrzeug: BMW 3er
Erfolge (STW): 1995 ein Sieg (Nürburgring) und ein dritter Platz mit Burgstaller (Avus), zwei dritte Plätze mit Ravaglia (Zolder, Salzburgring)

BMW Team Isert — gegründet 1963
Fassoldshof 1, 95336 Mainleus
Tel. 09229-8031, Fax 09229-8004
Teamchef: Heinz Isert
Teammanager: Uwe Isert
Teammitglieder: 20
Fahrer: **Jörg Müller, Harald Grohs, Josef Venc**
Fahrzeug: BMW 3er
Erfolge (STW): 1995 ein dritter Platz mit Müller (Spa)

BMW Team Schnitzer — gegründet 1963
Görlitzer Str. 2a, 83395 Freilassing
Tel. 08654-2034, Fax 08654-66318
Teamchef: Herbert Schnitzer
Teammanager: Charly Lamm
Teammitglieder: 25
Fahrer: **Joachim Winkelhock, Peter Kox, Steve Soper**
Fahrzeug: BMW 3er
Erfolge (STW): 1995 Gewinn STW-Cup mit Winkelhock, Gesamt-Zweiter mit Kox

WERKSTEAMS HONDA

Honda Team Linder — gegründet 1986
Roßmoos 9, 87629 Füssen-Weissensee
Tel. 08363-6312, Fax 08363-6049
Teamchef: Ludwig Linder
Teammanager: Andreas Böhm
Teammitglieder: 15
Fahrer: **Klaus Niedzwiedz, Armin Hahne**
Fahrzeug: Honda Accord 2.0i LS
Erfolge (STW): 1995 ein dritter Platz mit Hahne (Österreichring)

WERKSTEAMS FORD

Ford Mondeo Team Eggenberger — gegründet 1973
Industriering 51, CH-3250 Lyss
Tel. 0041-32-845611, Fax 0041-32-848430
Teamchef: Ruedi Eggenberger, Teammanager: Armin Krieg
Teammitglieder: 25
Fahrer: **Roland Asch, Johnny Hauser**
Fahrzeug: Ford Mondeo Ghia 2.0i
Erfolge (STW): 1995 ein zweiter Platz (Nürburgring) mit Asch, zweiter Platz STW-Privatfahrerwertung mit Hauser

Ford Mondeo Team Schübel — gegründet 1980
Hammerwerkstr. 24-26, 90592 Schwarzenbruck
Tel. 09128-99150, Fax 09128-991515
Teamchef: Horst Schübel, Teammanager: Didier Debae
Teammitglieder: 25
Fahrer: **Thierry Boutsen, Riccardo Patrese**
Fahrzeug: Ford Mondeo Ghia 2.0i

Ford Mondeo Team Wolf — gegründet 1994
Max-Eyth-Straße 17, 74632 Neuenstein
Tel. 07942-3001/4, Fax 07942-3416
Teamchef: Walter Wolf, Teammanager: Ron Meadows
Teammitglieder: 25
Fahrer: **Kris Nissen, Claudia Hürtgen**
Fahrzeug: Ford Mondeo Ghia 2.0i

WERKSTEAMS NISSAN

BMS Scuderia Italia — gegründet 1988
Via A. Righetti 15, I-25128 Brescia
Tel. 0039-30-3700922, Fax 0039-30-3701456
Teamchef: Remo Ramanzini
Teammanager: Giancarlo Bruno
Teammitglieder: 26
Fahrer: **Sascha Maassen, Ivan Capelli, Kieth Odor**
Fahrzeug: Nissan Primera 2.0 eGT

PRIVAT-TEAMS

MIG (Motorsort Interessen Gemeinschaft) — gegründet 1973
Postfach 1, A-4025 Linz
Tel. 0043-732-668877, Fax 0043-732-661678
Teamchef: Friedrich Mann
Teammanager: Franz Mikes
Teammitglieder: 12
Fahrer: **Philipp Peter**
Fahrzeug: Audi 80 quattro competition
Erfolge (STW): 1995 Sieger STW-Privatfahrerwertung mit Peter

AM-Holzer Motorsport — gegründet 1995
Bgm.-Schlosser-Str. 4, 86199 Augsburg
Tel. 0821-9060210, Fax 0821-9060241
Teamchef: Günther Holzer
Teammanager: Wolfgang Schumacher
Teammitglieder: 9
Fahrer: **„Alex G.", Rüdiger Julius**
Fahrzeug: BMW 3er

PMCar sports — gegründet 1995
Hengsbachstr. 8, 57080 Siegen
Tel. 0271-3174157, Fax 0271-3174050
Teamchef: Frank Kräling
Teammanager: Frank Kräling
Teammitglieder: 5
Fahrer: **Marc Gindorf**
Fahrzeug: BMW 3er
Erfolge (STW): 1995 dritter Platz STW-Privatfahrerwertung

Zugang nur mit Einladung möglich: Der Hospitality-Bereich in Hockenheim

Klaus Niedzwiedz im Honda Accord. 1995 steigt Honda in den Tourenwagensport ein

Am runden Tisch: Analyse und Planung während der Audi-Besprechung im Teamzelt

zer ist der Niederländer Peter Kox.

Das zweite BMW-Werksteam ist Bigazzi aus Italien mit dem ehemaligen Welt-, Europa- und DTM-Rekordmeister Roberto Ravaglia und dem Münchner Alexander Burgstaller. Das dritte Team bildet die erstmals in der Gunst des Werks stehende Truppe von Heinz Isert mit Senior Harald Grohs (51) und Junior Jörg Müller (26), dem letztjährigen Formel-3-Meister.

Wie BMW wirft auch **Ford** drei werksunterstützte Equipen in die Schlacht. Allerdings mit stumpfen Waffen, wie sich bald herausstellt. Denn Wolf Racing aus Neuenstein und das auch in der DTM mit Alfa Romeo (Danner/Alboreto) engagierte Schübel-Team aus Nürnberg werden mit der Entwicklung des Ford Mondeo mit Allradantrieb beauftragt, während das Schweizer Eggenberger-Team instinktiv auf Bewährtes zurückgreift und mit den Fronttrieblern

Ford bietet große Namen

ford-fährt. Wenn nicht technisch, so hält Ford doch fahrerisch mit großen Namen mit: GP-Rekordstarter Riccardo Patrese kommt beim Schübel-Team unter, wohin auch der bisherige Eggenberger-Pilot Thierry Boutsen wechselt. Seinen Platz im Schweizer Team nimmt der Schwabe Roland Asch ein, der von der DTM genug hat (Vizemeister 1993) und bei Ford im STW-Cup eine neue Herausforderung findet. Bei Wolf schließlich landet mit Kris Nissen ebenfalls ein bisheriger DTM-Pilot. Um es vorwegzunehmen: Der Mondeo 4x4 wird zum Problemkind, das erst gegen

SIEGERPODEST STW 1995

ZOLDER (B)
1. Lauf - 30. April
STW-Sprint
1. F. Biela (Audi A4), 27:27,18 Min.
2. H.-J. Stuck (Audi A4), 9,65 Sek. zur.
3. A. Heger (Audi A4), 10,88 Sek. zur.

STW-Rennen
1. F. Biela (Audi A4), 45:04,19 Min.
2. A. Heger (Audi A4), 0,45 Sek. zur.
3. R. Ravaglia (BMW 320i), 2,35 Sek. zur.

SPA-FRANCORCHAMPS (B)
2. Lauf - 14. Mai
STW-Sprint
1. J. Winkelhock (BMW 320i), 22:53,66 Min.
2. R. Ravaglia (BMW 320i), 1,43 Sek. zur.
3. F. Biela (Audi A4), 6,14 Sek. zur.

STW-Rennen
1. J. Winkelhock (BMW 320i), 43:44,02 Min.
2. H.-J. Stuck (Audi A4), 0,81 Sek. zur.
3. J. Müller (BMW 320i), 1,48 Sek. zur.

ÖSTERREICHRING (A)
3. Lauf - 28. Mai
STW-Sprint
1. J. Winkelhock (BMW 320i), 19:33,47 Min.
2. F. Biela (Audi A4), 7,07 Sek. zur.
3. K. Niedzwiedz (Honda Accord), 8,25 Sek. zur.

STW-Rennen
1. F. Biela (Audi A4), 33:14,74 Min.
2. P. Kox (BMW 320i), 2,30 Sek. zur.
3. A. Hahne (Honda Accord), 2,97 Sek. zur.

HOCKENHEIM (KLEINER KURS)
4. Lauf - 11. Juni
STW-Sprint
1. F. Biela (Audi A4), 24:05,43 Min.
2. A. Heger (BMW 320i), 1,04 Sek. zur.
3. H.-J. Stuck (Audi A4), 2,94 Sek. zur.

STW-Rennen
1. F. Biela (Audi A4), 43:44,67 Min.
2. H.-J. Stuck (Audi A4), 0,18 Sek. zur.
3. T. Vidali (Audi A4), 0,38 Sek. zur.

NÜRBURGRING (GP-KURS)
5. Lauf - 2. Juli
STW-Sprint
1. R. Asch (Ford Mondeo), 23:55,20 Min.
2. A. Burgstaller (BMW 320i), 2,42 Sek. zur.
3. F. Biela (Audi A4), 5,20 Sek. zur.

STW-Rennen
1. A. Burgstaller (BMW 320i), 40:24,07 Min.
2. R. Asch (Ford Mondeo), 3,90 Sek. zur.
3. F. Biela (Audi A4), 6,02 Sek. zur.

SALZBURGRING (A)
6. Lauf - 27. August
STW-Sprint
1. J. Winkelhock (BMW 320i), 19:16,95 Min.
2. P. Kox (BMW 320i), 0,42 Sek. zur.
3. R. Ravaglia (BMW 320i), 12,28 Sek. zur.

STW-Rennen
1. J. Winkelhock (BMW 320i), 38:36,98 Min.
2. P. Kox (BMW 320i), 1,19 Sek. zur.
3. R. Ravaglia (BMW 320i), 3,26 Sek. zur.

AVUS/BERLIN
7. Lauf - 10. September
STW-Sprint
1. K. Odor (Nissan), 23:14,04 Min.
2. J. Winkelhock (BMW 320i), 1,64 Sek. zur.
3. P. Kox (BMW 320i), 9,22 Sek. zur.

STW-Rennen
1. J. Winkelhock (BMW 320i), 25:58,04 Min.
2. P. Kox (BMW 320i), 0,98 Sek. zur.
3. A. Burgstaller (BMW 320i), 2,80 Sek. zur.

NÜRBURGRING (KURZANBINDUNG)
8. Lauf - 24. Sept.
STW-Sprint
1. E. Pirro (Audi A4), 24:52,27 Min.
2. J. Winkelhock (BMW 320i), 6,27 Sek. zur.
3. P. Kox (BMW 320i), 8,55 Sek. zur.

STW-Rennen
1. E. Pirro (Audi A4), 44:18,25 Min.
2. J. Winkelhock (BMW 320i), 2,39 Sek. zur.
3. P. Kox (BMW 320i), 3,58 Sek. zur.

Das Punktesystem
Sprint: Der Sieger bekommt 20 Punkte, der Zweite 19 Punkte, der Dritte 18 usw. bis zum 20. Platz.

Für die Rennen ergibt sich folgende Punkteverteilung:

1. Platz 60 Punkte	2. Platz 50 Punkte
3. Platz 40 Punkte	4. Platz 34 Punkte
5. Platz 32 Punkte	6. Platz 30 Punkte

Bis zum 20. Platz wird in Zweierschritten heruntergezählt.

Burgstaller und Asch auf dem Podest. Für Asch einmalig in der Saison '95

Los der Freundin: Warten auf Stuck

Saisonende so heranreift, daß es für eine Leistung um Platz zehn herum gut ist. Kris Nissen und seine Sponsoren (darunter RTL) haben schon nach einem Auftritt dermaßen die Schnauze voll, daß der Däne eine Künstlerpause einlegt und die Saison bei Schübel beendet. Patrese wird zum Trauerfall schlechthin, er kommt ein einziges Mal zu Punkten. Nur Roland Asch kann mit dem Mondeo Ghia mit Vorderradantrieb verhindern, daß Ford bloß eine Statistenrolle spielt.

Honda steigt neu ein

Als neuer Hersteller steigt **Honda** in Deutschland, England und Belgien mit dem Accord in den Tourenwagensport ein. Ein modernes Auto, das wie der Audi A4 über Mehrlenkerachsen verfügt und trotz der Unerfahrenheit der Truppe von Anfang an recht flott mithält. Der langjährige BMW-Partner Ludwig Linder aus Füssen erhält den Zuschlag, in Deutschland das offizielle Honda-Team aufzubauen. Mit Armin Hahne, der bisher für Honda im ADAC GT-Cup unterwegs war, und Klaus Niedzwiedz werden zwei Routiniers verpflichtet, die für manch schöne Rennszene sorgen. Doch trotz aller Anstrengungen reicht es zu keinem Sieg. Höhepunkt ist der dritte Platz von Hahne auf dem Österreichring, doch ein paarmal ist Honda das zweit- oder drittbeste Team überhaupt.

Wie Honda beschränkt sich **Nissan** auf ein einziges Team, das wie 1994 die BMS/Scuderia Italia bildet, diesmal aber mit drei Fahrern. Aus England wird Kieth Odor beordert. Als

Der Däne Kris Nissen legt während der Saison eine Künstlerpause ein – reichlich genervt vom Ford Mondeo 4x4

Unverzichtbar im Rennsport: Die Telemetrie-Daten

Vaterfreuden an der Strecke: Emanuele Pirro mit Sohn

Obere Reihe (v.l.): Johnny Hauser, Roland Asch, Peter Kox, Joachim Winkelhock, Klaus Panchyrz, Jörg Müller, Harald G
Mittlere Reihe (v.l.): Patrick Ulrich, Josef Venc, Kris Nissen, Claudia Hürtgen, Rüdiger Julius, „Alex G.", Altfrid Heger, Ha
Untere Reihe (v.l.): Frank Biela, Tamara Vidali, Roberto Ravaglia, Alexander Burgstaller, Armin Hahne, Klaus Niedzwie

Patrese, Vidali und Capelli auf dem Salzburgring

Avus in der Kritik: Beim Räubern über die Curbs könnte O

n Odor.
im Stuck, Thierry
e Maassen, Ivan Capelli

ufhängung gebrochen sein

neuer deutscher Fahrer anstelle von Michael Bartels wird Sascha Maassen (Formel-3-Champion von Macao 1994) verpflichtet. Dritter Pilot ist Ivan Capelli, der analog zu Ford mit der Aufgabe der Allradentwicklung unter Rennbedingungen betraut wird. Odor erhält stets den neuesten Primera mit Frontantrieb, Maassen irgendeinen Gebrauchtwagen, so daß er wie Capelli sein Können nie richtig unter Beweis stellen kann.

Die Saison

Die Saison beginnt in Zolder mit einer eindrucksvollen Vorstellung der neuen Audi A4, die im Sprint mit einem Dreifachsieg und im Rennen mit dem Doppelsieg endet. Was Audi-Sportchef Dr. Wolfgang Ullrich erst Wochen später zugibt, bemerken

Audi setzt auf Biela

Kenner der Szene sofort: Audi setzt von Anfang an auf die Karte Biela, verhängt daher eine Stallorder und läßt so den Wahl-Monegassen gewinnen. Bei BMW hingegen dürfen Ravaglia, Kox und Winkelhock schonungslos um die Ehrenplätze kämpfen.

Das Auftaktrennen ist symptomatisch für den Rest der Saison. Audi (mit Biela) und BMW (mit Winkelhock) machen die Siege unter sich aus. Nur einmal, im Juli auf dem Nürburgring, vermag Roland Asch im Ford Mondeo in den Spitzenkampf einzugreifen und einen Laufsieg sowie einen zweiten Platz zu erringen. Dort wird ersichtlich, welch großen Anteil ein guter Reifen haben kann, als Michelin mit einer neuen Konstruktion für den Quantensprung seiner Topteams sorgt. Im Endeffekt bringt dies auch die Wende für Joachim Winkelhock. Dessen Team wechselt nach nicht mehr zu verheimlichenden Reifenproblemen den Partner und kehrt beim nächsten Rennen in Salzburg auf die Siegerstraße zurück.

In die Audi/BMW-Phalanx mag auch Nissan einmal einzubrechen, doch innerhalb von Stunden wird die tolle Vorstellung auf der Berliner Avus zur Tragödie. Kieth Odor (33) gewinnt den Vorlauf und kommt gleich darauf im STW-Rennen bei einer Kollision ums Leben. Frank Biela, der nicht mehr ausweichen kann und Odors querstehenden Nissan torpediert, wird dabei selbst verletzt und tritt deswegen zwei Wochen später physisch und psychisch arg belastet

Trauer um Kieth Odor

Kieth Odor, geboren am 5. April 1962, ist der erste Tourenwagen-Profi aus der DTM und dem STW-Cup, den der deutsche Motorsport in zwei Jahrzehnten zu beklagen hat.

In der 24. Runde verlor Kieth Odor in der schnellen Rechtskurve, die zur Nordkehre führt, aus ungeklärten Gründen die Kontrolle über seinen Nissan Primera und prallte links in die Leitplanken, von wo das Auto

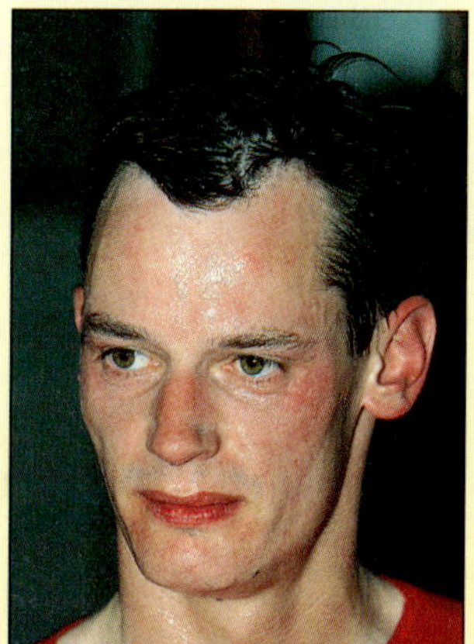

Verunglückt: Kieth Odor

auf die Fahrbahnmitte geschleudert wurde. Der Nachfolgende Frank Biela sah das Hindernis zu spät und bohrte seinen Audi A4 genau in die Fahrerseite des Nissan. Der 33jährige Brite erlitt dabei äußerst schwere Kopf- und innere Verletzungen, denen er zwölf Stunden später in einem Berliner Krankenhaus erlag. Bei einem ähnlichen Unfall kam im März 95 der ehemalige Motorrad-Vizeweltmeister Gregg Hansford in Australien ums Leben.

Frank Biela kam mit „geradezu lächerlichen Verletzungen", wie er später selbst sagte, davon (zwei gebrochene Rippen und ein Bluterguß in der Leber). Nach einem Krankenhausaufenthalt trat er zwei Wochen später wieder zum STW-Finale an.

Kieth Odor war mit Nissan fest verwurzelt. Sein Vater Jan Odor gründete die Firma Janspeed, die mit Nissan in Europa zahlreiche Erfolge im Tourenwagensport herausfahren konnte. Als Direktor von Janspeed und Werkspilot von Nissan war Kieth Odor maßgeblich an der Entwicklung der Autos beteiligt. 1993 gewann er auf einem Nissan Primera in Silverstone einen Lauf zur britischen Tourenwagen-Meisterschaft. Zwei Wochen vor Berlin überstand er einen Überschlag in Salzburg unbeschadet. Genau eine Stunde nach der siegreichen Zieldurchfahrt des Briten auf der Avus schlug das Schicksal erneut zu. Diesmal erbarmungslos.

zum entscheidenden Finale auf dem Nürburgring an.

Dort sorgt eine Startkollision zwischen Hegers Audi und Winkelhocks BMW erneut für Diskussionsstoff. Doch während die beiden

Biela wird in die Wüste geschickt

nahezu unbeschadet in der Spitzengruppe weiterfahren können, wird Tabellenleader Biela von Winkelhock beim Anbremsen der ersten Kurve in die Wüste geschickt. Biela holt einen Nuller und einen fünften Platz, doch das reicht in der Addition gegen Winkelhocks zweite Ränge nicht aus. Winkelhock wird mit wenigen Punkten Vorsprung vor seinem Teamkollegen Peter Kox und Frank Biela Meister.

Daran ändert auch ein Protest von Audi nichts, der zu einer nachträglichen 30-Sekunden-Strafe und einem Punkteabzug für Winkelhock führt. Bielas Trost: Er wird FIA-Weltcupsieger und darf für Audi 1996 die Briten aufmischen. Vielleicht schafft er dort, was Winkelhock drei Jahre vor ihm vorexerziert hat.

P.W.

Achter Lauf am Nürburgring: Altfrid Heger touchiert mit seinem Audi den Wagen Winkelhocks. Beide bleiben im Re

Endstand 1995

	Fahrer	Auto	Punkte
1.	Joachim Winkelhock (D)	BMW 320i	407
2.	Peter Kox (NL)	BMW 320i	398
3.	Frank Biela (D)	Audi A4 Supertouring	391
4.	Hans-Joachim Stuck (A)	Audi A4 Supertouring	354
5.	Altfrid Heger (D)	Audi A4 Supertouring	315
6.	Roberto Ravaglia (I)	BMW 320i	310
7.	Alexander Burgstaller (D)	BMW 320i	281
8.	Roland Asch (D)	Ford Mondeo Ghia	268
9.	Tamara Vidali (I)	Audi A4 Supertouring	259
10.	Kieth Odor (GB)	Nissan Primera eGT	225
11.	Armin Hahne (D)	Honda Accord	223
12.	Jörg Müller (D)	BMW 320i	149
13.	Klaus Niedzwiedz (D)	Honda Accord	145
14.	Sascha Maassen (D)	Nissan Primera eGT	128
15.	Philipp Peter (A)	Audi 80 quattro	122
16.	Emanuele Pirro (I)	Audi A4 Supertouring	105
17.	Marc Gindorf (D)	BMW 320i	100
18.	Thierry Boutsen (B)	Ford Mondeo 4x4	95
19.	Harald Grohs (D)	BMW 320i	94
	Johnny Hauser (CH)	Ford Mondeo Ghia	94
21.	Steve Soper (GB)	BMW 320i	90
22.	Josef Venc (CZ)	BMW 318iS/4	73
23.	„Alex. G."	BMW 318iS/4	66
24.	Kris Nissen (DK)	Ford Mondeo 4x4	63
	Patrick Ulrich (CH)	BMW 318iS/4	63
26.	Claudia Hürtgen (D)	Ford Mondeo Ghia	54
27.	Rüdiger Julius (D)	BMW 318iS/4	46
28.	Michael Heigert (D)	BMW 318i	28
29.	Ivan Capelli (I)	Nissan Primera 4x4	26
30.	Marco Werner (D)	BMW 318iS/4	25
31.	David Brabham (AUS)	BMW 320i	22
32.	Rinaldo Capello (I)	Audi A4 Supertouring	19
33.	Enrico Bertaggia (I)	Ford Mondeo Ghia	16
34.	Armin Bernhard (D)	Nissan Primera eGT	12
35.	Riccardo Patrese (I)	Ford Mondeo 4x4	5
36.	Dirk Adorf (D)	Nissan Primera eGT	2

Marken-Wertung

1. BMW	945 Punkte
2. Audi	906 Punkte
3. Ford	440 Punkte
4. Honda	368 Punkte
5. Nissan	365 Punkte

Champ '95: Joachim Winkelhock

cht aber Biela. Er wird Sekundenbruchteile später beim Anbremsen der ersten Kurve von Winkelhock abgeschossen

England

England besitzt die weltbeste Super-Tourenwagen-Rennserie – und hat mit John Cleland einen Vauxhall-Piloten als neuen Meister. Der 43jährige Schotte sichert sich bereits beim vorletzten Lauf in Oulton Park den Titel. Mit den meisten Saisonsiegen (7) wird der Schweizer Alain Menu Gesamt-Zweiter. Er fährt einen vom Formel-1-Team Williams eingesetzten Renault Laguna. Mit Teamkollege Will Hoy sorgt Menu beim Saisonfinale in Silverstone für zwei Renault-Doppelsiege. Die Volvo 850 von Teamchef Tom Walkinshaw überraschen in ihrem zweiten Jahr in der englischen Meisterschaft mit den Endrängen 3 (Rydell), 5 (Harvey) sowie vereinzelten Siegen. BMW erlebt ein Debakel – von allen neun in der BTCC engagierten Herstellern ist man das Schlußlicht: Johnny Cecotto und David Brabham schaffen keinen einzigen Sieg und rangieren im Endklassement sogar außerhalb der Top Ten.

Endstand 1995 British Touring Car Championship

Fahrer	Fahrzeug	Punkte
1. John Cleland (GB)	Opel Vectra	348
2. Alain Menu (CH)	Renault Laguna	305
3. Rickard Rydell (S)	Volvo 850	255
4. Will Hoy (GB)	Renault Laguna	195
5. Tim Harvey (GB)	Volvo 850	176

Italien

In Italien fährt Audi mit Emanuele Pirro und Rinaldo Capello zu einem Doppelsieg – dem allradgetriebenen Audi A4 kommen die italienischen Micky-Mouse-Kurse entgegen. Bei BMW überrascht Yolanda Surer, Ex-Ehefrau von BMW-Rennleiter Marc Surer, mit guten Plazierungen. Beim Rennen in Varano bringt sie in Lauf 1 als Fünfte die beste Plazierung für BMW.

Endstand 1995 Campionato Italiano SuperTurismo

Fahrer	Fahrzeug	Punkte
1. Emanuele Pirro (I)	Audi A4	333
2. Rinaldo Capello (I)	Audi A4	259
3. Antonio Tamburini (I)	Alfa 155	178
4. Fabrizio Giovanardi (I)	Alfa 155	177
5. Gianni Morbidelli (I)	BMW 320	145

Frankreich

In der französischen Supertourisme-Meisterschaft dominiert BMW: Zwei dritte Plätze beim vorletzten Rennen in Albi sichern Yvan Muller den Titel. F3000-Pilot Eric Hélary fährt den Opel Vectra nicht zuletzt aufgrund seines Doppelsieges in Albi auf den zweiten Gesamtrang.

Endstand 1995 Champ. de France de Supertourisme

Fahrer	Fahrzeug	Punkte
1. Yvan Muller (F)	BMW 320	131
2. Eric Hélary (F)	Opel Vectra	128
3. Laurent Aiello (F)	Peugeot 405	88
4. Jacques Laffite (F)	Opel Vectra	71
5. Alain Cudini (F)	Opel Vectra	66

Britischer Meister

John Cleland

John Cleland (43), Schotte aus Galashiels, Familienvater mit vier Kindern, bereits 1989 britischer Tourenwagen-Meister, 1990/91 zweimal Gesamt-Zweiter, fährt schon seit 1980 Vauxhall-Fahrzeuge.

Italienischer Meister

Emanuele Pirro

Emanuele Pirro (33), Römer, verheiratet mit Marlene, ein Sohn, viele Jahre Formel 2 und Formel 3000, Formel 1 1989-91 auf Benetton und Dallara, danach Tourenwagen für BMW (bis 1993) und Audi (seit 1994).

Französischer Meister

Yvan Muller

Yvan Muller (26), Elsässer, Bruder der Ex-F3000-Pilotin Cathy Muller, einst Gesamt-Zweiter der Kart-Weltmeisterschaft (Junioren), 1988-1991 französische F3, 1992 brit. F3000-Meister, fährt für das Oreca-BMW-Team.

Sieg in Frankreich: BMW hat mit Muller die Nase vorn

Klare Sache für Audi

Bei beiden Rennen die Pole-Position, Sieg im zweiten Lauf: Emanuele Pirro wird mit Audi Zweiter im Weltfinale

Internationale Tourenwagen Serien

Großbritannien: Auto Trader RAC British Touring Car Championship BTCC • Frankreich: Championat de France de Supertourisme • Italien: Campionato Italiano SuperTurismo • Läufe: in GB: 25 bei 13 Veranstaltungen, I: 20 Läufe bei 10 Veranstaltungen, F: 18 Läufe bei 9 Veranstaltungen

Daten

Super-Tourenwagen, die dem FIA-Reglement entsprechen • Es müssen mind. 25.000 Fahrzeuge mit identischer Karosserieform gebaut sein • Evolutionen verboten • max. 2 l Hubraum • max. 6 Zyl. • max. 4 Ventile pro Zyl. • Drehzahl-Limit 8.500 U/min • Telemetrie verboten • Reifenbreite: 9 Zoll • Gewichte: min. 975 kg (Frontantrieb), bzw. 1.000 kg (Heckantrieb) und 1.040 kg (Allrad)

Das Tourenwagen-Weltfinale im südfranzösischen Paul Ricard, zu dem jedes Land seine fünf besten Tourenwagen-Piloten der abgelaufenen Saison nominieren darf, wird zu einer sicheren Beute für Audi. Bereits im Training dominieren die allradgetriebenen A4, Emanuele Pirro sichert sich für beide Läufe die Pole-Position. Auch in den beiden Rennen hat Audi die Nase vorn: Frank Biela gewinnt den ersten Lauf und mit seinem zweiten Platz in Lauf 2 in der Addition auch den Gesamtsieg. Emanuele Pirro gewinnt Lauf 2 und belegt hinter Markenkollege Biela damit den zweiten Platz in der Endabrechnung. BMW ist mit Steve Soper (Bigazzi-BMW) und dem französischen Meister Yvan Muller (Team Oreca) am stärksten vertreten. Doch Platz 2 im ersten Lauf und Platz 3 in Lauf 2 von Steve Soper bleiben die besten BMW-Resultate. Alle übrigen sieben vertretenen Marken können in den Titelkampf nie ernsthaft eingreifen. Erfolg für Deutschland auch in der Nationen-Wertung: Frank Biela (Audi), Joachim Winkelhock (BMW), Roland Asch (Ford), Armin Hahne (Honda) und Sascha Maassen (Nissan) sichern der deutschen Abordnung wie bereits beim 94er Finale in Donington erneut den Sieg.

Endstand 1995

Tourenwagen-Weltcup Paul Ricard/F

	Fahrer (Land)	Fahrzeug	Punkte
1.	Frank Biela (D)	Audi A4	70
2.	Emanuele Pirro (I)	Audi A4	54
3.	Steve Soper (GB)	BMW 320	54
4.	Yvan Muller (F)	BMW 320	44
5.	Johnny Cecotto (VEN)	BMW 320	35
6.	Kelvin Burt (GB)	Ford Mondeo	23
7.	Armin Hahne (D)	Honda Accord	22
	Klaus Niedzwiedz (D)	Honda Accord	22
9.	Alain Menu (CH)	Renault Laguna	16
	Hans-Joachim Stuck (D)	Audi A4	16

Frank Biela

31 Jahre alt, wohnt in Monte Carlo, stieg über Kart, Formel Ford und Formel 3 in den Tourenwagen-Sport auf, 1991 DTM-Meister auf Audi V8, 1993 Meister in der französischen Tourenwagen-Meisterschaft, verlor 1994 und 1995 im ADAC-STW-Cup im letzten Rennen den Titel.

Markenwertung

Marke	Punkte
1. Audi	126
2. BMW	98
3. Honda	44

FIA-Nationen-Cup

Land	Punkte
1. Deutschland	117
2. Großbritannien	99
3. Italien	77

Agentur SAN, Hans Niemann und Arno Wester
Am Wald 11, 40789 Monheim
Tel. 02173-51088, Fax 02173-51089

Solider Einstand

Erster Meister der neuen Serie: Dirk Adorf im Opel Astra. Mit 20 Autos bieten die Rennen Top-Spannung

Serie

Deutsche Tourenwagen Challenge (DTC) • 1995 neu gegründet • intern. C-Lizenz erf. • ab 18 Jahre • 8 Rennen • Preisgeld DM 100.000 • Saisonkosten: ca. DM 150.000 - 200.000

Daten

Tourenwagen aus Großserie • modifiziertes Gruppe-N-Reglement • 2.000 ccm Hubraum max. • ca. 190 PS • Topspeed 230 km/h • Gewichte: min. 1.020 kg (Frontantrieb), min. 1.050 kg (Heckantrieb) • Allradautos und Turbomotoren verboten • Sperrdifferential, Bremsanlage und zusätzliche Achsübersetzung freigestellt

Chronik der Meister

DTC (neu)

1995 Dirk Adorf

DTT

1990 Frank Totz (D)
1991 Roland Senge (D)
1992 Rüdiger Schmitt (D)
1993 Wolfgang Treml (A)
1994 Michael Neumeister (D)
1995 Martin Wagenstätter (D)

Premiere feiert 1995 die Deutsche Tourenwagen Challenge (DTC): Eine 2-Liter-Klasse, basierend auf einem modifizierten Gruppe-N-Reglement, mit der die Lükke zwischen Spitzen- und Breitensport geschlossen werden soll. Kämpft die Serie anfangs mit kleinen Startfeldern und nicht sonderlich aufregenden Rennen, bessert sich die Lage zusehends: Ab Saisonmitte gibt es super-spannenden Motorsport, rund 20 Autos stehen am Start. Erster DTC-Titelträger wird Opel-Astra-Pilot Dirk Adorf. Sein härtester Herausforderer ist Mario Hebler (Renault Clio Williams): Zwei Saisonsiege in Diepholz und Singen bringen dem Berliner Platz zwei im Gesamtklassement. Der erste Meister der DTC-Geschichte muß derweil die Luft anhalten: Gegen Dirk Adorf läuft noch ein Protest wegen eines angeblich „faulen" Astras beim Training zum Saisonfinale am Hockenheimring. Insofern wird die endgültige Titelentscheidung vertagt.

In der DTT (Deutsche Tourenwagen Trophäe), in der entgegen der DTC Autos aller Hubraumklassen nach Gruppe-N-Reglement fahren, holt BMW-Pilot Martin Wagenstetter den Titel. Guido Thierfelder sichert sich den zweiten Platz.

Endstand 1995 DTC

	Fahrer	Auto	Punkte
1.	Dirk Adorf *	Opel Astra	278
2.	Mario Hebler	Opel Astra	270
3.	Markus Gedlich	BMW 320	256
4.	Alexander Schula	BMW 320	235
5.	Karl-Heinz Brinkmann	BMW 320	206
6.	Armin Schmid (CH)	Renault Clio Williams	164
7.	Michael Neumeister	BMW 320	157
8.	Hans Hotfiel	BMW 320	154
9.	Michael Pötschke	Fiat Tipo	144
	Roger Morback	BMW 320	144

* = vorbehaltlich Protestentscheid

Deutsche Tourenwagen Trophäe (DTT)

1.	Martin Wagenstetter	BMW M3 E30	127
2.	Guido Thierfelder	Citroen AX	119
3.	Franz Dufter	BMW M3 E36	117
4.	Günter Schmidt	Opel Astra	97
5.	Martin Tschornia	Peugeot 106	96

Dirk Adorf (DTC)
26 Jahre, aus Altenkirchen, leitet Autohaus, arbeitet nebenbei im Fahrsicherheitszentrum Nürburgring, 1992 Gesamtsieger Langstreckenpokal, bereits ein STW-Rennen (1995 Spa).

ADAC Sportabteilung
Am Westpark 8, 81373 München
Tel. 089-76 76-24 37, Fax 089-76 76-28 91

Uns Uwe

Typische Szene auf der Avus: Alzen (v.) und Kelleners im harten Fight um den Titel

Serie

D1 ADAC GT-Cup, Divisionen 1 und 2 • seit 1993 • 8 Rennen • Preisgeld: 70.000 DM (Division 1), 38.000 DM (Division 2) • Mindestalter: 18 Jahre • internationale C-Lizenz • Saisonkosten pro Auto ab 120.000 DM (Div. 2)

Daten

Sportcoupés und Grand Tourisme-Fahrzeuge verschiedener Marken • Division 1: Mindestens ein Fahrzeug des betreffenden Typs muß für den Straßenverkehr angeboten werden, Division 2: Jährliche Mindeststückzahl 2.500 • Einteilung nach Fahrzeuggewicht, Leistung und Anzahl der Turbolader, danach richtet sich der Durchmesser des Luftmengenbegrenzers.

Chronik der Meister

1993 Johnny Cecotto (VEN, Division 1)
Holger Spelsberg (D, Division 2)
1994 Ralf Kelleners (D, Div. 1)
Gunnar Beer (D, Div. 2)
1995 Uwe Alzen (D, Div. 1)
Fritz Huber (D, Div. 2)

Die **Division 1** des GT-Cups wird geprägt vom Dauerduell Uwe Alzen gegen Ralf Kelleners, beide steuern einen Porsche 993 GT2: Drei Siegen von Alzen stehen am Ende zwei von Kelleners gegenüber – das bedeutet den Titel für Alzen. Leider fällt die Titelentscheidung erst nach Saisonende: Weil Kelleners auf der Avus mit einem nicht gekennzeichneten Reifen ertappt wird, verliert er seinen Sieg. In der Berufungsverhandlung am 18. Oktober wird der Wertungsausschluß bestätigt. Dritter im GT-Cup '95 wird der Schweizer Bruno Eichmann, im Vorjahr noch Ford-Privatier im ADAC-Tourenwagen-Cup.

Mit einer großen Markenvielfalt und meist superspannenden Rennen sorgt die **Division 2** für hervorragende Unterhaltung. Cup-Sieger Fritz Huber (BMW M3) reicht ein einziger Sieg zum Titelgewinn, der Gesamt-Zweite Thomas Stingl (VW Corrado) verzeichnet zwar deren zwei, bleibt jedoch auch dreimal punktlos. Die Horde der Opel Calibra bleibt wegen ihres Leistungsmankos chancenlos – Marc Simon fährt als bester Calibra-Pilot auf den sechsten Gesamtrang.

Endstand 1995

	Fahrer	Fahrzeug	Punkte
Division 1			
1.	Uwe Alzen (D)	Porsche 993 GT2	129
2.	Ralf Kelleners (D)	Porsche 993 GT2	110
3.	Bruno Eichmann (CH)	Porsche 993 GT2	96
4.	Jürgen Hohenester (D)	Hohenester Audi GTR	56
5.	Oliver Mayer (D)	Mamerow GTT	45
Division 2			
1.	Fritz Huber (D)	BMW M3	78
2.	Thomas Stingl (D)	VW Corrado	71
3	Manfred Volk (D)	BMW M3	70
4.	Herbert Drexler (D)	Ford Escort Cosworth	65
5.	Gerhard Ludwig (D)	Toyota MR2 Turbo	51

Uwe Alzen (Division 1)
28 Jahre, 1991 Veedol-Langstreckenpokal, 1992 Gesamtsieger Porsche Carrera-Cup, seit 1993 Mercedes-Pilot in der DTM. Gelernter Kfz-Mechaniker, verheiratet mit Sonja, Hobby: Skifahren.

Fritz Huber (Division 2)
Zweiter des Deutschen Tourenwagen-Cups (DTC) 1993, 1994 fünf Rennen auf privatem BMW in DTM. Vermögensberater, 34 Jahre, wohnt in Oberaudorf, fuhr im GT-Cup für das Lautner-Team.

Flotte Franzosen

Der Supercup-Sieger 1995 kommt aus Frankreich: Jean-Pierre Malcher holt sich beim Finallauf im Rahmen des Formel-1-GP auf dem Nürburgring den Titel. Dem fünfmaligen französischen Tourenwagen-Meister reicht ein zweiter Platz hinter seinem JMB-Competition-Teamkollegen Emmanuel Collard zum Titelgewinn. Als Malchers härtester Konkurrent etabliert sich der Deutsche Jürgen von Gartzen. Der 37jährige aus Bad Homburg wird nach Platz vier am Nürburgring Gesamt-Zweiter. Marco Werner ist in der Endabrechnung zweitbester Deutscher. Der für das AZK-Team startende Ex-Formel-3-Pilot hat zwar den Saisonauftakt in Imola gewonnen, kommt jedoch in Monte Carlo mit den Sportkommissaren in Konflikt: Wegen angeblich überharter Fahrweise wird er für den vierten Saisonlauf im französischen Magny-Cours gesperrt.

Im Porsche Carrera-Cup kämpft alt gegen jung: Harald Grohs (51) und der 24 Jahre jüngere BWL-Student Oliver Mathai duellieren sich um den Titel. Beim Finale in Hockenheim fährt der bis dahin sehr beständige Punktesammler Mathai zu seinem ersten Sieg – doch Rang zwei reicht Grohs zum Titelgewinn. Marco Werner büßt seinen dritten Platz im Finallauf durch einen spektakulären Unfall in der Sachskurve ein.

Für die nächsten Jahre ist die Zukunft des Supercups gesichert – bis 1998 wird die Serie im Rahmen der europäischen Formel-1-WM-Läufe auftreten. Ab '96 freilich erscheint der Reifenlieferant im Titel – „Porsche-Pirelli-Supercup" wird die schnellste und höchstdotierte Markenserie der Welt dann offiziell heißen.

Serien

Internationaler Porsche Supercup und nationaler Porsche Carrera-Cup • seit 1990 (Carrera-Cup), seit 1993 (Supercup) • je 9 Rennen • internationale C-Lizenz erforderlich • Kosten Auto/Saison DM 350.000 – 600.000 (Supercup) • Mindestalter: 18 Jahre

Daten

Markenpokale mit baugleichen Porsche 911 Cup 3.8 • Gewicht 1.100 kg • Heckantrieb • Sechs-Gang-Getriebe mit Sperrdifferential • luftgekühlter 6-Zylinder-Motor mit zwölf Ventilen • 310 PS bei 6.200 U/min • 0-100 km/h in 4,7 Sek. • Bosch Motronic • max. Drehmoment: 370 Nm bei 5.500 U/min • Bereifung: Pirelli-Rennreifen (18 Zoll) • ABS-Bremssystem • Autopreis ca. DM 180.000

Der Stunt des Jahres: Marco Werner steigt mit seinem Por

Endstand 1995

Porsche Supercup

	Name	Land	Punkte
1.	Jean-Pierre Malcher	Frankreich	180
2.	Jürgen von Gartzen	Deutschland	167
3.	Emmanuel Collard	Frankreich	164
4.	Patrick Huisman	Niederlande	107
5.	Marco Werner	Deutschland	94

Jean-Pierre Malcher

45 Jahre alt, wohnt in der Nähe von Paris, seit 1991 (Champion französischer Carrera-Cup) in Porsche-Markenpokalen, mehrmaliger Sieger des Eisrennens von Chamonix. Hobby: Wasserski

Endstand 1995

Porsche Carrera-Cup

	Name	Wohnort	Punkte
1.	Harald Grohs	Essen	139
2.	Oliver Mathai	Hildesheim	132
3.	Wolfgang Land	Niederdreisbach	99
	Marco Werner	Reddighausen	99
4.	Horst Farnbacher	Lichtenau	82
5.	Harald Becker	Denzlingen	75,5

Harald Grohs

51 Jahre, bis Anfang der 80er Jahre im Sportwagen, dann stieg er um auf Tourenwagen (DTM, STW). Stoppte '95 zur Saisonmitte sein BMW-Engagement im ADAC-STW-Cup, konzentrierte sich fortan auf den Porsche-Cup

l hoch – und landet entsprechend unsanft. Der Unfall kostet ihn den dritten Platz beim Finallauf in Hockenheim

Chronik der Meister

Supercup

1993 Altfried Heger (D)
1994 Uwe Alzen (D)
1995 Jean-Pierre Malcher (F)

Chronik der Meister

Carrera-Cup

1990 Olaf Manthei (D)
1991 Roland Asch (D)
1992 Uwe Alzen (D)
1993 Wolfgang Land (D)
1994 Bernd Mayländer (D)
1995 Harald Grohs (D)

Vive la France: Jean-Pierre Malcher und Emmanuel Collard, Dritter im Supercup

Deutsche Renault AG, Abteilung Motorsport
Kölner Weg 6-10, 50321 Brühl
Tel. 02232-73271, Fax 02232-73559

Schweiz ist Trumpf

Der Eidgenosse Markus Albisser führt das Feld an, dicht gefolgt von Harald Hennes, dem Gesamt-Dritten

Serie

ONS-Renault-elf-Pokal/Clio Cup • seit 1974 (zunächst mit Renault 5) in Deutschland • Internationale C-Lizenz erforderlich • neun Rennen werden pro Saison gefahren • Preisgeld: ca. 500.000 DM • Mindestalter: 18 Jahre • Kosten pro Auto und Saison ca. 60.000 DM.

Daten

Renault Clio Sonderserie Coupé mit Fahrwerksmodifikationen • Fahrzeuggewicht 1.000 kg (inclusive Fahrer) • 1,8-Liter-Vierzylinder-Motor mit 16 Ventilen • ca. 150 PS • Höchstgeschwindigkeit ca. 220 km/h • 5-Gang-Seriengetriebe • Auto-Neupreis ca. 32.500 DM, jedoch sind nur noch gebrauchte Autos der Sonderserie zu erhalten (Preis ca. 20.000 DM).

Chronik der Meister

1991 Dieter Gass (D)
1992 Marc Gindorf (D)
1993 Emil Bohni (CH)
1994 Reinhard Sesterheim (D)
1995 Markus Albisser (CH)

Den Schweizern liegt der deutsche Renault Clio-Cup ganz besonders – oft genug schon haben sie den Einheimischen im populärsten Tourenwagen-Markenpokal die Siege vor der Nase weggeschnappt. So auch 1995: Nur zwei Jahre nach Emil Bohni fährt mit Markus Albisser erneut ein Eidgenosse zum Gesamtsieg. Albisser holt in seiner zweiten Saison im ONS-Renault-elf-Pokal drei Siege in Zolder, am Nürburgring sowie beim Saisonfinale in Hockenheim – das bedeutet den Titelgewinn. Der Pilot des Valente-Motorsport-Teams muß als härtesten Konkurrenten Axel Goebel (Eberle Motorsport) fürchten. Dieser hat seinen Höhenflug gegen Saisonmitte mit drei Siegen in Folge, doch ein zweiter Platz beim Finale in Hockenheim bedeutet schlußendlich den Vize-Titel.

Die DSF-Junior Trophäe entscheidet André Mühlenbruch aus dem Arkenau-Team für sich, Siegerin in der Damenwertung wird Jutta Beisiegel vor der Allgäuerin Iris Dorr. Im Clio-Europacup spielen die beiden Deutschen Hubert Jahn und Oliver Freymuth keine Rolle. ONS-Gesamtsieger Albisser aber fährt beim Regenrennen im französischen Val de Vienne zu einem vielumjubelten Sieg.

Endstand 1995

	Fahrer	Wohnort	Punkte
1.	Markus Albisser	Däniken (CH)	344
2.	Axel Goebel	Duisburg	319
3.	Harald Hennes	Stolberg	284
4.	Fred Weiss	Hadamar	265
5.	Harald Leppert	Lauf	249
6.	Philipp Krebs	Thun (CH)	191
7.	Hubert Jahn	Idar-Oberstein	173
8.	Christian Ott	Altdorf	165
9.	André Mühlenbruch	Neunkirchen	149
10.	Robert Stahl	Mindelheim	143

Markus Albisser
30 Jahre, Schweizer, selbständig als Karosseriespengler, nach vierjähriger Rennpause 1995 in seinem zweiten Clio-Jahr, fuhr früher Formel Ford.

Der Marschall-Plan

Neue Serie

Die 2 dominiert: Thomas Marschall vom Ford-Panhuis-RTL-Team gewinnt die deutsche und die ÖMV-Wertung

Serie

ÖMV-Ford-Escort-Pokal • seit 1995 • int. C-Lizenz erforderlich • 14 Rennen (int. ÖMV-Wertung), darin enthalten sieben Rennen der nationalen Wertung • Preisgeld: 19.000 DM pro Rennen (nationale und internationale Wertung) • Mindestalter: 18 Jahre • Kosten pro Auto/Saison: 80.000 DM

Daten

Markenpokal mit identischen Ford Escort RS 2000 • lediglich Spur und Luftdruck sind freigegeben, Motor, Getriebe und Zündbox sind verplombt • Fahrzeuggewicht: 995 kg • 2-Liter-Motor mit 4 Zylindern • Leistung 155 PS • Benzineinspritzung • 5-Gang-Cup-Getriebe • Höchstgeschwindigkeit: 220 km/h • Autopreis: 36.340 DM.

Der Ford-Escort-Pokal ist eine Spätgeburt gewesen: Erst im März wird dieser neue Markenpokal der Öffentlichkeit präsentiert – zu spät, um noch ein volles Starterfeld zu bekommen. So finden sich bei einigen der 14 Rennen (sechs davon in ehemaligen Ostblock-Ländern) nur knapp über zehn Fahrzeuge ein. Das Cup-Prinzip: Zwei Fahrer teilen sich ein Auto, werden jedoch getrennt gewertet. Bei jeder Veranstaltung gibt es demzufolge zwei Rennen – für jeden Fahrer eines. Zwei Teams bestimmen das Geschehen: Thomas Marschall und Achim Stegmüller im RTL-Panhuis-Escort sowie Jürgen Rother und Ralf Martin im Auto von STW- und Ex-DTM-Pilot Roland Asch, das vom Autohaus Seyfarth eingesetzt wird. Bis zum achten Rennen auf dem Salzburgring hat Thomas Marschall alle Läufe gewonnen, doch auf dem Hochgeschwindigkeitskurs nahe der deutschen Grenze rollt er den Panhuis-Escort übers Dach ab. Mit dem neuen Auto läuft´s dann nicht mehr ganz so gut, trotzdem reicht es in den verbleibenden sechs Rennen zu drei Siegen. Damit gewinnt Marschall sowohl die ÖMV-Wertung als auch die deutsche Wertung. Ihm am nächsten kommt Ralf Martin mit fünf Siegen, sowie Panhuis-Teamkollege Stegmüller mit sechs Siegen.

Endstand 1995

ÖMV-Wertung

Fahrer	Land	Punkte
1. Thomas Marschall	Deutschland	532
2. Ralf Martin	Deutschland	517
3. Achim Stegmüller	Deutschland	516
4. Berthold Bermel	Deutschland	498
5. Jürgen Rother	Deutschland	490
6. Emil Bohni	Schweiz	474
7. Bretislav Enge	Tschechien	452
8. Jaroslav Paral	Tschechien	435
9. Jan Urbanek	Tschechien	432
10. Heiko Gaida	Deutschland	423

Nationale Wertung

1.	Thomas Marschall	294
2.	Ralf Martin	281
3.	Emil Bohni	274
4.	Jürgen Rother	270
5.	Achim Stegmüller	262

Thomas Marschall
31 Jahre, wohnt in Eggenstein bei Karlsruhe, Autohändler. Alter Cup-Hase: 1989 Gesamt-Dritter im VW Polo Cup, 1992 Meister Ford-Fiesta-Cup, 1994 zusammen mit Gerwin Scholz Gesamt-Dritter im Peugeot 306-Cup.

Toyota erwischt

Die Rallye-WM '95 wird zu einer innerjapanischen Auseinandersetzung. Toyota, Subaru und Mitsubishi streiten sich um den Titel in der Fahrer- und Markenwertung. Der einzig verbleibende europäische Hersteller spielt eine Außenseiter-Rolle: Ford hat mit den Piloten François Delecour und Bruno Thiry nie ernsthafte Titelchancen.

Für Toyota wird der vorletzte Lauf (Rallye Catalunya) zu einem Desaster. Man hat zu tief Luft geholt: Die Celica werden mit illegalen Air-Restriktoren erwischt. Disqualifikation ist die bittere Folge. Juha Kankkunen ist zu diesem Zeitpunkt ohnehin bereits durch Unfall ausgeschieden. 94er-Weltmeister Didier Auriol wird aus der Wertung genommen. Weil gleichzeitig Subaru einen Dreifachsieg (Sainz-McRae-Liatti) landet, führen die beiden Subaru-Stars Sainz und McRae nun vor der abschließenden RAC-Rallye die WM punktgleich an – was im Falle Sainz umso erstaunlicher ist, da sich der Spanier im Juni bei einem Sturz vom Mountainbike so schwer die Schulter verletzt, daß er erst wieder im September bei der Australien-Rallye starten kann.

Der Deutsche Armin Schwarz, vor der Saison von Mitsubishi zu Toyota gewechselt, erlebt mit der völlig neuentwickelten Celica keine glückliche Saison. Bislang sind zwei vierte Plätze in Portugal und Neuseeland Schwarz' beste Resultate. Trotzdem hat der Franke auch für 1996 einen Vertrag bei Toyota in der Tasche.

Die neuen WM-Regularien sorgen anfangs zwar für einige harsche Kritik, etablieren sich dann jedoch schnell – die Profilvorschriften für die Reifen (Verbot der profillosen Slicks) ebenso wie die Service-Beschränkungen, die nun die Fahrer zwingen, nach einer Wertungs-Prüfung selbst Hand anzulegen.

In der **F2-WM** (2-Liter-Fronttriebler nach Gruppe-A-Regularien, ausgeschrieben für Marken) holt Opel die meisten Punkte, wird jedoch wegen fehlender Übersee-Starts nicht Weltmeister. Diesen Titel holt sich Peugeot vor Renault. Die Damen-Wertung sichert sich erneut Isolde Holderied – ist sie doch die einzige Dame im WM-Feld, die regelmäßig startet. In der Gruppe-N-Wertung wird Holderied auf ihrem Mitsubishi Lancer des deutschen Ralliart-Teams Dritte. Der Titel geht an den Teamkollegen Rui Madeira.

Die **Deutsche Rallye-Meisterschaft** setzt ihre Talfahrt nach 1995 ungebremst fort. Die Qualität der Fahrer, Teams und Autos nimmt weiter beständig ab. Weil nach Divisionen gewertet wird, fährt der neue Meister Hermann Gassner einen Gruppe-N-Mitsubishi-Lancer. Gassner entscheidet den Titelkampf erst auf der letzten Wertungs-Prüfung der abschließenden 3-Städte-Rallye für sich und wird damit Nachfolger von Dieter Depping.

Keine Saison, um Luftsprünge zu machen: Armin Schwarz hat arge Probleme mit der neuentwickelten Celica

ONS GmbH
Waidmannstr. 47, 60596 Frankfurt am Main
Tel. 069-6330070, Fax 069-63300730

Kein Sprung ins kalte Wasser: Colin McRae hat für 1995 die besten Titel-Aussichten

Serie

FIA Rallye-Weltmeisterschaft • 4 Wertungen: Gruppe A, Formel 2 (Gr. A bis 2 Liter mit Frontantrieb), Gruppe N, Damenwertung • Intern. C-Lizenz erforderlich • Mindestalter 18 Jahre • insgesamt 13 Läufe (davon 8 Läufe Fahrer- und Markenwertung, 10 Läufe F2-Weltmeisterschaft) • Kosten eines Werkseinsatzes von zwei Autos pro Saison bis zu 100 Millionen DM

Daten

Hubraum freigestellt, Werksteams verwenden jedoch ausschließlich 2-Liter-Turbo-Motoren mit Air-Restriktor sowie Mindestgewicht von 1.200 kg und Allradantrieb • Leistung ca. 320 PS • Höchstgeschwindigkeit ca. 200 km/h • 6- oder 7-Gang-Getriebe, entweder mit H-Schaltung oder Wippenschaltung am Lenkrad • elektronische Hilfsmittel jeglicher Art erlaubt

Hermann Gassner

36 Jahre, war schon zweimal Gruppe-N-Meister (1992 und 1994), kommt aus Surheim, Kfz-Meister, erster Deutscher Meister der mit einem Gruppe-N-Fahrzeug den Titel holt.

Chronik der Meister

Dt. Rallye-Meisterschaft

1991 Erwin Weber
1992 Dieter Depping
1993 Dieter Depping
1994 Dieter Depping
1995 Hermann Gassner

Chronik der Meister

Rallye-WM

1991 Juha Kankkunen (SF)
1992 Carlos Sainz (E)
1993 Juha Kankkunen (SF)
1994 Didier Auriol (F)
1995 noch offen

Endstand 1995

Deutsche Rallye-Meisterschaft

	Fahrer	Auto	Punkte
1.	Hermann Gassner	Mitsubishi Lancer	125
2.	Armin Holz	Opel Astra	120
3.	Mathias Mossleitner	Ford Escort Cosworth	106
4.	Horst Rotter	Opel Astra	100
5.	Kai-Uwe Lutz	Opel Astra	93

European Truck Racing Association
Martine Laba c/o Edition de Monde, 8, cours Louis Lumiere
F-94306 Vincennes, Cedex, Tel. 0033-1-41743550, Fax 41743638

Slim fast

Wenn die Rauchsignale auch anderes verheißen: Für Markus Oestreich läuft die Saison nicht schlecht – am Ende land

Serie

F.I.A. European Truck Racing Cup • seit 1985 • Lkw-Führerschein erf. • zehn Veranstaltungen, jede mit zwei kompl. Rennen (Training, Quali- und Cuprace) • Preisgeld veranstaltergebunden, Reisekosten-Zuschuß • Saisonkosten ca. 1.5 Mio DM

Daten

Zwei Klassen: die Race Trucks und die Super Race Trucks • Beide Klassen limitiert auf maximal 160 km/h, schwarzer Auspuff-Ruß führt zur Disqualifikation • Race-Trucks: Luftmengenbegrenzer, dadurch max. 700 PS, Gewicht 6 t • Super Race Trucks: Maximal 12 Liter Hubraum, ca. 1.100 PS, Gewicht 5 t • Autopreis: 50.000–200.000 DM (Race Trucks), über 1 Mio DM (Super Race Trucks)

Wie im Vorjahr dominiert Mercedes die Truck-Europameisterschaft in der Super-Race-Truck-Klasse auch 1995. Das Trio Steve Parrish, Slim Borgudd sowie der Deutsche Markus Oestreich geben den Ton an. Beim Saisonfinale im spanischen Jarama schließlich sichert sich der Schwede Slim Borgudd (Tiger-Racing Team Dehnhardt) den Titel in dieser teuren und spektakulären Rennserie.

MAN kann sich 1995 im ersten Jahr seines Werksengagements zwar steigern, doch weder Gerd Körber noch Noel Crozier und Ex-Tourenwagenpilot Fritz Kreutzpointner können ein ernsthaftes Wort um den Titel mitreden. Das gleiche gilt für die finnischen Sisu-Trucks, die vor allem auf engen Kursen kein Land sehen. Immerhin schafft die Dame im Feld eine Pole-Position: Die Finnin Minna Kuoppala fährt ihren Sisu in Most auf Startplatz 1.

Der Tscheche Martin Koloc (Sisu) und der Schwede Boije Ovebrink (Volvo) bestimmen das Geschehen bei den Race Trucks. Den Titel des 95er Grand Prix holt sich Koloc. Der Deutsche Mercedes-Pilot Heinz Werner Lenz wird nach mißlungenem Saisonstart immer stärker, gewinnt beim Saisonfinale in Jarama und sichert sich so den vierten Rang in der Gesamtwertung.

Slim Borgudd (Super Race Trucks)
Schwede, 47 Jahre, Ex-Schlagzeuger der Popgruppe ABBA. Anfang der 80er Jahre auch in der Formel 1 (6. GP England 1981 auf ATS). War 1994 bereits Truck-Vize-Europameister.

Endstand 1995
Super Race Trucks

	Fahrer (Land)	Truck	Punkte
1.	Slim Borgudd (S)	Mercedes	443
2.	Steve Parrish (GB)	Mercedes	366
3.	Markus Oestreich (D)	Mercedes	354
4.	Noel Crozier (F)	MAN	287
5.	Ludovic Faure (F)	Mercedes	278
	Harri Luostarinen (SF)	Sisu	278

Endstand 1995
Race Trucks

	Fahrer (Land)	Truck	Punkte
1.	Martin Koloc (CZ)	Sisu	488
2.	Boije Ovebrink (S)	Volvo	462
3.	Tim Baddiley (GB)	Volvo	334
4.	Heinz Werner Lenz (D)	Mercedes	323
5.	Stan Matejovsky (PL)	Liaz	299

Käfer-Motorsport
Postfach 1548, 82120 Gauting
Tel. 089-8500464, Fax 089-8509330

auf dem dritten Platz

Martin Koloc (Race Trucks)
28jähriger Tscheche, fährt für das Team des finnischen Herstellers Sisu, gab sein Truck-Debüt '93 in Dijon, Geschäftsmann. Seine Hobbys: Tennis, Squash.

Chronik der Meister

1991	Gerd Körber (D)
1992	Steve Parrish (GB)
1993	Steve Parrish (GB)
1994	Steve Parrish (GB)
1995	Slim Borgudd (S)
	Martin Koloc (CZ)

Adel verpflichtet

Seltener Ausrutscher: „Sir" Elmar Sperber gewinnt den Cup schon vor dem Finallauf

Serie

Käfer-Cup • seit 1989, 9 Läufe (Slaloms, Berg- und Rundstreckenrennen) • Internationale ONS-Lizenz Stufe C oder eingeschr. ONS-Käfer-Cup-Lizenz • Mindestalter 18 Jahre

Daten

VW Käfer-Serienfahrzeuge, modifiziert • Vierzyl.-Boxermotor, luftgekühlt • Bisher 4 Klassen (Div. Z, V, W1, W4), 2.000 bis 2.900 ccm • 100 PS – 250 PS • Höchstgeschwindigkeit 230 km/h • VW-4-Gang- und Porsche-5-Gang-Getriebe • Autopreis: DM 20.000 bis 100.000

Der neue Käfer-Cup-Champion ist schon vor dem Finalrennen auf dem Hockenheimring ausgemacht: „Sir" Elmar Sperber ist der beste Käfertreter der Nation. Dieter Franzen steht ebenfalls bereits vor dem Finallauf als Vizemeister fest. Da macht es auch nichts, daß beide Fahrer beim Endlauf nicht mehr punkten können. Sperber hat seinem „Schrauber" das Siegerauto ausgeliehen: als Dankeschön für die Unterstützung während der Saison. Franzen schleicht in Runde fünf mit Getriebeschaden zur Box.

Dennoch ist das Käfer-Finale etwas besonderes, denn es ist der letzte Auftritt der Super-Boliden aus der Div. W1 und W4: zuwenige dieser „Dinosaurier" sind übriggeblieben, um eine eigene Klasse aufrechtzuerhalten. Und es ist der letzte Auftritt der Einvergaser-Käfer aus der Div. V, die sich im Laufe der Jahre von der Einsteigerklasse zur Hubraumriesen-Division entwickelt haben – unter 2,4-Liter geht da kaum noch was. Zum ersten und letzten Mal kommt jedoch der Champion aus dieser Klasse.

In seine achte Saison startet der Käfer-Cup mit einem komplett neuen Konzept: Ab 1996 gibt es nur noch eine einzige Klasse – 2.000 ccm Hubraum ist dann das Limit. Mit dieser Regelung sollen die Rennen übersichtlicher werden.

Endstand 1995

	Name/Wohnort	Punkte
1.	"Sir" Elmar Sperber/Schwaig	84
2.	Dieter Franzen/Kerpen	62
3.	Siegfried Häusler/St. Georgen	61
4.	Anton Seemeier/Hilpoltstein	51
5.	Bertram Krämer/Siegen	39
6.	Joachim Bödeker/Langgöns	37
7.	Karl-Willi Gödel/Langgöns	34

Chronik der Meister

1990	Kurt Haßmann
1991	Walter Schäfer
1992	Walter Schäfer
1993	Dr. Josef Gerold
1994	Dr. Josef Gerold
1995	„Sir" Elmar Sperber

Anhänglich: Aguri Suzuki möchte öfter ins Cockpit. Vielleicht klappt es ja, wenn er ganz nett zu Olivier Panis ist

Tarnkappe: Beim Versuch, sich unsichtbar zu machen, ist Rubens Barrichello wenig erfolgreich. Die Gäste freut es

Du Schlingel: Rebecca knöpft sich Ehemann Johnny Herbert vor. Der kleine Brite hat seinen ersten GP gewonnen

Brasilien-Fraktion: Roberto Moreno mit schicker Perücke, Pedro Diniz und Rubens Barrichello beim Saisonauftakt

Cockpit-Tausch: Jean Alesi wirft schon mal einen Blick in den Benetton. Im Gegenzug steigt Michael in den Ferrari